DIE LEHRE DER ALTEN, II

ARBEITEN ZUR LITERATUR UND GESCHICHTE DES HELLENISTISCHEN JUDENTUMS

HERAUSGEGEBEN VON

K. H. RENGSTORF

IN VERBINDUNG MIT

G. DELLING, R. G. HAMERTON-KELLY, H. R. MOEHRING, B. NOACK,
H. M. ORLINSKY, H. RIESENFELD,
H. SCHRECKENBERG, M. STERN, A. WIKGREN, A. S. VAN DER WOUDE

XVIII

ECKHARD VON NORDHEIM
DIE LEHRE DER ALTEN, II

LEIDEN
E. J. BRILL
1985

DIE LEHRE DER ALTEN

II. DAS TESTAMENT ALS LITERATURGATTUNG
IM ALTEN TESTAMENT UND IM ALTEN VORDEREN ORIENT

VON

ECKHARD VON NORDHEIM

LEIDEN

E. J. BRILL

1985

ISBN 90 04 07313 2

INHALTSÜBERSICHT

VORWORT

Der vorliegende Band bildet die Fortsetzung des 1980 erschienenen 1. Bandes ,,Die Lehre der Alten I. Das Testament als Literaturgattung im Judentum der hellenistisch-römischen Zeit''. Beide Teile gehen zurück auf eine im Jahr 1973 von der Evangelisch-Theologischen Fakultät der Universität München angenommene Dissertation mit dem Titel ,,Die Lehre der Alten. Das Testament als Literaturgattung in Israel und im Alten Vorderen Orient''.

Der 2. Band erscheint wie sein Vorgänger in der Reihe ,,Arbeiten zur Literatur und Geschichte des hellenistischen Judentums'', obwohl er Texte aus zeitweise viel älterer Zeit untersucht. Der unmittelbare Zusammenhang mit Band 1 legte es jedoch nahe, beide Bücher als Folgebände in der gleichen Reihe zu veröffentlichen. Der 2. Band baut auf den Ergebnissen des 1. auf und führt die Untersuchung der Literaturgattung ,,Testament'' weiter durch Einbeziehung apokrypher und kanonischer Texte des Alten Testaments und verwandter Schriften aus den Literaturen der beiden großen Israel umgebenden und beeinflussenden Kulturen Mesopotamiens und Ägyptens.

Für die Drucklegung wurde der 2. Teil der Dissertation zugrundegelegt, die wichtigste seit 1973 erschienene Literatur eingearbeitet und das Literaturverzeichnis auf den neuesten Stand gebracht. Dabei half freundlicherweise Herr Vikar Manfred Pollex, dem ich dafür herzlich danke. Im orientalistischen Teil konnte eine Reihe von neuen Textausgaben und Übersetzungen eingearbeitet werden, die die Beurteilung und Einordnung der betreffenden Schriften auf eine viel sicherere Basis stellt und den Fortschritt der Orientalistik in diesem Bereich in den letzten 10 Jahren eindrücklich demonstriert. Der Schlußteil ,,Ergebnis und Ausblick'' faßt beide Bände zusammen und gibt noch einen Überblick über die Wirkungsgeschichte der Testamentsform im Neuen Testament, in der Zeit der Alten Kirche und darüber hinaus.

Zu danken habe ich dem Erstreferenten der Dissertation und Doktorvater, Herrn Prof. Dr. K. Baltzer, bei dem ich viel in der Arbeit am Alten Testament gelernt habe; ebenfalls dem Korreferenten, Herrn Prof. Dr. Jörg Jeremias. Weiterhin danke ich sehr Herrn Prof. Dr. Wildung, Direktor der Staatlichen Sammlung Ägyptischer Kunst in München, der seinerzeit den ägyptologischen Teil der Dissertation durchgesehen hat.

Schließlich bin ich herzlich dankbar Herrn Prof. Dr. K. H. Rengstorf D. D., der auch diesen Band in die Reihe „Arbeiten zur Literatur und Geschichte des hellenistischen Judentums" aufgenommen hat.

Der Evangelischen Kirche in Hessen und Nassau, meiner Schwiegermutter und meinen Eltern danke ich für Zuschüsse zu den Druckkosten.

Darmstadt, im Februar 1984   Eckhard v. Nordheim

EINLEITUNG

Die Literaturform ,,Testament" hatte im Judentum in der Zeit des Hellenismus zweifellos ihre weiteste Verbreitung erreicht. Vielleicht lag das an einer allgemeinen Suche nach Orientierung in einer sehr lebendigen, aber auch auseinanderstrebenden Zeit in Politik, Wirtschaft, Kultur und auch Religion. Die Form des Testamentes leitete ihren Inhalt von Autoritäten der Vergangenheit ab, die nicht in Frage standen. So war diese Literaturgattung in hohem Maße geeignet, unter dem Mantel allgemein anerkannter Tradition Orientierung für die Gegenwart anzubieten. Aber auch die Literaturform selbst war keineswegs neu, nur vorher offensichtlich noch nicht so verbreitet wie dann in der hellenistischen Zeit. Aufgabe des vorliegenden zweiten Bandes ist es, die Verwendung der Testamentsform in den apokryphen und kanonischen Schriften des Alten Testamentes nachzuweisen und mögliche Vorläufer in den Literaturen des Alten Vorderen Orients aufzuspüren. Dabei ist abzuwägen, ob diese Literaturform als ein von außen eindringendes Element in Israel integriert werden mußte, oder ob die entsprechenden orientalischen Literaturwerke nur als Anstoß und Entwicklungshilfe dienten, um die Form des Testamentes auch in Israel zur Entfaltung zu bringen. Hier lassen sich natürlich nur Beobachtungen zusammentragen und Vermutungen äußern.

In verschiedenen Rezensionen des ersten Bandes wurde ein — natürliches — Übergewicht in der Behandlung der Testamente der zwölf Patriarchen (Test XIIPatr.) festgestellt, das zu der Überlegung Anlaß gab, ob nicht die Form des Testamentes, wie sie in Band I beschrieben wurde, hauptsächlich nur dieser Schrift eigen sei. Die Untersuchung weiterer, älterer Texte im vorliegenden Band soll zum einen klarstellen, daß diese Literaturform über weite Zeiträume hin in Israel bekannt war, und zum anderen helfen zu unterscheiden, welche besonderen Ausprägungen diese Form in den Testamenten der zwölf Patriarchen erfuhr (vor allem eine bestimmte Stilisierung des Anfangsrahmens), und welches die allgemeinen Grundmerkmale sind, die die Form konstituieren. Dafür kann eine abschließende Auflistung in Tabellenform hilfreich sein, die den Vergleich mit den Formmerkmalen der Testamente der zwölf Patriarchen (siehe Tabelle Bd. I S. 90) erleichtert.

Die bemerkenswerte Variabilität der Großform ,,Testament" macht es unbedingt notwendig, neben der Breite auch die Grenzen der Veränderbarkeit der Form festzustellen. Dazu genügt es nicht, nur die stilistischen Formmerkmale zu beschreiben; denn dann steht man in Gefahr, aufgrund äußerer Ähnlichkeiten mit anderen Formen scheinbare Übergänge oder Weiterentwicklungen anzunehmen, die doch nur zufälliger Art sein können, wenn die Intention der jeweiligen Grundform in eine je verschiedene Richtung zielt. Beispielhaft soll ein solcher Vergleich an den beiden Formen „Bundesformular" und „Testament" durchgeführt werden. Dabei werden zunächst die einzelnen Formmerkmale miteinander verglichen, sodann der Aufbau, die Gesamtstruktur beider Literaturformen einander gegenübergestellt und schließlich die jeweilige Motivation, Intention und Argumentationsweise untersucht. Erst dadurch läßt sich eigentlich die Charakteristik einer Literaturform in ihrer Anwendungsbreite wie in ihrer besonderen Zielrichtung im Blick auf ihre Adressaten feststellen.[1] Diese eingehende Prüfung läßt es nicht zweifelhaft erscheinen, daß die Form des Testamentes ihren Sitz im Leben in der israelitischen Weisheit hat.

---

1 Die Unterscheidung von inneren und äußeren Formmerkmalen und die Notwendigkeit beider zur Definierung der Charakteristika einer Form wurden in der Literaturwissenschaft schon lange gesehen. So forderten R. Wellek — A. Warren, Theory of literature, London, 1949 (1966³), S. 231: „ Genre should be conceived, we think, as a grouping of literary works based, theoretically, upon both outer form (specific metre or structure) and also upon inner form (attitude, tone, purpose — more crudely, subject and audience). The ostensible basis may be one or the other (e. g. „pastoral" and „satire" for the inner form; dipodic verse and Pindaric ode for outer); but the critical problem will then be to find the „other" dimension, to complete the diagram₁"

TEIL A

DAS TESTAMENT IN DER APOKRYPHEN LITERATUR DES ALTEN TESTAMENTS

Die Untersuchung aller uns bekannter jüdischer pseudepigraphischer Schriften des AT, die den Titel „Testament" tragen oder nach der Testamentsform (Test.-Form) gestaltet sind, und zweier Beispiele für das Testament als Teilform diente dazu aufzuzeigen, daß die TestXIIPatr. von Form und auch Inhalt her in der Literatur ihrer Zeit nicht isoliert dastehen, daß vielmehr die Form des Testamentes in der hellenistisch-römischen Epoche weit bekannt war und gern verwandt wurde. Dieser Grad an Beliebtheit legt nahe zu fragen, ob diese Gattung auch erst zur Zeit ihrer höchsten Blüte entstanden ist oder ob sie sich nicht auch schon in der älteren Zeit Israels nachweisen läßt. Zur Beantwortung dieser Frage soll zuerst die apokryphe, sodann auch die kanonische Literatur des AT geprüft werden.

§1 1. MAKK 2,49—70 (TESTAMENT DES MATTATHIAS)

Text:

W. Kappler, Maccabaeorum liber I, Göttingen, 1967 (Septuaginta Gottingensis IX, 1)

Übersetzung:

K.-D. Schunck, 1. Makkabäerbuch, Gütersloh, 1980 (JSHRZ I/4)

In der apokryphen Literatur des AT ist kein ganzes, selbständiges Buch mehr nach der Test.-Form gestaltet. Es finden sich jedoch durchaus bestimmte Abschnitte innerhalb größerer Schriften, die Testamentscharakter aufweisen. Ein Beispiel dafür ist das kurze Testament des Mattathias in 1. Makk 2,49—70.

a) Anfangsrahmen

Kurz wie die ganze Sterberede des Mattathias ist auch ihr Anfangsrahmen:

2,49a: „Als sich aber die Tage des Mattathias ihrem Ende näherten, sprach er zu seinen Söhnen:"

Der Erzähler weist auf den *bevorstehenden Tod* des alten Mattathias hin, nennt die *Adressaten* der folgenden Rede und deutet die typische *Testamentssituation* nur gerade eben an: Die Söhne versammeln sich am Lager ihres sterbenden Vaters, um letzte Anweisungen von ihm zu empfangen.

b) Mittelteil

Danach beginnt sogleich die Rede: Zuerst charakterisiert der sterbende Mattathias die gegenwärtige Situation des Volkes in einem knappen Satz:

v. 49b: ,,Jetzt herrschen Hochmut und Zurechtweisung, eine Zeit der Zerstörung und ein grimmiger Zorn.''

Die ersten Worte des Sterbenden sind ein negatives, pessimistisches Urteil über die eigene Zeit, das sowohl die politische Lage wie die moralische Verfassung des Volkes in sich schließt. Diese Einstellung findet sich mehr oder weniger deutlich ausgesprochen in der gesamten apokalyptischen Literatur. Man kann wohl sagen, daß darin der eigentliche Ausgangspunkt, der Beweggrund allen apokalyptischen Denkens überhaupt zu suchen ist.

Aus dieser Deutung der eigenen Zeit zieht der sterbende Vater sodann die Konsequenzen für seine Söhne:

v. 50: ,,Jetzt, Kinder, eifert für das Gesetz und gebt euer Leben hin für den Bund unserer Väter!

v. 51: Gedenkt der Taten unserer Väter, die sie in ihren Zeiten vollbrachten, und erlangt großen Ruhm und einen ewigen Namen!''

Der zweite Teil dieser Anweisungen (v. 51) deutet schon den Fortgang der Rede an: Im Gegensatz zu den vom Gesetz abgefallenen Menschen der Gegenwart haben die Väter gesetzestreu gelebt. Deshalb hat sie auch Gott seines Bundes gewürdigt. An ihnen, nicht am gegenwärtigen Verhalten des Volkes gilt es, sich zu orientieren: Abraham wurde wegen seiner Standhaftigkeit Gerechtigkeit zuteil (v. 52); Joseph wurde aufgrund seines Gesetzesgehorsams Herr über Ägypten (v. 53); Pinehas empfing wegen seines Eifers die Zusicherung ewigen Priestertums (v. 54), und so läuft die Kette berühmter Ahnen weiter über Josua (v. 55), Kaleb (v. 56), David (v. 57), Elia (v. 58) bis hin zu Ananja, Asarja, Misael (v. 59) und Daniel[1] (v. 60).

Bei diesem verhältnismäßig ausführlichen *Rückblick auf die Vergangenheit* fällt auf, daß der Sterbende zur Untermauerung der Lebensregeln, die er seinen Söhnen weitergibt, durchaus nicht nur auf sein eigenes Leben zuzrückzugreifen braucht, um gewisse Verhaltensmuster — Tugenden oder auch Laster — hervorzuheben, wie das in den TestXII-Patr. und im TestHiob die Regel war. Jede geeignete, herausragende Fi-

---

1   Daniels Tugend ist die ἁπλότης wie im Test Iss.

gur der alten Geschichte kann dazu verwendet werden oder auch gleich ein ganzes Kabinett, wie das hier der Fall ist. Wichtig ist allein die L e h - r e , die aus der Vergangenheit gezogen werden soll, nicht die P e r s o n , an der sie demonstriert wird[2]. Den Rückblick auf die Vergangenheit beendet Mattathias mit der pauschalen Folgerung: Gottvertrauen bringt Rettung(v. 61) — dem Programm der makkabäischen Erhebung gemäß 1. Makk.

Daher spricht der Sterbende seinen Söhnen anschließend Mut zu, sich nicht vor den Drohungen von Menschen zu fürchten, die doch morgen schon wieder zu Staub und Erde würden (v. 62f).

Alle diese Ausführungen faßt Mattathias in einer summarischen *Schlußmahnung* zusammen, die auf die Anfangsaufforderung zurückverweist:

v. 64: ,,Kinder, seid mannhaft und stark im Gesetz, denn dadurch werdet ihr verherrlicht werden!"

v. 68b: ,,und haltet fest an der Anordnung des Gesetzes!"

Der Aufruf zur Gesetzestreue umrahmt so das ganze Testament. Doch daß dieser Aufruf in der vorgegebenen Situation eine eminent politische Komponente bekommt, vergißt Mattathias nicht. In den Versen 65—68a, in die übergeordnete Schlußmahnung eingeblendet, gibt er Anweisung, wie die politische Seite seines Testamentes vollstreckt werden soll: Übt Rache für das Volk, Vergeltung an den Heiden!

c) Schlußrahmen

Kurz und knapp wie der Anfangs- ist auch der Schlußrahmen:

v. 69: ,,Dann segnete er sie und wurde zu seinen Vätern versammelt.

v. 70:   Er starb im Jahre 146,[3] und seine Söhne[4] begruben ihn in der Grabanlage seiner Väter in Modin, und ganz Israel hielt um ihn eine große Totenklage."

---

2 Von daher verbietet sich der Ausdruck ,,Lebensbeichte", den H. Aschermann, Formen, für den Rückblick auf die Vergangenheit eingeführt hat, von selbst.

3 Nach der seleukidischen Zeitrechnung, vgl. E. Kautzsch, Apokryphen I, S. 31; K.-D. Schunck, 1. Makkabäerbuch, S. 299, Anm. 10 d).

4 So lesen alle Textzeugen außer dem Sianiticus und der lat. Übersetzung. Diese beiden haben nur ἐτάφη. Im Gegensatz zu W. Kappler und K.-D. Schunck, die sich für die letztere Lesart entscheiden, möchte ich an der obigen Lesart festhalten, nicht nur weil sie häufiger bezeugt ist, sondern auch weil sie der Form (Bestattung durch die Söhne) eher entspricht.

Der Segen gehört nicht ursprünglich zur Test.-Form. Deswegen ist er konsequenterweise auch nur vermerkt, nicht aber ausgeführt. Die Angabe der Jahreszahl entspricht formal der des *Lebensalters*. Darin sollte man keinen Unterschied sehen. Ansonsten sind die notwendigen Formelemente des Schlußrahmens (*Tod, Begräbnis durch die Söhne*) vertreten, ebenfalls die *Trauer*.[5]

---

5   Nur am Rande sei auf das Testament des Antiochus Epiphanes (1.Makk 6,8-16) als einer Kuriosität verwiesen: Dem Rahmen nach ist es ein echtes Testament (Anfangsrahmen: Hinweis auf den bevorstehenden Tod in Berichtsform, Angabe der Adressaten der Rede und der Situation — pers. Hinweis auf den bevorstehenden Tod im Mittelteil; Schlußrahmen: Tod und Altersangabe bzw. Jahreszahl). Der Mittelteil jedoch enthält keine Verhaltensanweisungen sondern im wesentlichen Klage und Reue über eine falsche Lebensführung. Diese Überraschung erklärt sich von der Person des Redenden her: Als Seleukidenherrscher ist Antiochus der Todfeind der Makkabäer. Also kann er unmöglich die rechte Gotteserkenntnis haben geschweige denn seine Freunde entsprechend belehren. Das einzig Mögliche bleibt für ihn, sein Scheitern einzugestehen. So wird das Eingeständnis seiner falschen Lebensweise zu einem indirekten Zeugnis für die richtige der Makkabäer als aufrechter, gesetzestreuer Juden.

§2 Tobit[6]

Text:

R. Hanhart (Hrsg.), Tobit, Göttingen, 1983 (Septuaginta Gottingensis VIII,5) (Die kürzere Version (GI) und die längere Version (GII) sind separat wiedergegeben.)

Übersetzung:

M.Löhr, Das Buch Tobit, in: E. Kautzsch, Apokryphen I, S. 135—147 (kürzere Version)

D.C. Simpson,The Book of Tobit, in: R.H. Charles, Apocrypha I, S. 174—241 (längere Version)

Das Buch Tobit ist in drei verschiedenen Textformen erhalten:

1) einer längeren,die vor allem der Codex Sinaiticus, die Vetus Latina und vermutlich die in Qumran gefundenen Tobit-Texte wiedergeben,

2) einer kürzeren, die repräsentiert wird durch den Alexandrinus, den Vaticanus, den Veneti, die meisten Minuskelhandschriften und den Syrohexaplaris des Paul von Tella,[7] und

3) eine dritte Rezension, die enthalten ist in den Minuskeln 106 und 107 (nur für den Abschnitt 6,9—12,22) und in einer zweiten syrischen Übersetzung (für 7,11b—12,22; in Kap. 14 liegt eine selbständige syrische Überlieferungsform vor).

Die späteren Übersetzungen (koptisch-sahidisch, äthiopisch, armenisch) können der kürzeren Version zugeordnet werden.

Die dritte Rezension hat keinen eigenständigen Charakter, sondern ist der längeren Textform zuzuordnen, wie R. Hanhart und vor ihm schon andere aufgewiesen haben.[8] Die längere und die kürzere Version sind zwar voneinander abhängig und gehen wohl letztlich auf ein aramäisches oder hebräisches Original zurück, doch ist es nicht möglich, einen gemeinsamen griechischen Basistext zu rekonstruieren.[9] In der folgenden Untersuchung werden daher die längere und die kürzere Version als gleichwertige Zeugen nebeneinandergestellt.

6   Kapitel- und Verseinteilung nach R. Hanhart.

7   Lange war der Syrohexaplaris des Buches Tobit nur bekannt für den Abschnitt 1,1 — 7,11a. Erst J. Lebram hat durch seine Edition (Tobit edited, in: The Old Testament in Syriac according to the Peshitta Version. Sample Edition, Leiden, 1966) den ganzen Syrohexaplaris des Tobit der Öffentlichkeit vorgelegt. 1972 folgte dann eine Gesamtedition des syrischen Tobit: J. Lebram (Hrsg.), Tobit, Leiden, 1972 (Vetus Testamentum Syriace, ed. Institutum Peshittonianum Leidense IV,6).

8   D. C. Simpson, Tobit, S. 176 (die 3. Rezension als Kompromiß zwischen den beiden anderen); A. Schulte, Beiträge zur Erklärung und Textkritik des Buches Tobias, Freiburg, 1914, S. 27; R. Hanhart, Tobit, S. 33.

9   So R. Hanhart, Tobit, S. 33 f.

I. *Tob 4:*

In 1—3,6 erzählt Tobit seine Lebensgeschichte: seinen früheren Reichtum, der so groß war, daß er eine beträchtliche Summe Geldes bei einem Freund in Medien hinterlegen konnte, dann seine plötzliche, unverschuldete Armut und seine Erblindung. Darüber wurde er so betrübt, daß er sich von Gott einen baldigen Tod erflehte. Daran knüpft nun Kap. 4 unmittelbar an: Tobit erinnert sich des bei Gabael, seinem Freund, hinterlegten Geldes und will seinem Sohn Tobias davon noch Mitteilung machen, bevor er stirbt. Zugleich gibt er ihm jedoch auch eine ganze Reihe von Ratschlägen zur richtigen Lebensführung mit auf den Weg.

a) Anfangsrahmen

Er ist verhältnismäßig kurz: Tobit faßt in einem Selbstgespräch den Entschluß, seinen Sohn vor seinem *als sicher vorausgesetzten Tod* über das Geld aufzuklären. Er ruft ihn also zu sich (*Adressat*) und beginnt, zu ihm zu sprechen (v. 1—3a) (*Situation*).

b) Mittelteil

Statt jedoch gleich Angaben über das Geld zu machen, fordert Tobit seinen Sohn zuerst auf, ihn ehrenvoll zu *bestatten* — die kürzere Version fügt hier sinnvollerweise zu: ἐὰν ἀποθάνω *(persönlicher Hinweis auf den bevorstehenden Tod)* — desgleichen auch seine Frau, Tobias' Mutter, nach ihrem Tode. Bis dahin aber solle er sie hoch in Ehren halten sein ganzes Leben lang (v. 3b—4). Hiermit setzen nun die *Verhaltensanweisungen* ein. Noch immer nicht kommt Tobit auf das Geld zu sprechen, sondern hält seinem Sohn zuvor noch eine lange Reihe von *Lebensregeln* vor, an deren Spitze er einen Satz stellt, der ganz den Charakter einer summarischen Anfangsmahnung trägt:

v.5: ,,Alle Tage gedenke, Kind, des Herrn, unseres Gottes, und sei nicht gewillt, zu sündigen und seine Gebote zu übertreten; übe Gerechtigkeit alle Tage deines Lebens und wandle nicht auf den Wegen der Ungerechtigkeit;

v.6: denn wenn du die Wahrheit tust, so werden sie gerade sein in deinen Werken.'' (kürzere Version, längere ähnlich)

Gottesfurcht und Gerechtigkeit dem Nächsten gegenüber, das ist die Maxime, die fast in allen bisher untersuchten Testamenten den Kern aller Verhaltenansweisungen ausmachte.

Im Folgenden leitet Tobit nun aus dieser Grundeinstellung eine ganze
Anzahl von Einzelweisungen ab, die recht zusammenhanglos nebeneinander zu stehen scheinen, aber alle in dem Kernsatz der Verse 5 und 6
eine Einheit bilden. Sie reichen vom Aufruf zu Barmherzigkeit, Keusch-
heit (eng damit verbunden das Gebot, nur eine jüdische Frau zu heira-
ten), pünktlicher Lohnauszahlung bis hin zur Warnung vor Trunkenheit
(v. 7—18).[10]

Alle diese Einzelgebote faßt Tobit abschließend noch einmal zusammen in einer summarischen *Schlußmahnung*, die deutlich auf Vers 5 und
6 zurückweist:

v.19a: ,,Allezeit preise Gott, den Herrn, und bitte ihn, daß deine
Wege gerade seien, und alle deine Pfade und Ratschläge wohl gelingen
mögen. Denn niemand vermag etwas aus eigenem Willen, sondern der
Herr gibt alles Gute und erniedrigt, wen er will, nach seinem Gefallen."
(kürzere Version, längere ähnlich)

Man würde fehlgehen, wollte man annehmen, diesen Sätzen gemäß
sei alles determiniert, und es gäbe in der Vorstellung des Tobit keinen
freien Willen mehr; denn unter dieser Voraussetzung wären ja alle vor-
aufgegangenen Verhaltensanweisungen umsonst gesprochen: Bei voll-
ständigem Determinismus haben Aufrufe zu einer bestimmten Lebensführung, die allein vor Gott gerecht sei, ja keinen Sinn mehr. Hier liegt
vielmehr die gleiche Doppelheit der Vorstellungen vor — Aufruf zu
gottgerechter Lebensgestaltung und Schicksalsergebenheit —,wie sie in
den TestXIIPatr.[11] zu beobachten war.

Dann unterstreicht Tobit seine Anweisungen noch mit den abschließenden Worten:

v. 19b: ,,Und nun, Kind, gedenke meiner Gebote und laß sie nicht
ausgelöscht werden aus deinem Herzen!" (kürzere Version; längere
ähnlich)

Jetzt erst kommt Tobit zum eigentlichen Anlaß seiner Rede, der Mitteilung von dem bei Gabael deponierten Geld (v.20). Doch kaum hat er
kurz davon gesprochen, da schweift er schon wieder ab. Getreu dem
Charakter eines Testamentes greift er die Erwähnung des Geldes als ge-
danklichen Anknüpfungspunkt auf, um seinen Sohn erneut zu *ermahnen*:

---

10 Alle diese Einzelanweisungen (v.7b-19b) fehlen im Sinaiticus. Diese Lücke ist je-
     doch nach allgemeiner Übereinstimmung weder ursprünglich noch beabsichtigt son-
     dern eine versehentliche Auslassung in der Handschrift.
11 Siehe den Exkurs ,,Der Dualismus in den TestXIIPatr.", in: ,,Die Lehre der Alten",
     Bd. I, S. 66 — 71.

v. 21: „Fürchte dich nicht, Kind, weil wir arm geworden sind; du besitzt viel, wenn du den Herrn fürchtest und dich fernhältst von jeglicher Sünde und tust, was vor ihm wohlgefällig ist!" (kürzere Version; längere ähnlich)

Hier endet Tobits Rede an seinen Sohn. Einen Schlußrahmen gibt es nicht, weil Tobit gar nicht stirbt, wie er es sich eingangs vom Herrn erbeten hatte. Vielmehr nimmt die Handlung ihren Fortgang: Tobit schickt seinen Sohn auf die Reise, um das Geld heimzuholen, erlebt auch noch dessen glückliche Rückkehr zusammen mit seiner in der Ferne angetrauten Ehefrau und wird zu guter Letzt auch noch von seiner Erblindung geheilt.

Insofern ist Tob 4 zwar kein ganz echtes Testament, da der Redende am Ende seiner Rede gar nicht stirbt, jedoch muß vorausgesetzt werden, daß er in Erwartung seines baldigen Todes gesprochen hat. Der Inhalt seiner Rede trägt dieser Erwartung auch durchaus Rechnung. Tobit spricht aus der gleichen Motivation heraus wie die Patriarchen in den bisher untersuchten Testamenten: Er vertraut vor seinem (vermeintlichen) Tod seinem Sohn die besten Erfahrungen seines Lebens an als Hilfe und Anleitung für eine vor Gott gerechte Lebensführung. Daß dieses Testament nicht mit dem Tod abschließt, sondern elegant in die Erzählung einmündet, erweist sich im weiteren Verlauf als ein überaus geschicktes Stilmittel des Dichters.

II. Tob 14,3—11:

Nahezu am Anfang und am Ende des Buches steht je ein Testament des gleichen Mannes — doch wie hat sich die Situation gewandelt: Sprach Tobit in Kap. 4 noch aus einer Situation gänzlicher Hoffnungslosigkeit heraus, so in Kap. 14 aus völliger Zufriedenheit, am Ende eines erfüllten Lebens. Die Maximen, die Tobit seinem Sohn anbefiehlt in einer Situation, die den Anschein erweckt, als spräche sie dem Gottvertrauen des Vaters und seinen Worten Hohn, diese Maximen erweisen sich durch den Fortgang und das glückliche Ende der Erzählung als wunderbar bekräftigt und bestätigt. Gerade die Unaufdringlichkeit dieser Demonstration beeindruckt dabei besonders.

a) Anfangsrahmen

Die längere Version schickt vor Beginn des Testamentes bereits einen vorgezogenen Schlußrahmen voraus, der den *Tod,* die Angabe des *Lebensalters* und die *Bestattung* des alten Tobit vermerkt:

v. 2a: ,,Und er starb in Frieden im Alter von 112 Jahren und wurde ehrenvoll in Ninive begraben.''

Da diesmal aber die folgende Sterberede Tobits mit seinem tatsächlichen Tod enden muß, kann auch die längere Version nicht darauf verzichten, am Ende noch einmal Tod und Bestattung Tobits zu berichten, so daß also die längere Version einen doppelten Schlußrahmen besitzt, den vorgezogenen in v. 2 und einen echten in v. 11.

Nach der für die Untersuchung der Form unwichtigen Angabe einiger Lebensdaten und einer lobenden Charakterisierung Tobits beginnt der eigentliche Anfangsrahmen in beiden Versionen in v. 3a mit einem *Hinweis auf den bevorstehenden Tod* Tobits durch den Erzähler,[12] der Nennung des *Adressaten* der Rede und einer knappen *Situationsschilderung*. Obwohl beide Versionen sich hier in der Wortwahl deutlich unterscheiden, besteht doch von der Form her kein Unterschied.

b) Mittelteil

Ab v. 3 teilen sich die beiden Versionen auch inhaltlich. Die kürzere beginnt mit der Aufforderung des sterbenden Tobit an seinen Sohn, er solle mit seiner Familie Ninive verlassen und nach Medien ziehen; denn Ninive werde gemäß den Worten des Propheten Jona[13] untergehen, während in Medien eine Zeitlang sicherer Friede herrschen werde (v. 3b. 4a[14]). Zwischen diesen Auftrag eingeschoben — diese Verschachtelung kann nicht ursprünglich sein — hat die kürzere Version noch einen *eigenen Hinweis Tobits auf seinen baldigen Tod* (v. 3c) als Begründung seiner Rede.

Die längere Version setzt ebenfalls ein mit der Aufforderung Tobits an Tobias, Ninive zu verlassen und nach Medien zu gehen, diesmal jedoch unter dem richtigen Verweis auf den Propheten Nahum. Darüberhinaus versichert hier Tobit noch mehrmals, daß er darauf vertraue, daß alles, was Gott durch seine Propheten gesprochen habe, auch ohne Abstriche eintreffen werde (v. 4a).

Von v. 4b an bis v. 5 gehen beide Versionen wieder parallel. In fast gleichlautenden Worten weissagt Tobit unter Berufung auf die

---

12 Die Worte μεγάλως δὲ ἐγήρασεν der kürzeren Version sind dem Zusammenhang nach als ein solcher Hinweis zu verstehen.

13 Das Jonabuch als Beleg für den Untergang Ninives heranzuziehen, ist unmöglich; denn Jahwe wendet ja gerade aufgrund der Predigt des Jona das Unheil von Ninive ab. Die längere Version hat hier statt Jona den Namen Nahum überliefert und trifft damit jedenfalls ganz die Intention der Worte Tobits.

14 Die Berufung auf Jona bzw. Nahum kann sich sinngemäß nur auf diese Vershälfte beziehen, nicht aber auf den ganzen v.4. Auch darin kann die kürzere Version nicht ursprünglich sein.

Propheten[15] die Zerstreuung Israels, die Verwüstung Jerusalems (und Samarias) und die Zerstörung des Tempels aber auch die Sammlung aus der Zerstreuung und den herrlichen Wiederaufbau des Tempels. In den folgenden echten vaticinia (v. 6—7) sagt Tobit schließlich die endliche Bekehrung aller Heiden zum Herrn an, die Vernichtung ihrer Götterbilder und die Erhöhung des Volkes Israel, so daß jedermann den Herrn lieben und Gerechtigkeit an seinem Bruder üben werde. In diesen zwei Versen geht zwar der Wortlaut der beiden Versionen teilweise auseinander, der Inhalt bleibt ihnen aber gemeinsam.

Die kürzere Version beschließt diese Kette von *Zukunftsansagen* mit der erneuten Aufforderung Tobits an Tobias, Ninive zu verlassen (v. 8).

In Konsequenz dieser *Zukunftsansagen ermahnt* der Sterbende sodann seinen Sohn und dessen Familie zu Gesetzesgehorsam und Barmherzigkeit gegenüber den Mitmenschen (v. 9). Wieder gehen hier beide Versionen im Wortlaut auseinander — doch ohne Differenz in der Sache.

Nun bittet der Vater seinen Sohn um ein ehrenvolles *Begräbnis* für sich und für die Mutter[16] (siehe 4,3f.) und verbindet damit einen erneuten Aufruf, Ninive zu verlassen (v. 10a).

Ein kurzer *Rückblick auf die Vergangenheit* (v. 10b), hier die Erinnerung an eine dem Sohne bekannte Achikar-Geschichte, unterstützt die obige Anweisung.

Wie dieser Rückblick — und jeder Rückblick auf die Vergangenheit im Rahmen der Test.-Form — zu verstehen ist, demonstriert hier mustergültig ein Nachsatz:

v. 11a: ,,Und nun, Kind, sieh, was Barmherzigkeit vermag, und wie Gerechtigkeit rettet.‘‘[17]

Die Vergangenheit dient als Sammlung von Lehrbeispielen, die durchaus rational durchschaubar sind und jedem Einsichtigen ihre Lehre offenlegen. Nur der Törichte kann diesen Schatz an Erkenntnis in den Wind schlagen.

---

15 Die Berufung auf die Propheten bezieht sich sicher nicht nur auf das letzte Glied sondern auf die ganze Reihe der Zukunftsansagen.

16 Die Bitte um eine Bestattung nur der Mutter (so die längere Version) kann nicht ursprünglich sein.

17 So der Text der kürzeren Version. In der längeren heißt es:
v. 11a: ,,Und nun, Kinder, seht,
was Barmherzigkeit vermag,
und was Ungerechtigkeit vermag,
nämlich daß sie tötet.‘‘

c) Schlußrahmen

Die kürzere Version beschränkt sich hier auf das Wesentliche, ohne breitere Ausführungen oder Ausmalungen: Sie vermerkt in dürren Worten eine *Redeabschlußformel,* den *Tod,* eine *Altersangabe* und die *Bestattung Tobits durch seinen Sohn* (v. 11b).

Auch die längere Version gibt sich nicht viel ausführlicher: Statt der Redeabschlußformel holt sie den eingangs versäumten *persönlichen Hinweis Tobits auf seinen unmittelbar bevorstehenden Tod* nach, dann folgen ebenfalls nur in den notwendigsten Worten die Angabe des *Todes* und der *Bestattung*[18] Tobits.

Zusammenfassung

Die hier untersuchten Texte aus dem 1. Makk und dem Buch Tobit zeigen, daß die Testamtensform auch in der apokryphen Literatur vorkommt, also nicht nur in der hellenistisch-römischen Epoche bekannt war. Zwar weisen noch nicht ganze Schriften den Charakter des ,,Testamentes'' auf, die ,,Hochblüte'' der Test.-Form hat noch nicht begonnen, doch tritt sie als Literaturgattung bereits in Erscheinung, wenn auch nicht allzu häufig. Besonders bemerkenswert ist, daß sich keine gravierenden Unterschiede feststellen lassen zwischen apokryphen und pseudepigraphen Texten, die nach der Testamentsform gestaltet sind: Die Formelemente bleiben gleich — sowohl im Anfangs- und Schlußrahmen wie auch im Mittelteil — ebenfalls die Motivaition aus der heraus der Sterbende spricht, und der Skopus der Form,die Intention, das Ziel, das der Verfasser eines Textes im Auge hat, wenn er die von ihm beabsichtigte Aussage in die Form eines Testamentes kleidet.

Die Absicht dieses Teiles A war es, die Kontinuität in der Kenntnis der Testamentsform zwischen pseudepigrapher und kanonischer Literatur des AT aufzuweisen. Dieser Nachweis sollte aufgrund von 1. Makk 2, Tob 4 und 14 als gelungen betrachtet werden können.

18 Nur sinngemäß ist zu erschließen, daß der Sohn Tobias die Bestattung vollzogen hat.

TEIL B

DAS TESTAMENT IN DER KANONISCHEN LITERATUR DES ALTEN TESTAMENTS

Die Untersuchung von Abschnitten innerhalb des AT, die nach der Test.-Form gestaltet sind, geschieht aus einer doppelten Absicht heraus:

Einmal gilt es, die These zu widerlegen, die TestXIIPatr. und mit ihnen mehr oder weniger die gesamte pseudepigraphe Testamentsliteratur seien in Anlehnung und nach dem Vorbild des Jakobssegens Gen 49 entworfen worden.[1] Diesem Zweck diente schon die Untersuchung der apokryphen Literatur, die das Ergebnis brachte, daß die Test.-Form in Israel nicht erst in der hellenistisch-römischen sondern auch schon in der makkabäischen und vormakkabäischen Zeit bekannt war und als Literaturgattung Verwendung fand. Nun soll des weiteren die Kontinuität der Test.-Form bis ins AT hinein verfolgt werden. Zum anderen wird sich zeigen, daß die Test.-Form auch innerhalb des AT in zeitlich sehr verschieden anzusetzenden Stücken begegnet, von der frühen Königs- bis hin zur Exilszeit.

Dabei führt eine vergleichende Betrachtung aller „Testamente", der kanonischen, apokryphen und pseudepigraphen, zu dem verblüffenden Ergebnis, daß es unmöglich ist — trotz der so überaus breiten zeitlichen Streuung — eine Entwicklungsgeschichte der Gattung „Testament" zu schreiben. Eine solche hat es offenbar nicht gegeben, wenn man von Randerscheinungen wie etwa dem Testament Salomos und der Entwicklung von der Teilform innerhalb eines größeren Werkes zur ganzen, selbständigen Schrift mit dem Titel diathākā absieht, aber auch hier herrschte in der späten Zeit zumindest ein Neben-, kein Nacheinander. Sicher sind in einzelnen Testamenten Besonderheiten anderen gegenüber festzustellen, auch in den TestXIIPatr., aber diese Unterschiede in der jeweiligen Ausprägung der Form und verschiedene inhaltliche Akzentuierungen rechtfertigen nicht die Konstatierung einer zielgerichteten Entwicklung der Gattung „Testament", zumal da sich weder ein Ausgangspunkt feststellen läßt, von dem aus die Entwicklung ihren Lauf genommen hätte, noch ein Endstadium, in dem sie zur Ruhe gekommen wäre.

---

1 Siehe „Die Lehre der Alten", Bd. I, S. 1 — 3.

Es dürfte heute wohl kaum mehr bestritten werden, daß das Kap. 2 des 1. Königsbuches die sog. Erzählung von der Thronnachfolge Davids abschließt. Seit der bahnbrechenden Arbeit Rosts[1] stehen die wesentlichen Merkmale dieses kleinen Geschichtswerkes fest. Sie haben nahezu allgemeine Zustimmung gefunden.[2]

Bei der Übernahme der Thronnachfolgeerzählung in das deuteronomistische Geschichtswerk (dtn. GW) mußte das Kap. 2 einige, nicht unwesentliche Änderungen über sich ergehen lassen, die es gilt, soweit als möglich wieder rückgängig zu machen, um für die Beurteilung der Form dieses Stückes einen möglichst originalen Text zu gewinnen. Dabei fällt nun auf, daß 2,1—12 auch nach der Korrektur der dtn. Veränderungen dem umgebenden Text der Thronnachfolgeerzählung gegenüber auffallende Besonderheiten aufweist, die mit einiger Wahrscheinlichkeit auf eine ursprüngliche Selbständigkeit des „Testamentes" Davids, wie es schon Rost nannte,[3] zurückzuführen sind. Dieses erste Stadium in der Textüberlieferung ist dann allein für die Untersuchung der ursprünglichen Form und Gestalt des Davidstestamentes[4] heranzuziehen.

Der Text in seiner jetzigen Fassung lautet:

2,1: „Als die Tage sich näherten, daß David sterben sollte, da gebot er seinem Sohn Salomo:

v. 2: Ich gehe jetzt den Weg aller Welt, du aber sei stark und sei ein Mann!"[5]

---

1 L. Rost, Die Überlieferung von der Thronnachfolge Davids, Stuttgart, 1926.

2 So z.B. A. Alt, Die Staatenbildung der Israeliten in Palästina, S. 34 Anm. 2, in: KlSchrII, München, 1964, S. 1 — 65; G. v. Rad, Der Anfang der Geschichtsschreibung im alten Israel, in: GesSt, München, 1961, S. 148 — 188; M. Noth, Überlieferungsgeschichtliche Studien, Darmstadt, 1963, S. 64 — 66; ders., Könige. 1. Teilband, Neukirchen, 1968, S. 8. Anders allerdings S. Mowinckel: Er schlägt 1.Kön 1—2 zu dem in 1.Kön 11,41 erwähnten Buch der Geschichte Salomos, das bald nach Salomos Tod verfaßt worden sei. Darüber hinaus leugnet er überhaupt eine in sich geschlossene Thronnachfolgeerzählung (S. Mowinckel, Israelite Historiography, in: ASThI 2, 1963, S. 4 — 26). Diese Auffassung Mowinckels kann m. E. nicht anders beurteilt werden als ein Schritt hinter die Arbeit von L. Rost zurück.

3 L. Rost, Thronnachfolge, S. 89; ebenfalls G. v. Rad, Geschichtsschreibung, S. 159, 172.

4 Die „letzten Worte Davids" in 2.Sam 23 bleiben hier außer Betracht, da dieser Abschnitt sowohl eine andere Form wie auch einen anderen Skopus (Verherrlichung Davids) erkennen läßt.

5 Diese Ermutigungsformel war noch in der Spätzeit Israels bekannt (1.Makk 2,64 ἀνδρίζεσθε καὶ ἰσχύσατε ἐν τῷ νόμῳ) Der ursprüngliche Sitz im Leben dieser Formel könnte im hl. Krieg (Ermutigung bei der Aufforderung zum Kampf) oder im Kult (Trost und Ermahnung durch den Priester am Ende des Klageliedes des Einzelnen) liegen. Dazu siehe D. J. McCarthy, An Installation Genre? in: JBL 90, 1971, S. 31—41.

v. 3: Achte auf die Ordnung Jahwes, deines Gottes, daß du auf seinen Wegen gehst und seine Vorschriften, seine Gebote und seine Rechtssatzungen und seine Mahnungen beachtest, wie im Gesetz Moses geschrieben steht, damit du Erfolg hast in allem, was du tust, und in allem, dem du dich zuwendest,[6]

v. 4: auf daß Jahwe sein Wort erfülle, das er über mich gesagt hat: Wenn deine Söhne auf ihren Weg achten, daß sie vor mir wandeln in Treue von ganzem Herzen und von ganzer Seele,[7] dann soll dir nie ein Mann vom Throne Israels hinweg ausgerottet werden.

v. 5: Auch du weißt, was mir Joab, der Sohn der Zeruja, angetan hat, was er den zwei Heerbannführern Israels getan hat, dem Abner, Sohn des Ner, und dem Amasa, Sohn des Jether, daß er sie getötet und damit Kriegsblut im Frieden vergossen[8] und Kriegsblut[9] an seinen Gürtel um seine Hüften und an seine Sandalen an seinen Füßen[10] gebracht hat.

v.6: So handle nach deiner Weisheit und laß sein graues Haar nicht in Frieden in die Unterwelt hinabfahren.

v. 7: Den Söhnen Barsillais, des Gileaditers, sollst du Gunst erweisen. Sie sollen unter denen sein, die an deinem Tische essen; denn ebenso sind sie mir entgegengekommen, als ich vor deinem Bruder Absalom fliehen mußte.

v. 8: Und da ist bei dir Simei, der Sohn des Gera, der Benjaminit aus Bahurim. Der hat mir mit einem üblen Fluch geflucht an dem Tag, als ich nach Mahanaim ging. Er kam herab mir entgegen an den Jordan und ich schwur ihm bei Jahwe: Ich werde dich nicht töten mit dem Schwert.

6 LXX (B,A): gemäß allem, was ich dir befehlen werde. Bei dieser Lesart wäre der Parallelismus des letzten Halbverses gestört. Da beide Textfassungen sehr ähnlich klingen, liegt möglicherweise ein Hörfehler auf seiten der LXX vor.

7 Das zweite l'mr ist hier mit LXX (L) und Vulgata zu streichen. Es handelt sich um eines jener Füllwörter, die Abschreiber gerne einfügen, um zu verdeutlichen. Hier steht es jedoch am falschen Platz, da es die Gottesrede, die schon anfangs des v.4 beginnt, unterbricht. Der Vorschlag R. Kittels (in BH), alle Worte zwischen dem ersten und zweiten l'mr zu tilgen, ist abzulehnen, da so der ganze Bedingungssatz wegfiele. Es ist aber gerade dtn. Art, die Verheißung an Bedingungen zu knüpfen, nämlich: Befolgen der Gebote, Wandeln auf dem Weg des Herrn. Genau das liegt hier vor. (Bemerkenswert die Abweichung des Dtn. von der bedingungslosen Verheißung in 2.Sam 7.)

8 Da die Redewendung śym dmym im AT noch einmal bezeugt ist (Dt 22,8), besteht kein Grund, hier von ihr abzuweichen.

9 Andere Textzeugen schlagen hier statt des zweiten dmy mlhmh vor dm nqy „unschuldiges Blut". Der Sinn würde dadurch zweifellos an Schärfe gewinnen, doch sollte man bei dem schwierigen Vers mit M. Noth, Könige, S. 30, die lectio difficilior vorziehen.

10 Bei der angegebenen Variante (Suffix der 1.pers.sing.) handelt es sich um eine bewußte Verstärkung der Anklage.

v. 9: Du aber laß ihn nicht ungestraft; denn ein weiser Mann bist du und weißt, was du ihm tun sollst: Laß sein graues Haar mit Blut in die Unterwelt hinabfahren!

v. 10: Und David legte sich zu seinen Vätern und wurde in der Davidstadt begraben.

v. 11: Die Zeit, die David über Israel König war, betrug vierzig Jahre; in Hebron war er siebenJahre, in Jerusalem dreiunddreißig Jahre König.

v. 12: Und Salomo setzte sich auf den Thron seines Vaters David,[11] und seine Königsherrschaft stand sehr fest.

Schon beim ersten Überlesen des Textes fällt auf, daß er nicht einheitlich sein kann. Die Verse 3—4 und 5—9 stehen sich zu konträr gegenüber: Hier Mahnungen zu einem gottgerechten Lebenswandel, wie man sie auch in einem Testament erwarten sollte, dort letzte politische Anweisungen, die ihren intrigenhaften Charakter nur mit Mühe verbergen können. Beides kann nicht ursprünglich nebeneinander gestanden haben. Glücklicherweise ist hier die Frage, welcher Textteil der ältere, welcher der jüngere ist, leicht beantwortet: Deutlich, ohne Vorbehalte oder Rücksichten, ist in v. 3—4 die dtn. Hand wiederzuerkennen. 'dh, mšpṭ, mṣwh, ḥqh das sind dtn. Zentralbegriffe, die alle in gleicher Weise die den Menschen von Gott gesetzte Ordnung umschreiben. Dem entspricht vom Menschen her gesehen das ,,Wandeln auf den Wegen des Herrn'', das ebenfalls in den Versen 3 und 4 Ausdruck findet.[12] In diesen beiden Versen verkündet die dtn. Gruppe sozusagen durch den Mund Davids ihr Programm, an dem sie alle nachfolgenden Könige und das ganze Volk messen will. Die Könige beurteilt sie einen nach dem anderen, nachdem sie von ihnen berichtet hat; mit dem Volk hält sie aus Anlaß des Unterganges des Nordreiches (2. Kön 17,7—23) eine bedrückende, unerbittliche Abrechnung.[13]

Liegen die Verhältnisse bei den Versen 3—4 am Tage, so doch nicht bei v. 2. Gehören der eigene Hinweis auf den bevorstehenden Tod und die allgemein gehaltene Ermahnung zu v. 3—4 oder v. 5—9, zum theo-

---

11 Einige Textzeugen fügen hinzu: ,,im Alter von zwölf Jahren''. Das dürfte ein späterer Zusatz sein, da der Dtn. solche Altersangaben beim Herrschaftswechsel sonst nicht nennt (11,43; 14,20.31 usw.).

12 Die twrt mšh bezeichnet hier nicht den Pentateuch, sondern das, was Mose geboten hat. Das ist — im Rahmen des dtn.GW — das deuteronomische Gesetz. Dieser Ausdruck begegnet auch mit Ausnahme sehr später Texte (2.Chron 23,18; 30,16; Esra 3,2; 7,6; Neh 8,1; Dan 9,11.13; Ma 3,22) nur innerhalb des dtn.GW.

13 Es handelt sich also durchaus nicht nur um ,,einige allgemeine Mahnungen im speziell deuteronomistischen Sinne'' (M. Noth, Studien, S. 66), sondern um die Grundsatzerklärung des Dtn. schlechthin, wenn sie auch kurz gefaßt ist.

logischen oder politischen Teil des Testamentes? Jepsen[14] hält die Verse
2—4 für die Arbeit des zweiten Redaktors (= Dtn.), von v. 1.5—9 vermutet er es ebenso. Diese These muß nach dem oben Gesagten rundweg
abgelehnt werden, da es unmöglich erscheint, den ganzen Abschnitt
v. 1—9 als eine Einheit zu verstehen. Rost[15] möchte die Verse 1 + 2 gerne der Thronnachfolgeerzählung zuerkennen, schließt aber eine dtn.
Überarbeitung beider Verse nicht aus. Noth[16] unterstützt in seinen
„Überlieferungsgeschichtlichen Studien" nahezu völlig die These Rosts,
hält jedoch den v. 1 für uneingeschränkt vordtn. Diese Auffassung mo-
difiziert er in seinem Könige-Kommentar[17] nicht unbeträchtlich: Jetzt
sieht er in v. 1b.2.5—9 einen späteren, allerdings vordtn. Einschub in
die Thronnachfolgeerzählung. 1b + 2 hätten dann jedoch eine dtn.
Übermalung bekommen. Seiner Analyse nach gehörten nur noch
v. 1a.10.12[18] zum Grundbestand der Thronnachfolgeerzählung, also lediglich der Anfangs- und Schlußrahmen des Testamentes Davids. Das
kann nicht gut so sein, vor allem hinge ja der Anfangsrahmen völlig in
der Luft. Er hätte seine Funktion verloren.

Im großen und ganzen dürfte wohl der Erklärung Rosts zuzustimmen
sein, obwohl sich kein stichhaltiges Argument für eine dtn. Überarbeitung des v. 2 beibringen läßt.[19] Wenn Noth als einzigen Anhaltspunkt
dafür auf Jos 23,14 hinweist, so ist die Ähnlichkeit beider Stellen zu-
allererst darin begründet, daß es sich jedesmal um ein Testament handelt, weniger aber, weil beide Teil des dtn.GW sind. Noth hat denn auch
diese Behauptung im nächsten Satz halb und halb wieder zurückgezo-
gen.[20]

Die Hand der dtn. Gruppe könnte sich schließlich noch im Schlußrahmen zeigen. Schon Rost hat Bedenken geäußert, ob der Vers 11 zur
Thronnachfolgeerzählung zu rechnen sei, da seine Ähnlichkeit zu den

14 A. Jepsen, Die Quellen des Königsbuches, Halle, 1956, S. 19.
15 L. Rost, Thronnachfolge, S. 90 f.
16 M. Noth, Studien, S. 66.
17 S. 8. 9. 30; seine Argumentation ist hier jedoch nicht immer ganz durchsichtig.
18 S. 8 f. 29.
19 M. Rehm, Könige, S. 30, sieht in v. 2 die zu v. 3 + 4 gehörende Einleitung, ohne al-
　　lerdings Gründe dafür anzuführen. Er scheint sich dabei auf E. Würthwein, Die Bü-
　　cher der Könige, 1.Kön 1 — 16, S. 20, zu stützen, der aber als Beleg für den
　　Charakter von v. 2 nur eine einzige, ungenaue Parallele (Jos 1, 6 f.) angeben kann.
　　An der Ursprünglichkeit von v. 5 — 9 hält M. Rehm gegen E. Würthwein mit guten
　　Gründen fest. T. Veijola, Die ewige Dynastie, Helsinki, 1975, schlägt ebenfalls v. 2
　　einer älteren dtn. Bearbeitungsschicht zu, kann aber dafür auch nur eine Belegstelle
　　(1.Sam 4,9) nachweisen (S. 27 Anm. 63).
20 M. Noth, Könige, S. 30.

sonstigen chronologischen Angaben ins Auge falle.[21] Noth[22] beurteilte
v. 11 zuerst gar als einen noch späteren, nachdtn. Zusatz, der nach Analogie von 1. Kön 11,42 gestaltet sei. Als Grund dafür gibt er an, daß
Dtn. nur an der letztgenannten Stelle und noch in 1. Kön 14,20a die Re-
gierungsdauer des jeweiligen Herrschers am Ende seines Berichtes über
ihn aufführe, sonst aber immer zu Anfang. Jepsen schwankt, ob er sich
der Argumentation Noths anschließen[23]oder v. 11 wie v. 10 + 12 der
synchronistischen Chronik zurechnen soll.[24]In seinem Könige-Kommentar[25] hat Noth wiederum sein Urteil etwas revidiert: Er hält es jetzt doch
für möglich, daß v. 11 auf den Dtn. zurückgehe, wenngleich er die Ein-
wände, die er in den Studien dagegen erhoben hatte, immer noch im Auge behält.

Ganz anders verhält es sich mit den Versen 10 + 12. Rost[26] und
Noth[27] zweifeln nicht an ihrer Zugehörigkeit zur Thronnachfolgeerzählung, Jepsen[28] hält sie für einen Teil der synchronistischen Chronik, die
der erste Redaktor seinem Werk zugrunde legte. Würthwein und
Veijola[29] dagegen sehen in beiden Versen 10 + 11 einen dtn. Zusatz, in
v. 12 sogar einen nachdeuteronomistischen.

M.E. läßt sich der Schlußrahmen bzw. seine einzelnen Teile nur dann
zutreffend erkennen und beurteilen, wenn man nach seinen Funktionen
fragt, d.h. wenn man ihn als Antwort auffaßt auf Fragen, die irgendwo
vorher im Text gestellt wurden. Gelingt es, diese Fragen herauszukristal-
lisieren, so läßt sich auch die Antwort verstehen, ebenso wie auch umgekehrt. Beides wird Hand in Hand gehen müssen. Demgemäß scheint mir
der Schlußrahmen aus drei Teilen zu bestehen: v. 10, v. 11—12a und
v. 12b.

1) v. 10: In kurzen Worten ohne die geringste Ausschmückung werden Tod und Bestattung Davids vermerkt. Gleich kurz gibt sich auch der
Anfangsrahmen v. 1. Daß sich beide Verse aufeinander beziehen, zueinander gehören, ist auch ohne Berücksichtigung der Test.-Form mit Ausnahme von Jepsen und Würthwein[30] von allen bisher genannten Kom-

21 L. Rost, Thronnachfolge, S. 91.
22 M. Noth, Studien, S. 66 Anm. 1.
23 A. Jepsen, Quellen, S. 13 Anm. 1.
24 Ebd., S. 30.
25 M. Noth, Könige, S. 8.
26 L. Rost, Thronnachfolge, S. 91
27 M. Noth, Studien, S. 66; Könige, S. 8 f.
28 A. Jepsen, Quellen, S. 30.
29 E. Würthwein, Bücher der Könige, S. 6. 8; T. Veijola, Die ewige Dynastie, S. 23, 27.
30 Jepsen hält ja den v.1 im Rahmen von v.1—9 für das Werk des zweiten Redaktors
    (= dtn.). M. Noth, Könige, S. 9, beschränkt die Zusammengehörigkeit auf v. 1a. Zu
    Würthwein siehe S. 25 Anm. 35.

mentatoren erkannt worden. Die Kenntnis der Test.-Form, wie sie sich
aus allen bisher untersuchten Beispielen herausgeschält hat, läßt vollends an der Zusammengehörigkeit der beiden Rahmenteile keinen
Zweifel mehr aufkommen.

2) v. 11—12a: Vermerk der Regierungszeit des verstorbenen Königs,
genau aufgeschlüsselt nach den beiden Regierungssitzen, und Angabe
des Nachfolgers auf dem Thron — hier schreibt unzweifelhaft ein Chronist. Ob es der Verfasser der synchronistischen Chronik war, wie Jepsen
behauptet, oder ob diese beiden Sätze demjenigen zuzuschreiben sind,
den Noth den Dtn. nennt, das kann hier offen bleiben. Die Analogie zu
den sonstigen chronistischen Passagen in den Königsbüchern liegt jedenfalls am Tage, auch wenn kleine Unterschiede bestehen, wie Noth sie
herausgestellt hat.[31] Solche chronistischen Schlußbemerkungen setzt das
dtn. GW immer dann, wenn es von einem König nichts mehr zu berichten weiß oder berichten will. Es ist eine Art Schlußunterschrift, die alles,
was über den jeweiligen König ausgeführt wurde, abschließt. In unserem Falle heißt das, daß v. 11—12a nicht allein zu 1.Kön 2 gehört, sondern zur ganzen Davidgeschichte, indem sie alle ihre mitunter disparaten
Bestandteile zu einer Einheit zusammenfaßt.

3) v. 12b: Wohin gehört die sog. ,,Festigkeitsformel''? Auf welche
Frage gibt sie Antwort? Nicht auf 1.Kön 2, auch nicht auf die gesamte
Davidsgeschichte, wohl aber auf das Thema der Thronnachfolgeerzählung: Ein Nachfolger Davids hat sich etabliert; die Thronwirren, die das
gesamte junge Staatsgefüge sicherlich von Grund auf erzittern ließen,
haben ein Ende; die Verheißung von 2. Sam. 7 hat sich zum ersten Mal
bestätigt, die dynastische Thronfolge sich bewährt.[32] Damit weist auch
v. 12b wie v. 11—12a über Kap. 2 hinaus.

So bleiben nun nach Ausscheidung der dtn. Bearbeitung übrig die
Verse 1—2. 5—10. 12b. Dabei hat sich v. 12b schon als zur ganzen
Thronnachfolgeerzählung gehörig ausgewiesen. Wie ist nun das Verhältnis der verbleibenden Verse 1—2 und 5—10 zu dieser Erzählung zu
sehen? Zwei Beobachtungen weisen hier auf einen bestimmten Weg:

a) Die meisterhaft gestaltete Erzählung in 1. Kön 1 endet mit dem unrühmlichen Abbruch des Festmahles an der ,,Walkerquelle''. Die Festgäste stieben erschreckt auseinander, als sie die Botschaft von der Inthronisation Salomos vernehmen. Adonia flieht ins Heiligtum aus Angst um
sein Leben, Salomo aber verschont ihn. Nun beginnt mit Kap. 2 eine

---

31 Siehe S. 22.
32 Auf das Problem des dreimaligen Auftauchens der Festigkeitsformel — neben 2,12b
    noch in 2,35LXX und 2,46b — soll hier nicht näher eingegangen werden.

neue Einheit: Sie beinhaltet eine neue Szene, eine andere Zeit, eine andere Situation und z.T. andere Personen. Ab v. 13 aber scheint die alte
Szene wiederhergestellt: Die Auseinandersetzung Adonia-Salomo, die
mit 1,53 nur scheinbar einen Abschluß gefunden hatte, wird wieder aufgenommen und bis zum Ende, dem gewaltsamen Tod Adonias, durch-
gezogen.[33] Das soll nun nicht heißen, daß man in 2,1—2. 5—10 einen
Fremdkörper, einen nachträglichen Einschub in die Thronnachfolgeerzählung zu sehen hat — dagegen hat sich v. Rad mit Recht entschieden
gewehrt[34], doch ist das Testament Davids eine in sich abgeschlossene
Einheit, die sich aus dem Kontext auch als solche abhebt, jedoch in diesen kunstvoll und geschickt so eingebaut ist, daß sie den Leser bedacht-
sam weiterführt und vorbereitet auf das, was Adonia und seine Sympa-
thisanten schließlich noch Übles erwartet.

b) In seinem Testament gibt der sterbende David seinem Nachfolger
Anweisungen, wie er einige innenpolitische Gegner ausschalten, einige
andere Personen belobigen solle. In 2,13—46 wird dann über die Ausführung dieser politischen Ratschläge berichtet. Doch fallen Unstim-
migkeiten sofort ins Auge:

1) In 2,13—46 ist nur von Bestrafungen, nicht von Belobigungen die
Rede. Die Söhne Barsillais, in v. 7 der Gunst Salomos anempfohlen,
treten in v. 13—46 nicht mehr in Erscheinung.

2) Den Priester Ebjathar verbannt Salomo in v. 26f. nach Anathoth
— im Testament verlautet nichts davon, weder von der Sache noch von
der Person.

3) Simei muß zwar sterben (v. 36—46), doch geschieht das auf ganz
andere Weise, als es im Testament anempfohlen wird. Theoretisch hätte
er gemäß v. 36—46 am Leben bleiben können!

4) Allein das Schicksal Joabs scheint sich in beiden Teilen zu entsprechen, doch sind auch hier Unterschiede nicht zu übersehen: Als Begründung, warum Joab des Todes ist, wird einmal angegeben, er habe
Kriegsblut im Frieden vergossen (v. 5), also den šlwm gestört, das an-
deremal heißt es, er habe Abner und Amasa, zwei Männer, die gerechter
und besser gewesen seien als er, ohne Wissen Davids getötet (v. 32), also
einen politischen Fehlgriff getan.

---

33 L. Rost, Thronnachfolge, S. 86 f., unterstreicht mit allem Nachdruck die Zusammengehörigkeit der beiden Hälften der Adonia—Salomo—Passage.
34 G. v. Rad, Geschichtsschreibung, S. 172. M. Noth hält zu Unrecht diese These weiterhin aufrecht (für v.1b.2.5—9; Könige, S. 9).

Diese inhaltlichen Differenzen zwischen beiden Teilen des Kap. 2 sollten nicht leichtfertig und vorschnell harmonisiert werden. Sie zeigen im Verein mit der ersten Beobachtung an, daß das Testament Davids innerhalb der Thronnachfolgeerzählung eine relative Selbständigkeit besitzt, nicht als eines nachträglichen Einschubs, wohl aber als eines fertigen, auch schon schriftlich formulierten Textes, den der Verfasser der Thronnachfolgeerzählung überaus geschickt in sein Werk eingebaut hat, ohne doch seinen selbständigen Charakter zu verwischen.

Damit haben wir in den Versen 2,1—2. 5—10 die für uns frühest erreichbare Textgestalt des Testamentes Davids vor uns und wir können mit hoher Wahrscheinlichkeit annehmen, daß es in dieser Gestalt tatsächlich einmal eine selbständige Einheit gewesen war.[35] Nachdem diese beiden Voraussetzungen gesichert sind, kann nun die Untersuchung der Form des Davidstestamentes einsetzen:

---

35 Die Selbständigkeit von v.1—12 gegenüber seinem Kontext erkennt auch E. Würthwein, Bücher der Könige, S. 8, ausdrücklich an. Die Entstehungsgeschichte dieses Stückes aber beurteilt er anders (S. 6. 20 f.): Die Verse 1.5—9 entstammten vordeuteronomistischer Zeit und hätten den Sinn, Salomo zu entlasten. In v.2—4 sieht er einen deuteronomistischen Zusatz, ebenso in v.10—11, in v.12 einen nachdeuteronomistischen.
Wenn das Stück v.1—2 nur aus einer Summe von Zusätzen bestehen sollte, dann muß man fragen, woher sein auch von Würthwein zugestandener eigenständiger Charakter stammt. Weiterhin: Hätte nicht ein Redaktor den Inhalt von v.5—9 nahtloser in den Zusammenhang eingefügt? Die Unterschiede zum nachfolgenden Text v.13—46 sind doch bemerkenswert! Schließlich würde nach Würthweins These im 1. (vordeuteronomistischen) Zusatz v.1.5—9 Davids Tod zwar angekündigt, aber nicht auch als tatsächlich eingetreten berichtet. Dies geschieht erst im 2. (deuteronomistischen) Zusatz v.10—11. Um diese Schwierigkeit zu beheben, muß Würthwein annehmen, daß der 2. Zusatz eine Notiz über den Tod Davids des 1. Zusatzes verdrängt habe. Darauf gibt es aber keinen Hinweis.
Würthwein ist zuzustimmen, wenn er vermutet, Salomo solle durch v.5—9 entlastet werden. Das trifft aber auf die ganze Einheit v.1—2.5—10 zu. Es ist nicht notwendig, die Passage in eine Abfolge von Zusätzen zu zerstückeln.
T. Veijola, Die ewige Dynastie, S. 19—29, teilt 2,1—12 in drei Bearbeitungsschichten auf: 1) v.1—2.4a α b.5—9 + 10—11 (DtrG); 2) v.3.4a (DtrN); 3) v.12 (nachdeuteronomisisch). An dieser Unterteilung erscheint mir zunächst die Aufspaltung des v.4 auf zwei Bearbeitungsstufen als problematisch. Sodann halte ich den dtn. Charakter von v.5—9 nicht für erwiesen. Damit wird aber fraglich, ob die 1. Bearbeitungsschicht überhaupt eine Einheit darstellt, die insgesamt dem dtn. Geschichtsschreiber zugewiesen werden kann. Wenn die Verse 5—9 nicht dtn. sind, dann können sie aber nicht isoliert stehen, sondern brauchen eine Einführung und einen Abschluß. So legt sich dann doch wieder die Einbettung in v.1—2 und v.10 nahe — wie in der vorliegenden Analyse.

Anfangsrahmen

Der Text setzt ein mit einem *Hinweis des Erzählers auf den bevorstehenden Tod* Davids, der Nennung des *Adressaten* der nachfolgenden Rede und einer *Situationsangabe,* die so knapp ausfällt, daß man sie kaum mehr als eine solche erkennen kann (v. 1). Damit ist der Anfangsrahmen schon wieder zu Ende.

Mittelteil

David beginnt seine Rede mit einem *eigenen Hinweis auf seinen nun unmittelbar bevorstehenden Tod* (v. 2a). Sodann richtet er an seinen Sohn Salomo eine erste *Anweisung* (v. 2b), die aber so allgemein gehalten ist und jede Beziehung auf einen speziellen Inhalt vermissen läßt, daß man sie auch einen bloßen Aufmunterungsruf nennen könnte.[36]

Die *Verhaltensanweisungen,* die folgen (v. 5—9), haben ausschließlich politischen Charakter, wie schon beschrieben. Es sind innenpolitische Detailanweisungen, weit entfernt von Maximen zu einer gottgerechten Lebensführung, wie wir sie in den meisten bisher behandelten Testamenten vorgefunden haben. Die *Form* des Testamentes wird dadurch nicht durchbrochen; denn in einem entsprechenden Rahmen erscheinen letzte Anweisungen eines Sterbenden. Durchaus verändert, und zwar in erheblichem Ausmaß, ist jedoch die *Motivation,* die hinter der Form steht: War es bisher ein durch lange Lebensjahre gereifter Mensch, der in seiner letzten Erdenstunde die Grunderkenntnisse seines ganzen Menschenlebens an die nächsten Angehörigen weitergab, so benötigt David für seine intriganten Anweisungen kaum Lebenserfahrung. Die in der weisheitlichen Tradition wurzelnde Test.-Form hat sich hier weit von ihrem eigentlichen Kern, aus dem sie lebt, entfernt. Nicht die Form an sich hat sich geändert, wohl aber ist ihr Sitz im Leben fast bis zur Unkenntlichkeit verdunkelt. In dieser Sonderentwicklung, das wird man wohl sagen können, wäre die Test.-Form nicht weiter lebensfähig gewesen.[37]

---

36 Wohl nicht mehr als eine volkstümliche Redewendung, vgl. S. 18 Anm. 5.

37 Dennoch steht dieses politische Testament nicht allein. Die ägyptische Lehre für Merikare ist ihr sehr verwandt, wie noch zu zeigen sein wird (siehe A. Volten, Zwei altägyptische politische Schriften. Die Lehre für König Merikare und die Lehre des Königs Amenemhet, Kopenhagen, 1945).
K. Berger, Zur Geschichte der Einleitungsformel ,,Amen, ich sage euch'', in: ZNW 63, 1972, S. 45 — 75, sieht die LXX—Übersetzung von 1. Kön 2 stärker der Test.—Form angeglichen.

Schlußrahmen

Das Testament Davids schließt so kurz, wie es begonnen hatte: Der Erzähler vermerkt lediglich den *Tod* und die *Bestattung* Davids, mehr nicht (v. 10). Ob anstelle des jetzigen dtn. v. 11 ursprünglich eine Altersangabe stand, läßt sich nur noch als Frage stellen, aber nicht mehr beantworten.

Zum Schluß ist es sicher noch angebracht, sich kurz Rechenschaft über die Funktionen zu geben, die diesem Testament im Laufe seiner langen Überlieferungsgeschichte übertragen wurden:

1. Stadium — Selbständige Schrift: Es galt, Salomos Herrschaft zu festigen; denn er war von den noch lebenden Söhnen Davids nicht der älteste. Adonia, sein älterer Bruder, hatte sich schon wie der zukünftige König gebärdet (1. Kön 1), ohne daß David es ihm gewehrt hätte, aber mit Hilfe seines Erziehers, des Propheten Nathan, wurde Salomo zum König gekrönt. Salomo konnte sich auf dem Thron auf die Dauer aber nur halten, wenn er seine Feinde beseitigte (1. Kön 1,7; 2,28). Um jedoch nicht als ungerechter oder harter Herrscher oder gar als Mörder dazustehen, brauchte er eine Legitimation für seine Handlungsweise, an Joab und Simei vor allem. Ein Testament Davids, das jenes Vorgehen als Auftrag beinhaltete, konnte diesen Zweck erfüllen.[38] Dabei mußte die Härte in Kauf genommen werden, daß die letzten Worte Davids im Gegensatz standen zu seinem Verhalten zu Lebzeiten. Dieser Abzweckung gemäß kann die kleine Schrift, das Testament Davids, nur zur Regierungszeit Salomos abgefaßt worden sein, und zwar schon zu Anfang. Sie wurde vom König selbst initiiert oder entstand doch unter seinem stillschweigenden Interesse. Als Ort der Abfassung bietet sich der Königshof an.

---

38 Die Test.—Form als Mittel zur Gewinnung von Autorität. Diese Funktion kommt ihr wesensmäßig zu, so daß sich die *Form* also keineswegs geändert hat. Salomo gibt sich als gehorsamer Sohn, der sogleich nach Übernahme der Regierungsverantwortung die Aufträge ausführt, die ihm sein Vater am Ende seines Lebens aufgrund seiner Lebenseinsichten anbefohlen hat. Der Unterschied zu den anderen Testamenten liegt also nicht in der Form, sondern im *Inhalt*: Was David auf dem Sterbebett formuliert haben soll, hat mit Lebenserfahrung nichts zu tun, sondern kann in seinem Mund nur als Rache bzw. Treuerweis verstanden werden. Das Testament Davids ist daher auch streng situationsbezogen. Es ist nur für eine einzige Person von Belang, seinen Sohn Salomo. Allgemeingültigkeit kann diesem Testament nicht zukommen.

2. Stadium — Aufnahme in die Thronnachfolgeerzählung: Wenn sich David, der vom ganzen Volk geehrt und geschätzt wird und dessen Worte Geltung besitzen, in seiner letzten Stunde mit Regierungsaufträgen an Salomo wendet, bedeutet das, daß dieser sein rechtmäßiger Nachfolger ist. Zwar ist Salomo bereits zum König gesalbt worden (1. Kön 1), aber eine erneute Hinwendung Davids an Salomo kurz vor seinem Tod unterstreicht nochmals, daß Salomo der einzig legitime Herrscher ist.

Unter diesem Gesichtspunkt bestand also ein tatsächliches Interesse an der Aufnahme des Testamentes Davids in die Thronnachfolgeerzählung, die ja zu Regierungszeiten Salomos verfaßt wurde. Ein solches Interesse ließe sich zu späterer Zeit — als nachträglicher Einschub in die Thronnachfolgeerzählung — nicht mehr sinnvoll motivieren.[39]

3. Stadium — Aufnahme im Rahmen der Thronnachfolgeerzählung in das dtn.GW: Jahwe erwählt David und verheißt ihm bzw. seinem Haus ein immerwährendes Königtum (2. Sam 7). Das Testament Davids im besonderen zeigt nun, daß Jahwe die Verheißung wahrmachen will. Er sorgt für einen Nachfolger auf Davids Thron aus dessen Söhnen. David, der von Jahwe eingesetzte König, darf selbst den neuen Herrscher bestimmen. Jahwe hält sich also an seine Verheißung. Nun kommt es darauf an, ob auch Israels Könige Jahwe die Treue halten, d.h. nach seinen Verordnungen leben und regieren (dem dienen die dtn. Einschübe in v. 3—4). Die konditionale Form, in der hier die Verheißung erscheint, unterstreicht deutlich dieses Interesse.

Damit hat sich das Testament Davids, eines der ältesten schriftlichen Zeugnisse im AT, als ein echtes Testament mit einer bewegten Geschichte erwiesen.

---

39 Diese Anfrage ist an M. Noth, Könige, S. 9, zu richten.

Der sog. Jakobssegen Gen 49 zählt in seinem Grundbestand zu den ältesten Stücken des AT und ist nicht zuletzt deshalb unserem heutigen, modernen Verständnis nur noch sehr schwer zugänglich.[1] Gerade diese Tatsache hat jedoch die Ausleger seit Beginn der kritischen Bibelwissenschaft besonders angespornt, sich mit diesem Kapitel (und dem sehr verwandten Dt 33) zu beschäftigen, um Möglichkeiten für Erklärung und Deutung zu finden. Daher ist auch die Zahl der kommentierenden Beiträge, von der kleinen Randbemerkung bis hin zur ausgereiften Monographie, nahezu Legion. Diese ganze Forschungsgeschichte aufzurollen, auszubreiten und zu beurteilen, erscheint im Rahmen dieser Arbeit, die ja nur an der *Form* des ,,Jakobssegens'' interessiert ist, nicht möglich. Dazu sei auf die beiden Monographien H.-J. Kittels und H.-J. Zobels über die Stammessprüche des AT verwiesen.[2] Im besonderen kann die Diskussion über die Quellenfrage (Gen 49) nur gestreift werden; die berühmte crux interpretum — šylh in 49,10 — muß fast ganz außer Betracht bleiben. Es wird in der folgenden Untersuchung hauptsächlich darum gehen, die Entstehung, die Überlieferungs- und Redaktionsgeschichte von Gen 49—50 soweit als möglich zu erhellen, um — wie bei der Bearbeitung des vorigen Textes — feststellen zu können, auf welcher Stufe der Redaktion der ,,Jakobssegen'' in die Form eines Testamentes gekleidet wurde, und welche Absicht der Redaktor dabei im Auge hatte.

Um der besseren Übersichtlichkeit willen wäre es wohl angebracht, der nachfolgenden Untersuchung zunächst den Text voranzustellen. Da dies jedoch im vorliegenden Fall zuviel Platz beanspruchen würde, erscheint es zweckmäßiger, auf die Verse 3—27, die die Stammessprüche nach der Reihenfolge der Söhne Jakobs aufführen, zu verzichten und nur den für diese Untersuchung interessanteren Rahmen wiederzugeben:

49,1: ,,Und Jakob rief seine Söhne und sprach: Versammelt euch, damit ich euch verkünde, was euch widerfahren wird am Ende der Tage!

v. 2: Kommt zusammen und hört, ihr Söhne Jakobs, hört Israel, euren Vater!''

---

1 Daß auch schon in Israel, etwa ab der nachexilischen Zeit, der ursprüngliche Sinn der Stammessprüche nicht mehr verstanden wurde, zeigen speziell zwei kleinere Eingriffe in den Text, die das gesamte Korpus der Sprüche in 49,3—27 einmal als Segen (v.28b) und einmal als Weissagung (v.1b) deklarieren. Doch davon soll im Folgenden noch ausführlicher die Rede sein.

2 H.—J. Kittel, Die Stammessprüche Israels. Gen 49 und Dt 33 traditionsgeschichtlich untersucht, Diss. Berlin, 1959; H.-J. Zobel, Stammesspruch und Geschichte, Berlin, 1965. Die wichtigste Literatur z. St. auch bei J. Coppens, La bénédiction de Jacob. Son cadre historique à la lumière des parallèles ougaritiques, in: SVT4, 1957, S. 97-115, und C. Westermann, Genesis 37—50, Neukirchen, 1982, S. 243—246.

v. 28: ,,Das sind alle zwölf Stämme Israels, und das ist es, was ihr Vater zu ihnen geredet hat. Und er segnete sie, einen jeden segnete er mit einem besonderen Segen.

v. 29: Er wies sie an, indem er zu ihnen sprach: Ich werde nun versammelt zu meinem Volk. Begrabt mich bei meinen Vätern in der Höhle, die auf dem Felde Ephrons, des Hethiters, liegt,

v. 30: in der Höhle auf dem Feld Machpela gegenüber Mamre im Land Kanaan, auf dem Feld, das Abraham von Ephron, dem Hethiter, gekauft hat als Grabstätte.

v. 31: Dort hat man Abraham begraben und Sarah, seine Frau; dort hat man Isaak begraben und Rebekka, seine Frau; dort habe ich Lea begraben,

v. 32: auf dem Feld mit der Höhle darauf, von den Hethitern.

v. 33: Als Jakob nun mit seinen Anweisungen an seine Söhne zu Ende gekommen war, da legte er seine Füße auf dem Bett zusammen, starb und wurde versammelt zu seinen Stammesgenossen.‘‘

50,12: ,,Und seine Söhne taten mit ihm so, wie er es ihnen aufgetragen hatte:

v. 13: Sie brachten ihn in das Land Kanaan und begruben ihn in der Höhle des Feldes Machpela, das Abraham als Grabstätte gekauft hatte, von Ephron, dem Hethiter, gegenüber Mamre.‘‘

Mit der Zuweisung des sog. Jakobssegens an eine der großen Pentateuchquellen hatte man allezeit Schwierigkeiten. Seit J. Wellhausen gegen Ende des letzten Jahrhunderts in seiner richtungsweisenden Untersuchung ,,Composition des Hexateuchs‘‘ die Verse 1—27 der kombinierten Quelle JE zuerkannte,[3] setzte sich mehr und mehr die Meinung durch, im Jahwisten den Schöpfer oder doch zumindest den Sammler und Redaktor der Stammessprüche in Gen 49 zu erblicken.[4] Daneben schied auch der Elohist nicht ganz aus der Diskussion aus.[5] O. Eißfeldt schließlich wies in seiner 1922 erschienenen ,,Hexateuch-Synopse‘‘ das ganze Korpus der Stammessprüche der von ihm so benannten ältesten Quelle L (Laienquelle)[6] zu. Überdies war man fast allgemein der Ansicht, daß auch die Priesterschrift ihr Teil zum ,,Jakobssegen‘‘ beigetra-

3 J. Wellhausen, Die Composition des Hexateuchs und der historischen Bücher des Alten Testaments, Berlin, 1899, S. 60.
4 Am konsequentesten wohl O. Procksch, Die Genesis, S. 264, aber auch H. Gunkel, Genesis, S. 478, und viele andere (siehe H.—J. Kittel, Stammessprüche, S. 2).
5 J.—M. Lagrange, Genèse, Ch. XLIX, 1 — 28. La prophètie de Jacob, in: RB 7, 1898, S. 525 — 540, erkannte in Gen 49 typische Merkmale des Elohisten wieder (S. 539 f.).
6 O. Eißfeldt, Hexateuch—Synopse, Leipzig, 1922, S. 22 — 30. 102* f.

gen habe, wenn auch nur zu seiner Umrahmung. So könnten demnach alle großen Pentateuchquellenschriften an der Entstehung des Kap. 49 beteiligt gewesen sein, m.a.W.: Typische Merkmale, deren man sich für die Zuweisung zu einer der großen Quellen bedienen könnte, finden sich im Text keine. M. Noth hat denn auch einen Schlußstrich unter alle derartigen literarkritischen Versuche gezogen, indem er den Stammessprüchen in Gen 49 eine eigene Überlieferungsgeschichte zuerkannt hat — abseits und unabhängig von den Pentateuchquellen.[7] Es dürfte also wohl sinnvoller sein, die Quellenfrage für dieses Kapitel auf sich beruhen zu lassen und statt dessen zu versuchen, ob es nicht möglich ist, ein wenig Licht in die sicher lange und verworrene Überlieferungsgeschichte des sog. Jakobssegens zu bringen. Dieser Versuch soll nun im Folgenden unternommen worden.

Bei der Exegese biblischer Texte fällt häufig auf, daß der Rahmen einer Passage dieser einen ganz bestimmten Sinn aufprägt, einen Sinn, der dieser zuvor möglicherweise noch gar nicht zu eigen war. Gerade diese Uminterpretation aber führt oft erst zu interessanten Beobachtungen, die dazu verhelfen können, das Verständnis des Textes selbst näher zu erschließen. Da sich beim ,,Jakobssegen'' — schon diese Benennung ist einer Interpretation — deutlich mehrere Umrahmungen unterscheiden lassen, empfiehlt es sich, bei ihnen mit der Untersuchung einzusetzen, in der Hoffnung, von daher auch ein tieferes Verständnis für den Werdegang des ganzen Textes zu gewinnen.

I. So, wie uns der Text jetzt vorliegt, versammelt nach 49,1 Jakob seine zwölf Söhne um sich, um zu ihnen zu sprechen. Am Ende seiner Rede kündigt er ihnen seinen nahenden Tod an und bittet sie, ihn in der Familiengruft gegenüber Mamre beizusetzen (49,29—32). Danach stirbt er und wird ,,zu seinen Stammesgenossen versammelt'' (v. 33). In Konsequenz seines letzten Wunsches sollte man nun eine Mitteilung darüber erwarten, daß seine Söhne insgesamt seinen Leichnam auch am erwünschten Ort bestattet hätten.

Diese Notiz folgt auch, aber erst in 50,12—13. Dazwischen schiebt sich ein zweiter Bestattungsbericht, der sich deutlich vom ersten abhebt. Er beginnt:

50,1: ,,Da warf sich Joseph über seinen Vater und weinte über ihm und küsste ihn.

---

7 M. Noth, Überlieferungsgeschichte des Pentateuch, Stuttgart, 1948, S. 250 Anm. 607.

v. 2: Dann befahl Joseph seinen Dienern, den Ärzten, seinen Vater einzubalsamieren..."

Es ist klar: Die Szene spielt in Ägypten, am Hof des Pharao, ganz nach dem Exposé der Josephsgeschichte. Joseph ist die Hauptfigur, und er ist es auch, der die Beisetzung seines Vaters veranlaßt und bewerkstelligt (50,1—11.14); seine Brüder werden nur nebenbei erwähnt.[8] Nach 50,12f. aber vollziehen alle Söhne die Bestattung, und zwar ohne daß einer von ihnen besonders hervorgehoben oder auch nur eigens genannt wäre. Sie haben ja auch alle zusammen in gleicher Weise den Auftrag dazu bekommen (49,29). So wie sich also nun zwei getrennte Nachrichten über die Beisetzung Jakobs finden, so auch zwei unterschiedene Beauftragungen dazu; denn auch Joseph gegenüber hatte der sterbende Jakob einen derartigen Wunsch geäußert (47,29—31). Interessanterweise gehört Kap. 48, der Segen Jakobs über Ephraim und Manasse, nicht in den Zusammenhang der Josephsgeschichte, sondern spielte ursprünglich in Palästina.[9] So hätte sich also ursprünglich, im Rahmen der Josephsgeschichte, Kap. 50,1ff. unmittelbar an das Ende des Kap. 47 angeschlossen, wenn man einmal von Kap. 49 absieht. Was fehlt, wäre lediglich eine kurze Notiz über den Tod Jakobs. Diese könnte aber sehr leicht durch Kap. 49 verdrängt, ersetzt worden sein. Wir hätten demnach zwei getrennte Berichte über die Bestattungsanweisungen, den Tod und die Beisetzung Jakobs:

1. Jakob nimmt vor seinem Tod einen Eid von seinem Sohn Joseph, ihn nicht in Ägypten, sondern in Kanaan beizusetzen (47,29—31). Jakob stirbt (diese Notiz fehlt). Er wird auf Josephs Befehl einbalsamiert und in einem langen Trauerzug nach Palästina gebracht und jenseits des Jordans (!) beigesetzt (50,1—11.14).

2. Jakob bittet seine Söhne kurz vor seinem Tod, ihn in der Familiengrabstätte in der Höhle auf dem Feld Machpela gegenüber Mamre zu bestatten (49,29—32). Er stirbt (49,33) und wird von seinen Söhnen am gewünschten Ort beigesetzt (50,12—13).

Beide Berichte stimmen in ihren Teilstücken jeweils in den Angaben über Zeit, Ort, Situation und Personen überein, nicht aber untereinan-

---

8 In v.8 und v.14b. Es dürfte sich um Zusätze handeln, um die beiden Bestattungsberichte miteinander zu verbinden und darüber hinaus Kap. 49 und 50, 12 f. in die Josephsgeschichte einzugliedern. Sowohl v.8 wie v.14b lassen sich ohne die geringste Schwierigkeit aus ihrem Kontext lösen.

9 M. Noth, Pentateuch, S. 91 f., der sich seinerseits auf E. Meyer und H. Greßmann bezieht.

der. Damit dürfte es keine Frage mehr sein, daß Kap. 49 und 50,12,—13 aus der Josephsgeschichte herauszunehmen und gesondert zu betrachten sind.[10]

Der Abschnitt 49; 50,12—13 wird zusammengehalten durch eine gemeinsame Form, die Test.-Form:

a) Anfangsrahmen

Jakob ruft alle seine *Söhne* zusammen, um zu ihnen zu sprechen (49,1a). Er eröffnet seine Rede mit einer zweigliedrigen *Redeeinleitungsformel* (v.2).[11] Ein Hinweis auf den bevorstehenden Tod, sei es als eigene Ankündigung oder in Berichtsform, fehlt, muß fehlen, wie sich später noch zeigen wird. Er wird deshalb im Schlußrahmen nachgeholt, da er ein unverzichtbares Element der Test.-Form darstellt.

b) Mittelteil

Er enthält ausschließlich Stammessprüche, teils in längerer Form als persönliche Anrede des Vaters an den betreffenden Sohn (Spruch über Ruben, Simeon/Levi, Juda, Joseph), teils als kurze, prägnante Charakterisierungen eines Stammes. Der Mittelteil schließt mit einer knappen, abschließenden Zusammenfassung in v. 28a. Mit den Formelementen „Rückblick auf die Vergangenheit", „Verhaltensanweisung" und „Zukunftsansage" haben die Stammessprüche nichts oder fast nichts gemein. Wäre der Rahmen nicht, niemand würde auf die Idee kommen, in dieser Sammlung von Stammessprüchen den Mittelteil eines Testamentes zu sehen.

c) Schlußrahmen

Da in v. 28a die Rede Jakobs an seine Söhne schon durch den Erzähler beendet und zusammengefaßt ist, bedarf es einer erneuten kurzen Redeeinführung (wyṣw 'wtm wy'mr 'lhm v. 29a), damit Jakob

---

10 Diese Einsicht ist an sich nicht neu (so schon M. Noth, Pentateuch, S. 227 Anm. 564, für den Jakobssegen Kap. 49), sie gewinnt aber an Gewicht dadurch, daß 49; 50,12—13 so zunächst als Einheit gesehen werden kann, die nicht sogleich wieder in die verschiedenen Quellenschriften auseinanderfällt. C. Westermann, Genesis 37 — 50, S. 222, erkennt ebenfalls eine Doublette im Bericht über Jakobs Tod und Begräbnis, weist allerdings 49,28b—33; 50,12—13 P zu als Abschluß der Jakobsgeschichte.

11 Im Pentateuch noch an den alten Stellen Gen 4,23; Nu 23,18; Dt 32,1. Aufgrund dieser Parallelität im Aufbau besteht keine Veranlassung, das erste wšm'w zu streichen (so H. Gunkel, Genesis, S. 479, und G. v. Rad, Das erste Buch Mose, S. 366).

wieder zu Wort kommen kann. Er holt zuerst den zu Anfang vermißten *Hinweis auf den bevorstehenden Tod* nach (v. 29b) und gibt dann seinen Söhnen den Auftrag, ihn, wenn er gestorben sei, in der Familiengrabstätte gegenüber Mamre *beizusetzen* (v. 29c—32). Danach zeigt eine auf die Redeeinführung in v. 29a bezogene *Redeabschlußformel* (wykl y'qb lşwt 't-bnyw v. 33a) das Ende der Rede des Patriarchen an.

Jakob *stirbt* (v. 33b) und wird von seinen Söhnen *bestattet* (50,12f.).

Der Schlußrahmen zeigt die Elemente der Test-Form mit aller nur wünschenswerten Deutlichkeit; beim Anfangsrahmen ist das nicht ganz so — man vermißt den Hinweis auf den bevorstehenden Tod —; im Mittelteil läßt sich fast überhaupt keine Verwandtschaft mit der Test.-Form feststellen. Es ist also wesentlich der Schlußrahmen, der das Ganze zum Testament werden läßt, doch ist er trotzdem auf das Vorhergehende, speziell den Anfangsrahmen, angewiesen, da er von ihm Personen und Situation bezieht.[12] Der Anfangsrahmen in sich ist jedoch noch nicht testamentsgemäß. Er wird es erst dadurch, daß der Schlußrahmen durch den Hinweis auf den bevorstehenden Tod Jakobs dessen ganze Rede als eine Sterberede erscheinen läßt. Liegt so die Beeinflussung des Anfangs- durch den Schlußrahmen am Tage, so fragt man sich, ob nicht derselbe Vorgang auch hinsichtlich des Mittelteiles angewandt worden sei, da dieser sich so ganz und gar untestamentlich präsentiert. In der Tat läßt sich ein, wenn auch sehr versteckter Hinweis in diese Richtung entdecken in dem Ausdruck der Redeabschlußformel: wykl y'qb lşwt „und Jakob vollendete, zu beauftragen . . .". Diese sonderbare Stilform könnte ein Fingerzeig dahingehend sein, daß Jakob seinen Söhnen außer den Bestattungsanweisungen noch weitere Aufträge gegeben habe, m.a.W. daß der Schlußrahmen die ganze Rede Jakobs, auch die Aussprüche über die Stämme, als Verhaltensanweisung stilisiert, was sie nun wirklich nicht sind.

Wir haben also in 49; 50,12—13 zwar eine abgeschlossene Einheit vor uns, die aber wesentlich nur durch ihre Form, das „Testament", zusammengehalten wird. Allein der Schlußrahmen ist es hierbei, der den vorhergehenden Versen (1a.2—28a) diesen Charakter aufprägt, indem er die ganze Rede Jakobs als Sterberede deklariert und darüberhinaus noch — vermutlich — auch als Verhaltensanweisung interpretiert. Das läßt fragen, ob nicht vor der Umdeutung durch den Schlußrahmen der

---

12 Die Feststellung H.—J. Kittels, Stammessprüche, S. 115: „Der P-Faden setzt eine Spruchsammlung nicht voraus und ist ohne diese ein in sich geschlossener Erzählzusammenhang" schießt jedoch weit über das Ziel hinaus. (Mit P-Faden bezeichnet er im Gefolge von H. Gunkel, Genesis, S. 492 — 497, in Kap. 49 die Verse 1a.28b—32.33a α .b.)

Abschnitt 49,1a.2—28a auch literarisch eigenständig und unabhängig von seiner jetzigen Stilisierung als Testament gewesen sein könnte.

II. In der Tat läßt sich der Schlußrahmen ohne weiteres von den vorhergehenden Versen lösen. Was übrigbleibt, ist denn auch kein Torso, sondern durchaus eine in sich sinnvolle Einheit: Da fällt zunächst natürlich das Korpus der Stammessprüche ins Auge. So disparat sie untereinander auch sein mögen, durch die Zwölfzahl werden sie doch als mit einer starken Klammer aneinander gewiesen und zusammengehalten.[13] Diese Zusammengehörigkeit unterstreicht auch der Rahmen, der alle diese Sprüche umgibt; denn trotz Zwölfzahl würden die Stammessprüche ohne eine konkrete Situation, eine Ein- und Ausführung ziemlich in der Luft hängen. Für diesen Rahmen bietet sich am Anfang v. 2 an, die Redeeinleitungsformel, die alle Söhne Jakobs auf den Plan ruft. Am Ende der Spruchsammlung bindet v. 28a alle Einzelsprüche rückblickend zusammen und setzt sie so von ihrem Kontext als eine Einheit ab. Nun fehlt aber noch eine möglichst konkrete Situationsangabe, die die Spruchsammlung — wenn auch sekundär und fiktiv — in einem Erzählungszusammenhang fixiert. Dafür eignet sich gut v. 1a: Jakob ruft alle seine zwölf Söhne zusammen und spricht zu jedem einzelnen von ihnen. Diese Situationsangabe fällt zwar nicht sehr konkret aus, doch tut sie trotzdem ihren Dienst, die Sprüche über die zwölf Stämme als eine Einheit darzubieten und in einen historischen Rahmen zu stellen.

Die Umrahmung der Sprüche in v. 1a.2 und besonders in v. 28a erfüllt aber noch eine weitere Funktion: Sie setzt die zwölf Stämme miteinander in Beziehung und lehrt, sie als Brüder, als Söhne eines Vaters zu verstehen. Es ist die Gleichsetzung von Stämmen und Brüdern, die nicht die Einzelsprüche selbst, sondern erst der Rahmen leistet. Nicht zuletzt deshalb ist er für ein Verständnis der Spruchsammlung als einer Einheit tatsächlich unverzichtbar.[14]

13 M. Noth, Das System der zwölf Stämme Israels, Darmstadt, 1966, S. 7 f., hat auf das hohe Alter des Zwölferschemas und seiner Umrahmung in Gen 49 aufmerksam gemacht (Zeit Davids oder Salomos), nur daß er sich dabei auf v.1—27 beschränkt, ohne v.28a als einen notwendigen Abschluß mit hinzuzunehmen. C. Westerman, Genesis 37 — 50, S. 250, betont mit Recht, daß die Zwölfzahl erst dem Stadium der Sammlung der Sprüche angehört (s. auch unten S. 46).

14 Aus dem Rahmen, der nicht in erster Linie zur Test.—Form gehört, also v.1.2 und 28, sind nur die Teile als nicht ursprünglich zur Spruchsammlung gehörig auszuscheiden, die dieser über die oben beschriebene Funktion hinaus einen anderen Charakter aufprägen wollen. Darunter fallen v. 1b und v. 28b. Dazu s. S. 48 — 50. Andere Aufteilungen des nicht—testamentlichen Rahmens (z. B. H. Gunkel, Genesis, S. 478 f. 487; G. v. Rad, 1. Mose, S. 366; M. Noth, Pentateuch, S. 13; C. Westermann, Genesis 37 — 50, S. 252) sind wenig hilfreich, da sie diese Funktion des Rahmens verkennen.

Dieser Rahmen ähnelt dem der Test.-Form in einigen Punkten: Der Vater, der seine Söhne zusammenruft, um zu ihnen zu reden, und seine Worte mit einer Redeeinleitungsformel beginnt. Das war dann auch der Grund für einen Redaktor, die ganze Spruchsammlung mit ihrem Rahmen in ein Testament umzuarbeiten. Seinem ursprünglichen Wesen nach aber gehört dieser Rahmen durchaus nicht zur Test.-Form: Es findet sich kein Hinweis auf den bevorstehenden Tod des Patriarchen — die Spruchsammlung ist also im Mund Jakobs keine Sterberede —, und auch die Redeeinleitungsformel läßt sich ja keineswegs auf das „Testament" beschränken[15], sondern kann zu Beginn jeder Rede stehen, wenn der Redende etwas Bemerkenswertes mitzuteilen hat, auf das er die Aufmerksamkeit seiner Zuhörer lenken möchte.

III. Es wurde oben schon angedeutet, daß die Sprüche über die einzelnen Stämme durchaus keinen einheitlichen Charakter aufweisen. Der Begriff „Stammesspruch" selbst ist schon geeignet, über einen wesentlichen Unterschied innerhalb der Einzelsprüche hinwegzutäuschen: Ein Teil der Sprüche, die an Ruben, Simeon/Levi, Juda und Joseph gerichteten, redet ohne Zweifel noch vom Jakobsohn und nicht vom Stamm, auch wenn dieser Sohn jeweils als heros eponymos des betreffenden Stammes aufzufassen ist. In den anderen Sprüchen ist mehr oder weniger direkt vom Stamm selbst die Rede, wobei Aussagen abwechseln, die entweder seine geographische Lage betreffen oder auf eine besondere politische Situation anspielen oder ganz allgemein bestimmte Charakteristika des jeweiligen Stammes lobend oder tadelnd hervorheben. Von den meisten dieser Stammescharakterisierungen werden wir wohl ehrlicherweise bekennen müssen, daß uns die Anlässe und Hintergründe, die einst zu ihrer Entstehung führten, heute nicht mehr einwandfrei zugänglich sind.[16] Man muß es schon einen großen Glücksfall nennen, wenn durch Zufall gepaart mit aufmerksamer Beobachtung der politische Hintergrund eines Stammespruches so aufgedeckt werden kann, wie es im Fall des Issachar-Spruches gelungen ist.[17]

---

15 Siehe H. W. Wolff, Hosea, Neukirchen, 1965, S. 122 f. („Lehreröffnungsformel") und meine eigenen Ausführungen in „Die Lehre der Alten", Bd. I, S. 93 f. Die Redeeinleitungsformel genügt nicht, um alles Folgende als Testament zu charakterisieren (gegen C. Westermann, Genesis 37 — 50, S. 252).

16 H.-J. Zobel, Stammesspruch, huldigte bei der geschichtlichen Einordnung der Stammessprüche doch wohl einem zu großen Optimismus.

17 A. Alt, Neues über Palästina aus dem Archiv Amenophis' IV., S. 169 — 175, in: KlSchr 3, S. 158 — 175.

Ein weiteres Unterscheidungsmerkmal zwischen beiden Sprucharten liegt im rein Formalen: Während die Sprüche, die die Jakobssöhne noch als solche im Blick haben, breite Darlegungen eines bestimmten Sachverhalts enthalten, sind die echten Stammessprüche kurz, prägnant, nur selten geringfügig erweitert, wirkliche Aussprüche, die leicht über die Lippen gehen. Dazu helfen noch die häufigen Tiervergleiche und Wortspiele, die man wohl als charakteristisch für eine originale Volksmunddichtung ansehen kann. Kein Stammesspruch dieser zweiten Art, der nicht entweder auf einen Tiervergleich oder ein Wortspiel abhebt!

Beiden Arten von Sprüchen eignet also ein so verschiedener Charakter, daß sie nicht ursprünglich so vereint beieinander gestanden haben können, wie es jetzt der Fall ist. Da sich obendrein noch deutliche Einarbeitungsspuren der Kurz- in die Langsprüche aufzeigen lassen, erscheint es sinnvoll, die Kurzsprüche wieder von und aus den Langsprüchen zu lösen und zunächst gesondert zu betrachten: Zu diesen echten, kurzen Stammessprüchen sind schon beim ersten Hinsehen zu rechnen die Tiervergleichssprüche in v. 14f. (Issachar = knochiger Esel), v. 17 (Dan = Schlange, Otter), v.21 (Naphtali = schnelle Hirschkuh), v.27 Banjamin = Wolf) und die Sprüche, die auf einem Wortspiel aufbauen: v. 13[18](zbwln yzbl), v. 16(dn ydyn), v. 19(gd gdwd ygwdnw); ferner wohl auch der Asser-Spruch v. 20, bei dem sinngemäß auf 'šry angespielt sein dürfte, ohne daß doch dieses Wort im Text selbst fiele.[19] Einige Kurzsprüche sind aber auch den Langsprüchen zugesellt oder in sie eingearbeitet worden. Das ist sicher der Fall beim Juda-Spruch in v. 9 (Juda = junger Löwe) und dem Joseph-Spruch in v. 22 (Joseph = junger Stier).[20] Vermuten darf man es auch für einen Teil des Juda-Spruches in v. 8. Er lautet in seiner jetzigen Form:

,,Juda, du, dich werden preisen deine Brüder;
deine Hand auf dem Nacken deiner Feinde;
dir werden zu Füßen fallen die Söhne deines Vaters."

18 So statt yškn mit A. H. J. Gunneweg, Über den Sitz im Leben der sog. Stammessprüche (Gen 49 Dtn 33 Jdc 5), S. 248, in: ZAW 76, 1964, S. 245 — 255.
19 So mit H. Gunkel, Genesis, S. 484, ähnlich C. Westermann, Genesis 37 — 50, S. 268.
20 Mit H. Gunkel, Genesis, S. 485. Die Änderung in bn pryh (Junger Fruchtbaum) ist abzulehnen, da sonst nur Vergleiche mit Tieren, nicht aber mit Pflanzen vorkommen (mit A. H. J. Gunneweg, Sitz, S. 249, gegen G. v. Rad, 1. Mose, S. 368 und C. Westermann, Genesis 37 — 50, S. 270).

Läßt man die zweite Verszeile weg, so ergibt sich ein schöner Parallelismus der ersten und der dritten Verszeile, die inhaltlich wie formal ausgezeichnet zueinander passen, im Hebräischen noch besser als in der deutschen Übersetzung.[21] Die zweite Verszeile aber kann recht gut als ein eigenständiger Spruch verstanden werden. Er ergibt zusammen mit dem Stammesnamen, der dann natürlich wieder dazutreten müßte, sogar ein Wortspiel yhwdh ydk. So teilt sich also der gesamte Juda-Spruch tatsächlich in drei Sprüche auf: zwei Kurzsprüche, voneinander unabhängig, in v. 8b[22] und v. 9 und in einen Langspruch v. 8ac.10—12, der in dieser Zusammenstellung sogar einen besseren Sinn gibt als in der kombinierten Form v. 8—12, wie er uns vorliegt.

Auch die Verse 23 und 24 erwecken den Eindruck, als gehörten sie nicht ursprünglich zu dem folgenden umfassenden Segen über Joseph.[23] Zwar enthalten sie weder Tiervergleich noch Wortspiel, dafür aber eine deutliche geschichtlich-politische Anspielung, die zu den folgenden Versen in keiner Beziehung steht. Ob sie einmal selbständig waren und als eigenständiger Stammesspruch umliefen (in Verbindung mit dem Stammesnamen) oder einem anderen Zusammenhang entnommen und hier eingefügt wurden, läßt sich allerdings nicht mehr klären.

Alle diese kurzen Einzelsprüche haben keine Beziehung untereinander. Sie scheinen ehedem selbständig frei umgelaufen zu sein so wie andere gleichartige Sprüche auch, die in Dt 33 und Ri 5 Eingang gefunden haben. Diese Auffassung hat sich heute allgemein durchgesetzt.[24] Wer diese Sprüche allerdings zuerst gesprochen hatte, und bei welcher Gelegenheit sie rezitiert wurden, darüber gehen die Meinungen noch auseinander. Während Greßmann,[25] Dürr[26] und Lindblom[27] hier weder einen bestimmten Verfasser noch eine festgelegte Zeit oder einen bestimmten Ort im Auge haben (,,frei umlaufend im Volksmund''), vermutet

---

21 Diese Versteilung ist bei J. Lindblom, The political background of the Shiloh oracle, S. 83, in: SVT 1, 1953, S. 78 — 87, schon angelegt, aber dann doch nicht konsequent durchgeführt worden.

22 Die Ergänzung durch einen zusätzlichen Halbsatz, wie C. Westermann, Genesis 37 — 50, S. 258, vorschlägt, ist überflüssig.

23 So auch H.—J. Zobel, Stammesspruch, S. 24. Dort auch eine Reihe von stilistischen Argumenten dafür.

24 Seit sie H. Greßmann, Die Anfänge Israels (Von 2. Mose bis Richter und Ruth), Göttingen, 1922, S. 183, und H. Gunkel, Genesis, S. 477, mit Nachdruck propagiert hatten.

25 H. Greßmann, Anfänge, S. 182.

26 L. Dürr, Ursprung und Ausbau der israelitisch-jüdischen Heilandserwartung, Berlin, 1925, S. 65.

27 J. Lindblom, Background, S. 79.

Kittel[28] den Sitz im Leben in der Vorbereitung und Aufforderung zur Schlacht, Westermann[29] denkt an allgemeine Zusammenkünfte der Stämme, Weiser[30], Stoebe[31] und Gunneweg[32] sehen ihn in der Feier der Jahwe-Epiphanie in der Amphiktyonie. Gunkel[33] hält beide letzten Vorschläge für möglich.

Das Alter dieser kurzen Stammessprüche, darin ist man sich einig, muß sehr hoch angesetzt werden; denn nur zu einer Zeit lebendigen Stammesbewußtseins, und d.h. doch wohl in einer Zeit aktiven, politischen Handelns der Stämme, konnten solche Sprüche sinnvoll gedichtet und (mündlich) weitergegeben werden.

IV. Bleiben die Langsprüche übrig, die oben von den Kurzsprüchen getrennt wurden. Es sind im Gegensatz zu den kurzen, echten Stammessprüchen verhältnismäßig ausführliche Reden, Anreden an den jeweiligen Sohn durch Jakob, seinen Vater. Die Kurzsprüche enthielten mit zwei Ausnahmen keine persönliche Anrede, sondern waren in der 3. Pers. verfaßt (,,Issachar ist ein knochiger Esel" u.ä.). Die zwei Ausnahmen finden sich in den beiden Stammessprüchen über Juda v. 8b (ydk — ,,deine Hand auf dem Nacken deiner Feinde") und v. 9 (bn pryh — ,,von der Beute, mein Sohn, hast du dich erhoben"). Diese Ausnahmen werden bedingt sein durch die Einarbeitung dieser beiden Kurzsprüche in den Juda-Langspruch v. 8—12. Ein Indiz dafür ist die Unsinnigkeit des oben angeführten Versteiles von v. 9, wenn man ihn aus seinem Kontext löst und für sich allein betrachtet: Nicht Juda kann sich von der Beute erheben, das ist klar, sondern der junge Löwe, mit dem Juda in v. 9a verglichen wird. Also ist der Tiervergleich das Beherrschende im ganzen v. 9, wie sich denn auch dieser gesamte Vers abgesehen von dem zitierten Beute-Satz getreu an die Stilistik der übrigen Stammessprüche hält.

Als letzte Frage, die es im Hinblick auf die Überlieferungsgeschichte von Gen 49 noch zu beantworten gilt, bleibt nun übrig das Problem der Herkunft der Langsprüche. Kamen sie ebenso aus allen Himmelsrichtungen herein wie die kurzen Stammessprüche oder lassen sie sich als eine Einheit verstehen, und wenn ja, wie wäre sie zu begründen? Dazu

---

28 H.-J. Kittel, Stammessprüche, S. 76 — 78.
29 C. Westermann, Genesis 37 — 50, S. 251.
30 A. Weiser, Einleitung in das Alte Testament, Göttingen, 1963, S. 48.
31 H. J. Stoebe, Art. ,,Jakobssegen" in: RGG 3, Sp. 524.
32 A. H. J. Gunneweg, Sitz, S. 254 (Stammespruch als Selbstdarstellung des Stammes im Rahmen dieser Feier).
33 H. Gunkel, Genesis, S. 477.

wird es wohl sinnvoll sein, die Langsprüche zunächst einmal im Zusammenhang wiederzugeben, losgelöst von ihrer sekundären Verbindung mit den Umrahmungen und den Stammessprüchen:

49,3: „Ruben, mein Erstgeborener bist du, meine Stärke, der Erste meiner Manneskraft, Erster an Tosen[34], Erster an Wildheit,

v. 4: wallst über wie Wasser, sollst der Erste nicht sein; denn du bestiegst das Bett deines Vaters. Damals entweihtest du mein Bett, das du bestiegen.[35]

v. 5: Simeon und Levi, die Brüder, Werkzeuge von Gewalt sind ihre...[36]

v. 6: In ihre Ratssitzungen soll nicht kommen meine Seele, in ihren Versammlungen soll nicht gesehen werden meine Leber;[37] denn in ihrem Zorn töteten sie Männer und in ihrem Mutwillen lähmten sie Stiere.

v. 7: Verflucht ihr Zorn, daß er so heftig, ihre Wut, daß sie so grimmig ist! Ich will sie zerteilen in Jakob und sie zerstreuen in Israel.

v. 8a.c: Juda, du, dich werden preisen deine Brüder, dir werden zu Füßen fallen die Söhne deines Vaters.

v. 10: Nicht soll weichen das Szepter von Juda noch der Kommandostab zwischen seinen Füßen, bis daß Šîloh[38] kommt, und ihm der Gehorsam der Völker gehört.

v. 11: Er bindet an den Weinstock seinen Esel, an die Rebe das Füllen seiner Eselin. Er wäscht in Wein sein Gewand und in Traubenblut sein Kleid.

v. 12: Seine Augen funkeln von Wein, seine Zähne sind weiß von Milch.[39]

---

34 Mit H. Gunkel, Genesis, S. 479, und A. H. J. Gunneweg, Sitz, S. 248, śʼt (von śʼh = rauschen) statt śʼt (MT).

35 Mit LXX, Peschitta und Targum Onkelos ʻlyt statt ʻlh (MT). Ebenso G. v. Rad, 1. Mose, S. 367. C. Westermann, Genesis 37 — 50, verwirft diese Konjektur.

36 Zu den Übersetzungsvorschlägen für das Wort mkrtyhm siehe H. Gunkel, Genesis, S. 479 f., J. Coppens, Bénédiction, S. 99 f. und M. Cohen, mᵉkerotehem (Genèse XLIX 5), in: VT 31, 1981, S. 472 — 482.

37 Übersetzungsvorschlag von M. Dahood, A new translation of Gen 49,6a, in: Bibl. 36, 1955, S. 229, aufgrund arabischer, ugaritischer und akkadischer Parallelen. C. Westermann, Genesis 37 — 50, S. 256, hält v.6a für einen späteren Nachtrag.

38 Der Ausdruck soll vorerst unübersetzt bleiben.

39 Diese Übersetzung, von H. Gunkel, Genesis, S. 483, angeregt, ist immer noch die sinnvollste. Abzulehnen ist jede Übersetzung, die auf einen Vergleich hinausläuft (G. v. Rad, 1. Mose, S. 367: „Seine Augen sind dunkler als Wein und seine Zähne weißer als Milch.“ So auch C. Westermann, Genesis 37 — 50, S. 247. 263); denn der Skopus der Verse 11—12 ist die Betonung der überreichen Fruchtbarkeit des Landes, nicht aber die Beschreibung der Schönheit des kommenden Herrschers.

v. 25[40]: Vom Gott deines Vaters — er möge dir helfen, und El šaddaj — er möge dich segnen mit Segnungen des Himmels droben, mit Segnungen der Urflut, die drunten lagert, mit Segnungen der Brüste und des Mutterschoßes.

v. 26: Die Segnungen deines Vaters übertreffen die Segnungen der uralten Berge, die Lust der ewigen Höhen.[41] Sie mögen kommen auf das Haupt Josephs, auf den Scheitel des Geweihten seiner Brüder.‟

Beim Lesen dieser Sprüche im Zusammenhang fällt zunächst einmal auf, daß hier auf zwei Verfluchungen eine Heilsverheißung und ein Segen, d.h. zwei Segnungen folgen. Das wird schwerlich Zufall sein. Weiterhin werden gerade *die* Jakobssöhne von ihrem Vater verflucht, deren Stämme schon früh im Verlaufe der Geschichte Israels unter-, d.h. in Bruderstämmen aufgegangen waren (wie es der Vers 7b ankündigt), und die beiden Stämme gesegnet, die sich später in die Herrschaft in Israel teilten. Es wäre gut vorstellbar, daß wir in diesen Versen eine Ätiologie aus der Zeit der Rivalität zwischen Nord- und Südstämmen vor uns haben, die erklären will, wie es zu dem jetzigen Zustand — Ruben, Simeon und Levi verschwunden, Haus Juda und Haus Joseph in der Vorherrschaft — gekommen ist, und die diesen Zustand doch wohl auch legitimieren will. Allzuweit sollte man bei der zeitlichen Ansetzung dieser Ätiologie nicht heruntergehen, da sich einerseits noch eine Erinnerung an Ruben, Simeon und Levi als Stämme erhalten hat, und sich andererseits keine Anspielung auf Levi als den Priester findet, er im Gegenteil noch hart verflucht werden konnte. Das Verständnis dieser Verse als Ätiologie setzt aber nun ihre Zusammengehörigkeit zwingend voraus.

O. Eißfeldt hat zu diesem Problem eine interessante These vorgetragen:[42] Er beobachtete zuerst, daß einige jahwistische Stücke zu der übrigen Josephsgeschichte des Jahwisten in Spannung stünden, untereinander aber einen logischen Gedankenfortschritt, also einen guten Erzäh-

---

40 Am Anfang dieses Verses muß irgendein Satzteil weggefallen sein — auf jeden Fall der Stammesname — vielleicht aufgrund der Einarbeitung der beiden Stammessprüche über Joseph in v.22 und v.23—24. Auch in der jetzigen Zusammenstellung mit diesen beiden Stammessprüchen ergibt sich kein sinnvoller Übergang zwischen v.24 und v.25. Diese Tatsache bleibt auch bestehen, wenn man mit C. Westermann, Genesis 37 — 50, S. 270 f., v.24b mit zu v.25—26 nimmt, was durchaus möglich ist.
41 Auch für diesen Vers gibt es noch keinen allseits befriedigenden Übersetzungsvorschlag. Einschlägige Literaturangaben bei J. Coppens, Bénédiction, S. 105 Anm. 1.
42 In seiner Hexateuch—Synopse, S. 22 — 30, und in seiner Einleitung, S. 254 f., 260 f., 304.

lungszusammenhang böten. Diese Stücke, die durch ihren derben, unge-
künstelten Charakter den Eindruck hohen Alters erweckten, faßte er
nun zu einer eigenen Josephserzählung zusammen und ordnete sie der
von ihm so benannten Laienquelle L, der ältesten Quelle im Pentateuch,
zu. Diese Stücke sind im einzelnen: Gen 34 (Simeon-Levi-Sichem-
Rezension); 35,5. 21—22b; 38; 49,3—7. Gen 34 und 35,5 berichten die
Untat Simeons und Levis, 35,21—22ba die Schandtat Rubens und Gen
38 die Trennung Judas von seinen Brüdern. Die Zusammenfassung dieser drei Erzählungen läge nun in Gen 49 vor: Die drei ältesten Brüder,
die sich an ihrem Vater vergangen haben, werden verflucht; über den
vierten, der sich von seinen Brüdern getrennt hat, wird der Wunsch ausgesprochen, daß Gott ihn zurückbringen möchte (rekonstruiert nach Dt
33,7 — der jetzige Judaspruch 49,8—12 sei insgesamt später hereinge-
kommen). Damit sei allen vieren das Erstgeburtsrecht abgesprochen
und auf Joseph übertragen worden. Auch der diesbezügliche Spruch sei
wie der über Juda verlorengegangen, verdrängt durch den jetzigen in
v.22—26.

H.-J. Kittel[43] hat an diese These Eißfeldts einige ernstzunehmende,
kritische Anfragen gerichtet. So viel scheint mir jedoch von Eißfeldt
richtig herausgearbeitet worden zu sein, daß es in den Langsprüchen
von Gen 49 tatsächlich um die Frage des Vorranges in Israel geht. Indem
Eißfeldt aber zu sehr auf dem Erstgeburtsrecht beharrt, das nur einer in-
nehaben kann, übersieht er, daß sich der Vorrang, den Supremat unter
den Brüdern, durchaus auch zwei Stämme teilen können.[44] Dadurch
würde sich die Notwendigkeit erübrigen, den jetzigen, positiven Judaspruch durch einen rekonstruierten negativen zu ersetzen, ebenso wie es
überflüssig wäre, den jetzigen Spruch über Joseph für sekundär formuliert zu halten, weil zwar von Segen, nicht aber vom Erstgeburtsrecht die
Rede sei. Zutreffend ist sicher Eißfeldts Beobachtung eines Zusammen-
hanges zwischen Gen 34 und 35, den Schandtaten Rubens, Simeons und
Levis einerseits, und den betreffenden Sprüchen über diese Brüder in
Gen 49,3—7 andererseits, jedoch muß diese Verbindung durchaus keine
literarische, sie kann ebenso gut eine gedankliche-sachliche sein. In Gen
49 könnte sich eine Erinnerung an die Schandtaten der Brüder — in er-

---

43 H.—J. Kittel, Stammessprüche, S. 109 f.
44 Wenngleich deutlich Juda, und nur er, der Herrscher ist. H. Gunkel, Genesis, S. 485:
    „Die Dichtung steht auf Seite Judas, bemüht sich aber, auch Joseph alle Gerechtig-
    keit widerfahren zu lassen."

zählerischer Stilisierung — erhalten haben ohne eine literarische Abhängigkeit von Gen 34 und 35.[45]

Sind also die Langsprüche sinnvollerweise als eine Ätiologie anzusehen, dann bleibt als wichtigstes Problem das Verständnis des Judaspruches v. 8ac.10—12; denn er muß nun ebenfalls, wie die Sprüche über Ruben, Simeon/Levi und Joseph auch, innergeschichtlich interpretiert werden können. Eine messianische Deutung bliebe ausgeschlossen. Nun hat es nicht an Versuchen und Vorschlägen gefehlt, den Judaspruch geschichtlich zu verstehen. Als Angelpunkt dafür bot sich für die meisten Interpreten das rätselvolle Wort šylh in v. 10 an. Man sah darin den Ortsnamen Silo, den Namen von Judas Sohn Sela, eine abweichende Form von šlyh „Nachgeburt" in der Bedeutung von „sein erstgeborener Sohn" und manches andere mehr.[46] Neuerdings hat sich Zobel an die Spitze dieser Deutungsversuche gestellt mit folgender Übersetzung des Verses 10:

„Nicht wird der Führerstab von Juda weichen noch die Kommandostandarte von seinen Füßen, bis er in Silo einzieht und ihm Stämme Gehorsam leisten."[47]

Er übersetzt hier 'mym nicht mit „Völker", sondern mit „Stämme", und zwar dergestalt, daß er in yqht 'mym nicht eine normale Constructus-Verbindung sieht, die mit „Gehorsam *der* Stämme" zu übersetzen wäre, sondern eine nichtdeterminierte Genitiv-Verbindung, die die Übersetzung „Gehorsam *von* Stämmen" ermögliche. Damit nimmt er eine einschneidende Veränderung vor: Nicht alle Völker werden Gehorsam leisten, ja nicht einmal alle Stämme, sondern nur ein Teil von ihnen. Doch wie steht es mit der überreichen Fruchtbarkeit, die die Verse 11—12 schildern? Auch hier interpretiert Zobel ganz anders: Den Esel an den Weinstock zu binden, sei eine besonders rücksichtslose Geste des herrischen Fürsten, die seine absolute Gehorsamsforderung unterstreiche; der in Wein gewaschene Mantel, die wie dunkelroter Wein

---

45 H.—J. Zobel, Stammesspruch, sieht in den Langsprüchen in Gen 49 überhaupt keine Einheit sondern einzelne, voneinander unabhängige Sprüche. Da er sich dabei jedoch nur auf einige wenige, formale Kriterien stützt, ohne die Frage der inhaltlichen Zusammengehörigkeit auch nur zu diskutieren, bleibt seine Interpretation hier unberücksichtigt.

46 Diskussion dieser Vorschläge und diesbezügliche Literaturangaben bei H. Gunkel, Genesis, S. 481 f.; J. Coppens, Bénédiction, S. 112.; E. M. Good, The „Blessing" on Judah, Gen 49,8—12, S. 427 f., in: JBL 82, 1963, S. 427 — 432; W. L. Moran, Gen 49, 10 and its use in Ez 21,32, in: Bibl. 39, 1958, S. 405 — 425. Weitere Literatur dazu bei C. Westermann, Genesis 37 — 50, S. 262 f.

47 H.—J. Zobel, Stammesspruch, S. 4.

funkelnden Augen und die milchweißen Zähne seien nur glanzvolle Zeichen seiner majestätischen äußeren Erscheinung. Mir scheint diese, in einem derartigen Ausmaß bereits interpretierende und deutende Übersetzung aus der Absicht geboren zu sein, ein messianisches Verständnis dieser Verse um jeden Preis zu vermeiden. M.E. geht sie am beabsichtigten Sinn und an der Intention des Judaspruches grundlegend vorbei.[48] Auch sie fällt unter das Verdikt, das schon Wellhausen Ende des vergangenen Jahrhunderts über jede geschichtliche Deutung des v. 10 ausgesprochen hat:[49] ,,Aber nicht bloß dieser, sondern jeder geschichtliche Termin paßt nicht hierher. Es muß ein idealer Termin gestellt sein: bis der Messias kommt.''

Dieser ideale Termin muß aber nicht notwendig auch ein eschatologischer sein, das hat Wellhausen nicht gesehen. Es kann sich ebenso um die Idealschilderung der Herrschaft eines künftigen Königs handeln. Solche Schilderungen beim Regierungsantritt eines Königs oder bei anderen Anlässen während seiner Herrschaft als Huldigung vor dem König scheinen im alten Orient verbreitet gewesen zu sein. So kann man aus sumerischen Königshymnen[50] Huldigungsprädikationen erheben, die immer wieder folgenden Zustand im Auge haben: Der König garantiert allein aufgrund der Tatsache, daß er die Regierungsgewalt ausübt,

a) Oberherrschaft über alle Feinde,

b) Fruchtbarkeit des Landes,

c) Friedenszustand mit den Göttern.

Der König fungiert als Symbol und Garant der Ordnung, die nach drei Ebenen hin gestaffelt ist: nach außen gegen die Feinde (= alle anderen Völker), nach innen zum Wohl des eigenen Volkes, nach oben als Eintracht mit den Göttern. Umgekehrt bricht diese umfassende, absolute Ordnung zusammen, wenn der, der sie gewährleistet, der König, fehlt, weil er gestorben ist, ermordet oder gestürzt wurde: Die Götter entziehen ihre Gunst, die Fruchtbarkeit bleibt aus, Feinde überrennen das Land. Als derartige Huldigungshymnen an den König sind sicherlich auch — in ihrem ursprünglichen Sinn — Ps 2 und Ps 110 zu verstehen. Hier wird allerdings die außenpolitische Seite besonders ins Licht

---

48 Wie anders charakterisiert doch L. Dürr, Ursprung, S. 65, diese Verse: ,,Die Fruchtbarkeit des Paradieses kehrt wieder, Milch und Wein sind im Überfluß vorhanden. Der König, der auf einem Esel oder einer jungen Eselin reitet als dem vornehmsten Reittier jener Zeit (vgl. Ri 5,10; 12,14; Sach 9,9), bindet unbekümmert um Schaden sein Tier am Rebstock fest. Wein fließt reichlich wie Wasser, die Kleider darin zu waschen; selbst die Augen des Königs funkeln vom Weine verschönt.''

49 J. Wellhausen, Composition, S. 323.

50 W. H. Ph. Römer, Sumerische ‚Königshymnen‘ der Isin—Zeit, Leiden, 1965.

gerückt: Ps 2,8f. und Ps 110,1f. Die Feinde müssen sich ducken, weil der König sich in Eintracht mit seinem Gott (in Sohnschaft zu ihm) befindet.

In diesem Licht lassen sich nun auch die Aussagen des Judaspruches in Gen 49 ganz unzweideutig interpretieren: Juda wird Stammesfürst sein, bis Šiloh kommt. Vor diesem — aus dem Stamm Juda — werden sich alle seine Brüder verneigen (v. 8a.c). Mit ihm wird die allumfassende Ordnung aufgerichtet werden: Alle Völker sind untertan, d.h. halten Ruhe; Friede herrscht (v. 10); im Lande zeigt sich überall überreiche Fruchtbarkeit (v. 11f.), so daß niemand im ganzen Volk Mangel leiden muß. Merkwürdigerweise fehlt eine Aussage über die Eintracht mit Gott. Man sollte eine Bemerkung erwarten, wie sie etwa bei der Beschreibung der Vorzüge Davids in 1. Sam 16 fällt. Dort heißt es am Ende einer Kette von herausragenden Eigenschaften Davids in v. 18: wyhwh 'mw ,,und der Herr ist mit ihm". Im Judaspruch findet sich jedoch kein derartiger Hinweis; er läßt sich auch nicht erschließen. Trotzdem steht ihm aber der Kontext in keiner Weise entgegen. Eine lobende Bemerkung über die Eintracht des Šiloh mit Jahwe könnte sehr wohl ihren Platz innerhalb dieses Langspruches einnehmen, ohne im mindesten zu stören.

Vor diesem Hintergrund hellt sich nun auch das Dunkel des rätselhaften Worts šiloh weitgehend auf.[51] Es muß auf eine Person hinweisen, speziell auf einen Herrscher, nur sollte man wohl weniger zu der Konjektur mšlw[52] greifen als eher — aufgrund der oben erwähnten sumerischen Parallelen — auf das akkadische šelu oder šilu in der gleichen Bedeutung von ,,Herrscher".[53]

Noch ein Letztes: Wer ist dieser Herrscher? Juda soll der Stammesfürstenwürde nicht verlustig gehen, bis ein Herrscher aus diesem Stamm hervorgehen wird, der die umfassende, die königliche Ordnung aufrichten wird. Es dürfte keine Frage sein, daß nur David dieser Herrscher sein kann. Damit ist uns zugleich ein Anhaltspunkt für die Datierung dieser aus den vier Langsprüchen bestehenden Ätiologie an die Hand gegeben. Es ist die Davidszeit, die dem Verfasser vor Augen steht, vielleicht die frühe Davidszeit, da ja die Langsprüche aufzeigen wollen, wie

---

51 Nicht wie G. v. Rad, 1. Mose, S. 371, meinte, hängt das Verständnis des ganzen Spruches von dem ,,wichtigste(n) Wort in der Mitte des Spruches" ab, sondern umgekehrt kann erst der Kontext zu einer befriedigenden Klärung dieses hapax legomenon verhelfen (so auch C. Westermann, Genesis 37 — 50, S. 261).

52 So G. v. Rad, 1. Mose, S. 372, auch C. Westermann, Genesis 37 — 50, S. 262.

53 So S. Mowinckel, He that cometh, Oxford, 1959, S. 13 Anm. 2, und andere vor ihm.

es zu dem gegenwärtigen Zustand gekommen ist, und daß er rechtens sei: Ruben als Stamm geschrumpft (oder gar nicht mehr existent?), Simeon und Levi in ihren Nachbarstämmen aufgegangen. Ihr Vorrang sei auf das Haus Juda und das Haus Joseph[54] übergegangen: David, der Judäer, in Personalunion König über beide Stämmegruppen.

Zum Schluß empfiehlt es sich wohl, die reichlich komplizierte Überlieferungsgeschichte des sog. Jakobssegens in Gen 49—50 noch einmal in kurzen Worten zusammenzufassen:

1) Das erste Stadium repräsentiert die Einheit der vier Langsprüche, die eigentlich gar keine Sprüche, schon gar keine Einzelsprüche darstellen, sondern viel eher eine Erzählung über zwei Segensverheißungen und zwei Verfluchungen, die Jakob über einen Teil seiner Kinder einst aussprach. Die dazugehörige Einleitung ist verlorengegangen, ebenso die Überleitung zwischen dem Juda- und dem Josephspruch. Die Erzählung entstammt vermutlich der frühen Davidszeit und will den neu gewonnenen Zustand des Reiches erklären und legitimieren.

2) In einer zweiten Phase traten zu dieser Erzählung eine Reihe von kurzen, echten Stammessprüchen hinzu, nicht nur über die fehlenden Brüder, sondern im Falle von Juda und Joseph auch solche über schon in der Erzählung berücksichtigte. Sie wurden dann an geeigneter Stelle in den betreffenden Langspruch eingearbeitet (Juda) oder ihm vorangestellt (Joseph). Die Stammessprüche an sich waren schon älter und entstammten der vorköniglichen Zeit. Sie dürften im Volksmund umgelaufen sein. Ihre Zusammenarbeitung mit den Sprüchen über die fünf Brüder Ruben, Simeon, Levi, Juda und Joseph erfolgte sicher unter dem Aspekt der Herstellung der Zwölfzahl, einer Einheit also. Dem gleichen Zweck diente dann eine Umrahmung (49,1a.2.28a), die alle Sprüche erst eigentlich zu einer Spruchsammlung zusammenfaßte und den Leser anleiten wollte, dieses neue Corpus tatsächlich als Einheit anzusehen. Die Absicht, die der Redaktor mit seiner Arbeit verfolgte, liegt damit auf der Hand: Die israelitischen Stämme sollten nicht vergessen, daß sie Bruderstämme seien bzw., wenn man einmal von der politisch sicher zu der Zeit nicht mehr vorhandenen Aufteilung in Stämme absieht, alle Israeliten seien verwandt, seien Brüder, gehörten zusammen aufgrund eines gemeinsamen Ursprungs. Die Spruchsammlung will also verstanden werden als ein Appell zur Einigkeit! Dieser Intention gemäß dürfte dieser erste Redaktor sein Werk nur verhältnismäßig kurze Zeit nach der

---

54 Die anderen Stämme sind überhaupt nicht im Blick!

Abfassung der Langsprüche vollbracht haben, in einer Zeit, als die Reichseinheit gefährdet schien. Man könnte dabei an Sebas Aufstand denken oder generell an die Thronwirren gegen Ende der Regierungszeit Davids.[55]

3) Auf der dritten Stufe wurde die Spruchsammlung zu einem Testament umgearbeitet durch Anfügen des Schlußrahmens 49,29—33 und 50,12—13. Leider läßt sich über die Intention und damit über die Entstehungszeit gerade dieses Überlieferungsstadiums, das für die vorliegende Untersuchung das interessanteste ist, am wenigsten sagen. Gehörte bereits v. 1b mit zum Testament, so daß der Redaktor die ganze Spruchsammlung als Zukunftsansage verstanden wissen wollte? Im Schlußrahmen deutet allerdings nichts darauf hin, vielmehr scheint es eher so, als würde der Testamentsrahmen alles Vorhergehende als Verhaltensanweisung deuten.[56] Vielleicht könnte man auch die Betonung des Genealogischen als ein Interesse des ,,Testamentsredaktors'' ansehen: Jakob wünscht, im Familiengrab, bei seinen Vorfahren, beigesetzt zu werden; weiterhin wird in keinem Überlieferungsstadium so stark hervorgehoben, daß Jakob und die Zwölf eine Familie bilden, daß es Brüder sind, die von einem einzigen Vater abstammen. Gerade dieser Zug war es ja, der viele Kommentatoren an die Priesterschrift als Quelle denken ließ, der der Schlußrahmen zuzuschreiben sei. Wir haben aber gesehen, daß dieser Schlußrahmen nicht isoliert steht, sondern mit der Spruchsammlung zusammen zu sehen ist als eine Einheit, ein Testament. Ob diese wenigen Anzeichen aber ausreichen, das ganze Testament Gen 49; 50,12—13 in dieser Entwicklungsphase der Quelle P zuzuschreiben,[57] ist fraglich. Somit müssen die Intention und die Zeit der ,,Testamentsredaktion'' leider fast völlig im Dunkeln bleiben.

4) Zuletzt schließlich wurde das Testament in die Josephsgeschichte eingebaut, aber nicht bereits im Zusammenhang des jahwistischen Geschichtswerkes sondern später, vermutlich erst, als die Quellenschriften zum Pentateuch zusammengearbeitet wurden. Den Grund zu dieser Vermutung liefert die hervorgehobene Stellung des Testamentes im Zusam-

---

55 Diese zeitliche Ansetzung entspricht in etwa der von H. Gunkel, Genesis, S. 477 (,,Zeit Davids oder Salomos''), M. Noth, System, S. 7 f. (ebenso) und G. v. Rad, 1. Mose, S. 368 f. (spätestens in der Zeit des Jahwisten).

56 Siehe S. 34. Hier könnte sich ein Formzwang auswirken: Ein Wesensmerkmal der Test.—Form ist ihre paränetische Intention. Der Schlußrahmen überträgt sie auch in diesem Fall auf den Mittelteil, obwohl das von seinem eigentlichen Inhalt her gar nicht angebracht ist.

57 H.-Ch. Schmitt, Die nichtpriesterliche Josephsgeschichte, Berlin/New York, 1980, rechnet 49,1a.28b—33 P zu (S. 73 Anm. 305), ebenso 50,12—13 (S. 74 Anm. 307).

menhang des Pentateuch: H.-J. Kittel[58] hat sie sicher zutreffend als Angelpunkt in der Gesamtdisposition beschrieben. Gen 49 schlägt nach seinen Darlegungen die Brücke zwischen der Geschichte der Väter und der
Geschichte des Volkes. Mit Ex 1,7 sind die bny yśr'l nicht mehr die Söhne Jakobs sondern das gesamte Volk Israel. Gen 49 übernimmt nun die
Funktion darzulegen, daß aus den Brüdern Stämme wurden, aus der
Großfamilie ein Volk, daß die Verheißung der Volkwerdung sich erfüllt
hat. Erst danach kann die Erzählung fortschreiten zum Bericht über das
Eintreffen des zweiten großen Teiles der Verheißung an die Erzväter,
der Zusage des Landes.

Mit diesen vier Entwicklungsstadien ist zwar die Überlieferungsgeschichte des sog. Jakobssegens in ihrem größeren Verlauf beschrieben,
doch lassen sich zusätzlich noch einige kleinere Eingriffe in den Text
feststellen, die nichtsdestoweniger doch Einfluß, zum Teil sogar erhebli-
chen, auf das Verständnis des Textes genommen haben. Von diesen wäre zuerst

a) die Hinzufügung von v. 28b zu nennen: Durch diesen einen, kleinen Satz wird nun die Gesamtheit der Sprüche als Segen gedeutet. Ausgangspunkt für dieses Verständnis wird wohl der umfangreiche Segen
über Joseph gewesen sein, doch fällt auf, mit welch einer Einseitigkeit
hier ein einziger Spruch, der als wirklicher Segen anzusprechen ist, zum
Schlüssel für das Verstehen der ganzen Sammlung erhoben wird und dabei zwei harte Flüche und einige tadelnde Aussagen glatt übergangen
werden. Diese unzweideutige Korrektur kann nicht unbewußt zustande
gekommen, sie wird vielmehr wissentlich und mit voller Absicht eingetragen worden sein. Diese Absicht läßt sich nun vermuten: Einem späteren Redaktor[59] wird zu einer Zeit, als die Vorfahren des Volkes Israel
nur mehr vor einem goldenen Hintergrund gemalt und gesehen werden
konnten, die Vorstellung unerträglich gewesen sein, daß einige seiner
Ahnen von einem anderen berühmten Vorfahr mit harten Flüchen bedacht worden seien. Um diesen Schandfleck auszumerzen bzw. um diesen Irrtum der Tradition richtigzustellen, fügte er den obigen Satz ein
und räumte so den Anstoß aus dem Weg. Es ist sicher nicht Zufall, daß
das ganze Kapitel gerade von dieser späten Interpolation her seinen Namen erhalten hat: ,,Jakobssegen''.

b) Ein ganz ähnlicher Eingriff, aber mit grundlegend anderer Zielset-
zung, liegt in der Hinzufügung der zweiten Hälfte des ersten Verses vor:

---

58   H.-J. Kittel, Stammessprüche, S. 124 — 126.
59   Nach C. Westermann, Genesis 37 — 50, S. 252, ist es P, dem er auch v. 1a zuschreibt.

Hier soll offensichtlich ebenfalls ein ganz bestimmtes Verständnis des Kapitels angeregt werden, nur diesmal nicht als Segen sondern als Weissagung. Wieder wird ein einzelner Spruch — der Langspruch über Juda; denn nur er enthält eine echte Zukunftsansage — herausgehoben und als hermeneutischer Bezugspunkt für alle anderen deklariert. Allerdings stellt sich einer genaueren Festlegung der Intention des Interpolators eine nicht zu unterschätzende Schwierigkeit in den Weg, das Verständnis des Begriffes b'hryt hymym „am Ende der Tage". Seit gegen Ende des letzten Jahrhunderts die Diskussion um diesen Begriff mit Macht entflammte[60] und wohl auch nicht ohne Tendenz geführt wurde,[61] ist die Auseinandersetzung darüber bis heute nicht zur Ruhe gekommen. Zur Debatte stehen die Bedeutungen „in der Folgezeit",„Endzeit von der Sicht des Redenden her" — ein „Zeitpunkt in weiter Ferne, der aber durchaus noch innerhalb der Geschichte liegen kann" — und „Endzeit" im apokalyptischen Sinn.[62] An unserer Stelle fällt auf, daß die Uminterpretation aller Sprüche als Weissagungen auch hätte geleistet werden können durch den bloßen Einschub von: „Versammelt euch, damit ich euch verkünde, was euch widerfahren wird." Der Zusatz „am Ende der Tage" scheint hier zu konkretisieren: Nicht um Zukunftsansage ganz allgemein geht es sondern um Ankündigung von Ereignissen, die zu einer bestimmten Zeit eintreten werden: am Ende der Tage, d.h. doch zumindest nach Ablauf der bevorstehenden, absehbaren Geschichte,in ferner, ferner Zeit. Sollte das Davids Königtum betreffen? Außerdem zielte darauf ja schon der Judaspruch, es hätte keiner neuen Interpretation, schon gar keiner Uminterpretation, bedurft. Da aber der Judaspruch der einzige Ausgangspunkt für die Einfügung des v. 1b sein kann, bleibt nur eine Verstehensmöglichkeit übrig: Der Interpolator des v. 1b sieht im Judaspruch nicht David sondern David redivivus, den königlichen Messias, verkörpert. Nun wird seine Inten-

---

60 W. Staerks Aufsatz „Der Gebrauch der Wendung b'hryt hymym im alttestamentlichen Kanon", in: ZAW 11, 1891, S. 247 — 253, dürfte hier ein Meilenstein gewesen sein.

61 Siehe die Bemerkungen bei H. Gunkel, Genesis, S. 478, und L. Dürr, Die Stellung des Propheten Ezechiel in der israelitisch-jüdischen Apokalyptik, Münster, 1923, spez. der Abschnitt „Die eschatalogischen Termini: „b'hryt hymym" und „šwb šbwt" bei Ezechiel", S. 100 — 108.

62 In jüngerer Zeit hat sich für die erste Bedeutung stark eingesetzt H. Kosmala, „At the End of the Days", in: ASThI 2, 1963, S. 27 — 37; für die zweite Bedeutung votiert J. Schreiner, Das Ende der Tage. Die Botschaft von der Endzeit in den alttestamentlichen Schriften, in: BuL 1964, S. 180 — 194. Die dritte Bedeutung halten aufrecht H. H. Rowley, Apokalyptik. Ihre Form und Bedeutung zur biblischen Zeit, Einsiedeln, 1965, S. 24 und P. von der Osten—Sacken, Die Apokalyptik in ihrem Verhältnis zu Prophetie und Weisheit, München 1969, S. 39. Weitere Literatur bei E. Lipiński, b'hryt hymym dans les textes préexiliques, in: VT 20, 1970, S. 445 — 450.

tion klar: Er will das Corpus der alten Stammessprüche für seine (späte) Zeit aktualisieren, den Worten des Ahnherrn speziell in v. 8—12 neues Gewicht verleihen dadurch, daß er aus dessen Worten eine Ankündigung und eine Beschreibung des messianischen Reiches heraushört.

Ein erstaunlich paralleler Vorgang hierzu findet sich im letzten Bileamspruch in Nu 24,15—19:[63] Auch hier handelt es sich zunächst um eine rein innergeschichtliche Beschreibung der Macht und Herrlichkeit des Reiches Davids[64] als Weissagung im Munde Bileams. Dieser leitet seine Worte an Balak, den König von Moab, ein mit dem Satz: „Und nun, da ich heimziehe zu meinem Volk, wohlan, so will ich dir kundtun, was dieses Volk deinem Volk tun wird" (v. 14). Auch hier scheint der Zusatz am Schluß des Satzes „am Ende der Tage" die Ankündigung zu präzisieren, d.h. messianisch zu deuten.[65] Wieder wird die Verheißung des davidischen Reiches zur Weissagung auf das messianische Reich als Abschluß der Geschichte des Volkes Israel.

Daß beide Passagen im Laufe der Überlieferung mit Sicherheit messianisch gedeutet wurden, zeigt u.a. die Auslegung dieser Stellen durch die Gemeinde in Qumran (für Nu 24,15—19: CD VII,19—21; 1 QM XI, 6—7 / für Gen 49,10: 4Qpatr „Patriarchensegen").

c) Schließlich bleibt noch ein letzter Eingriff in den Text von Gen 49 zu besprechen, die Einfügung des kurzen v. 18. Hier dürfte ein gänzlich anderes, ein viel bescheideneres Motiv vorliegen als bei den beiden vorigen Interpolationen. Nicht Uminterpretation, Aktualisierung dürfte den Interpolator des v. 18 bewegt und zu seinem Eingriff in den Text veranlaßt haben sondern tiefes Erschrecken über den nicht mehr verstandenen Stammesspruch im vorhergehenden Vers: Dan, einer der Ahnherrn Israels, eine Schlange am Weg, eine Otter am Pfad, die heimtückisch das Pferd sticht, so daß Roß und Reiter zu Boden stürzen!

Nun ist nicht einmal wahrscheinlich, daß der Verfasser des v. 18 direkt in den Text eingreifen und ihn so verändern wollte, vielmehr wird er lediglich ein schnelles Bittgebet für Dan: „Auf deine Hilfe hoffe ich, Herr!" neben oder hinter v. 17 an den Rand der Kolumne geschrieben haben. Diese Glosse muß dann wohl später in den Text, hinter v. 17, hineingerutscht sein.[66]

---

63 Sonst kommt der Begriff b'ḥryt hymym im Pentateuch nur in den beiden dtn. Stellen Dt 4,30 und 31,29 vor.
64 M. Noth, Das vierte Buch Mose, Göttingen, 1966, S. 168.
65 Auch M. Noth (ebd.) zieht diese Uminterpretation in Erwägung.
66 Ganz ähnlich interpretiert diesen Vers C. Westermann, Genesis 37 — 50, S. 268, nur deutet er ihn als eine Glosse, die das ganze corpus der Stammessprüche interpretieren will, nicht nur den Spruch über Dan.

Damit ist die Skizzierung dieser so überaus komplizierten Überlieferungsgeschichte des „Jakobssegens" — diese Benennung wird wohl
nicht mehr auszurotten sein — nun wirklich zu Ende. Dabei erwies sich,
daß die Stilisierung als Testament nur **ein** Stadium in der Überlieferung
des Textes darstellt, und noch dazu ein verhältnismäßig spätes. Auch ist
die Test.-Form wesentlich nur durch den Schlußrahmen repräsentiert,
wenig durch den Anfangsrahmen, gar nicht durch den Mittelteil. Es
bleibt deshalb unverständlich, wieso verschiedene Exegeten der Meinung sein konnten, Gen 49 habe das Vorbild für die Disposition der
TestXIIPatr. oder gar für die gesamte Testamentsliteratur der jüdisch-
hellenistischen Epoche abgegeben.

Gen 49 kann, was die Klarheit und die Konsequenz der Form des Testamentes angeht, diesen Dienst keinesfalls geleistet haben. Außerdem
wird eine echte Form nicht einfach abgeschrieben. Sie existiert, solange
ihr ein wirklicher „Sitz im Leben" zukommt, und verschwindet, wenn
das nicht mehr der Fall ist und sie nicht von anderen Literaturgattungen
aufgesogen wird. Sie kann erst dann wieder selbständig in Erscheinung
treten, wenn erneut ein entsprechender „Sitz im Leben" entstanden ist.
Dann ist sie aber nicht eigentlich übernommen, sondern in bestem Sinne
„wiedergeboren".

Das Deuteronomium endet mit dem Bericht über den Tod Moses. Da es durch seine Einrahmung insgesamt als eine Rede Moses an das Volk verstanden sein will, läge der Schluß nahe, das ganze Buch als eine Sterberede, ein Testament, anzusehen.[1] In der Tat eröffnet ja Mose seine Rede mit einem ausführlichen Rückblick auf die Geschichte des Volkes, beginnend mit dem Aufbruch vom Horeb bis in die gegenwärtige Situation, dem Augenblick vor dem Überschreiten des Jordan (Dt 1—3). Vor diesem Hintergrund geschichtlicher Erinnerung entfaltet Mose sodann eine ausgefeilte, immer wieder mit verschiedenen Argumenten untermauerte Mahnrede zur Bewahrung und Beobachtung des Gesetzes (4,1—43). Diese Anweisungen unterstützt ebenfalls eine in sie eingearbeitete Zukunftsansage im Stile des deuteronomistischen (dtn.) Geschichtsbildes (v. 25—30).

Es fehlt jedoch jeder Hinweis auf den bevorstehenden Tod Moses in den ersten vier Kapiteln (genauer 1,1—4,43), dem dtn. Eingangsrahmen des Buches. Umso häufiger finden sich derartige Hinweise in den Schlußkapiteln 31—34. Sie laden direkt dazu ein, einmal näher zu untersuchen, ob sie in Verbindung stehen mit einer oder mehreren Mahnreden Moses, so daß sich — wenn das der Fall wäre — am Ende der grossen Gesetzesverkündigung durch Mose ein Testament als Teilform fände, charakterisiert durch den Hinweis auf den bevorstehenden Tod (und womöglich weitere Formelemente des Anfangsrahmens eines Testamentes), Verhaltensanweisungen (ev. Rückblick auf die Vergangenheit und Zukunftsansage) und den Bericht über Tod und Bestattung (und weitere Elemente des Schlußrahmens).[2]

Da aber die Komplexität der Schlußkapitel des Dt am Tage liegt, wird es sinnvoll sein, sie zunächst einmal nach ihren einzelnen Sinnabschnitten aufzugliedern und inhaltlich zu bestimmen und einander zuzuordnen, um der Gefahr zu entgehen, mit Hilfe der Formkritik verschiedene Abschnitte als zusammengehörige Einheit zu deklarieren, die sich als fiktiv herausstellt, sobald man ihren Inhalt prüft und dessen Disparatheit erkennen muß. Umgekehrt kann die Formkritik als ein willkommenes Kontrollinstrument dienen, um Einheitlichkeit, die sich aufgrund inhaltlicher Prüfung ergab, entweder zu bestätigen oder aber anzufechten.

---

1 So J. Munck, Discours d'adieu dans le Nouveau Testament et dans la littérature biblique, S. 156.

2 Eine ähnliche literarische Gestaltung läßt sich auch in anderen Texten beobachten. So gibt sich z.B. der ganze slavHenoch als eine Rede Henochs vor seiner Aufnahme in die Himmel; das eigentliche Testament findet sich aber erst in den Schlußkapiteln 55—67 (siehe „Die Lehre der Alten", Bd. I, S. 221—225).

Die Kapitel 31—34 lassen sich in folgende Einzelabschnitte gliedern:

31,1—8 Mahnworte Moses an das Volk und an Josua, Amtsübergabe an Josua

9—13 Niederschrift des Gesetzes, Gebot seiner Verlesung vor dem Volk alle sieben Jahre

14—15 Übertrag des Amtes von Mose auf Josua durch Jahwe — Einleitung

16—22 Niederschrift des Liedes, Weissagung zukünftigen Abfalls und zukünftiger Strafe, das Lied als Zeuge wider Israel

23 Übertrag des Amtes von Mose auf Josua durch Jahwe — Durchführung

24—29 Verlesung des niedergeschriebenen Gesetzes angekündigt, Weissagung zukünftigen Abfalls und zukünftiger Strafe

30 Einleitung des Liedes

32,1—43 Das Lied Moses

44 Ausleitung des Liedes

45—47 Bezug auf vollzogene Verlesung des Gesetzes, Ermahnung zur Befolgung des Gesetzes

48—52 Ankündigung der Todesstunde Moses durch Jahwe, Begründung des Todes vor der Eroberung des Landes

33 Der Segen Moses: a) Einleitung v. 1
                      b) Rahmenpsalm v. 1—5.26—29
                      c) Stammessprüche v. 6—25

34,1—8 Der Tod Moses

9 Übergang des Amtes auf Josua

10—12 Würdigung Moses

Eißfeldt hat mit gutem Gespür zwei Themenkreise herausgearbeitet, die eine Reihe einzelner Textabschnitte in sich zusammenfassen — das Thema des Liedes und des Gesetzes —, und er hat weiterhin diese beiden Themen einander so zuzuordnen vermocht, daß sie eine logische Gedankenfolge erkennen lassen.[3] Er hat zunächst festgestellt, daß beide Kom-

---

3 O. Eißfeldt, Die Umrahmung des Mose-Liedes Dtn 32,1—43 und des Mose-Gesetzes Dtn 1—30 in Dtn 31,9—32,47, in: Kleine Schriften 3, Tübingen, 1966, S. 322—334. O. Eißfeldt hat sich auch einmal dazu hinreißen lassen (31,30), ,,Lied'' für einen redaktionellen Ersatz von ,,Gesetz'' zu erachten, ohne daß er allerdings diese Konjektur begründet hätte. Da sie sich auf keinerlei Textvarianten stützen kann, muß man sie doch wohl als willkürlich ablehnen ebenso wie Eißfeldts Umstellung des Verses 32,44 — die Ausleitung des Liedes — vor das gesamte Lied 32,1—43 als Einleitung. (Beides verurteilt ebenso N. Lohfink, Der Bundesschluß im Land Moab, in: BZ (N.F.) 6, 1962, S. 48 Anm. 63.)

plexe, Gesetz und Lied, Aussagen enthalten, die einander fast völlig entsprechen, so daß man leicht in den jeweiligen Passagen ,,Gesetz'' und ,,Lied'' auswechseln könnte, ohne daß der Kontext dem entgegenstünde. Diese Ähnlichkeit der Inhalte, so folgerte Eißfeldt weiter, sei nun nicht zufallsbedingt sondern Absicht: Eine ,,Gesetzesschicht'' sei nachträglich um das ältere Lied und die zu ihm gehörenden Teile herumgelegt worden, um es auf das deuteronomische Gesetz hin zu interpretieren und es als von diesem abhängig darzustellen. Eißfeldt verwendet hier das Bild vom ,,Einwickeln'': Der Gesetzesrahmen, der dem Liedkomplex zugeordnet wird, stellt durch inhaltlich ähnelnde Aussagen eine Verbindung zu diesem her und vermeidet so den Konflikt mit ihm, vereinnahmt andererseits aber das Lied für das Gesetz, indem es einfach den Inhalt des Liedes unter die Überschrift ,,Gesetz'' stellt und so den vorhergehenden großen Gesetzespartien des Deuteronomiums angliedert. Das bedeutet nicht unbedingt eine Abwertung des Liedes an sich, wohl aber nötigt diese Taktik den Leser in eine ganz bestimmte Richtung des Verstehens.

Eißfeldt hat mit dieser scharfsinnigen Analyse den komplizierten Aufbau der Schlußkapitel des Deuteronomiums zu einem guten Stück durchsichtiger werden lassen, nur kann man noch etwas weiter vordringen, als er es getan hat. Eißfeldt beschränkte sich in seiner Untersuchung auf den Abschnitt 31,9—32,47. Darin weist er die drei Verse 31,14.15.23 m.E. zu Unrecht der Liedschicht zu. Sie haben keinerlei innere Beziehung zu diesem Komplex, wohl aber zu den Abschnitten, die Eißfeldt aus seiner Untersuchung von vornherein ausgeklammert hatte: 31,1—8; 32,48—52; 34.[4] Bei näherem Hinsehen läßt sich auch in diesen Texten ein roter Faden erkennen, ein Oberthema ähnlich ,,Lied'' und ,,Gesetz'', auf das hin alle diese Einzelpassagen ausgerichtet sind: Es ist das Thema des Landes, genauer: die Eroberung des dem Volk von Jahwe als Erbbesitz in Aussicht gestellten Landes jenseits des Jordans, das ihnen vor Augen liegt, und zu dessen kriegerischer Besetzung sie sich gerade anschicken.

Diesem gemeinsamen Thema sind sowohl die Verse 31,1—8 verpflichtet, die Ermunterung des Volkes zum bevorstehenden Kampf durch Mose und die Proklamation Josuas als des neuen Führers, wie auch die Be-

---

4 Der sog. Mosesegen, Kap. 33, wird zu Recht allgemein als ein Stück sui generis angesehen. Er steht in seinem jetzigen Kontext völlig isoliert, nur oberflächlich mit ihm verbunden durch die Situationsangabe in v.1 (den Segen erteilt Mose kurz vor seinem Tod) und das Stichwort ,,Gesetz'' in v.4, zeigt dafür inhaltliche Abhängigkeit von der älteren Stammesspruchsammlung in Gen 49.

stallung und Ermunterung Josuas durch Jahwe (31,14.15.23), die Ankündigung des Todes Moses durch Jahwe, genauer: der Befehl Jahwes
zu einer Handlung, die den Tod Moses einleitet (,,Steige auf das Gebirge
... besieh dir das Land ... und stirb ...!'') in 32,48—52 und der Bericht
vom Tode Moses in 34.[5] Um der besseren Übersichtlichkeit willen sollen
diese Abschnitte im Folgenden nebeneinander gestellt werden:

31, 1: Als Mose alle diese Worte zu ganz Israel zu Ende geredet hatte,[6]
2: sprach er zu ihnen: ,,Ich bin jetzt 120 Jahre alt, ich vermag nicht
mehr auszuziehen und heimzukehren; auch hat Jahwe zu mir gesagt:
,Du wirst den Jordan da nicht überschreiten.'

3: Jahwe, dein Gott, ist es, der vor dir hinübergehen wird, er wird
    diese Völker vor dir vertilgen, daß du sie bezwingst; Josua ist es, der
               vor dir hinübergehen wird, wie Jahwe gesagt hat.
4: Und Jahwe wird ihnen tun, wie er Sihon und Og, den Königen
         der Amoriter, und ihrem Land getan, die er vertilgt hat.
5: Wenn Jahwe sie vor euch preisgeben wird, so sollt ihr ihnen tun entsprechend dem ganzen Gebot, das ich euch anbefohlen habe.
6: Seid fest und seid stark! Fürchtet euch nicht und erschreckt nicht vor
ihnen!

Denn Jahwe, dein Gott, ist es, der mit dir zieht; er wird dich nich
aufgeben und wird dich nicht verlassen.''
7: Und Mose rief Josua und sprach zu ihm vor den Augen von ganz Israel: ,,Sei fest und sei stark! Denn du wirst dieses Volk in das Land bringen, das ihnen zu geben Jahwe ihren Vätern geschworen hat, und du
wirst es ihnen als Erbbesitz zuteilen.
8: Jahwe ist es, der vor dir herziehen wird, er wird mit dir sein; er wird
dich nicht aufgeben und wird dich nicht verlassen. Fürchte dich nicht
und sei unverzagt!''
14: Und Jahwe sprach zu Mose: ,,Siehe, die Zeit ist gekommen, da du
sterben wirst. Rufe Josua und tretet an das Zelt der Begegnung, damit
ich ihn beauftrage!'' Da gingen Mose und Josua hin und traten an das
Zelt der Begegnung.
15: Da erschien Jahwe am Zelt in einer Wolkensäule, und die Wolkensäule stand am Eingang des Zeltes.

---

5 G. v. Rad, 5. Mose, S. 150, hat darauf hingewiesen, daß die ,,Bergschau'' Moses
einem Rechtsakt gleichkommt, in dem sich die Übereignung des Landes an den neu-
en Besitzer vollzieht. Das dürfte hier zutreffen auch trotz der Tatsache , daß Mose
dieses Land gar nicht mehr betreten darf. Mose gilt hier als Repräsentant seines Volkes und handelt in dieser Eigenschaft.
6 Mit G. v. Rad, 5. Mose, z.St., wird hier die Lesart der LXX aufgegriffen.

23: Und er beauftragte Josua, den Sohn Nuns, und sprach: ,,Sei fest und sei stark! Denn du wirst Israel in das Land bringen, das ich ihnen zugeschworen habe, und ich werde mit dir sein.''

32,48: An demselben Tag sprach Jahwe zu Mose:

49: ,,Steige auf das Gebirge Abarim hier, auf den Berg Nebo, der im Land Moab, gegenüber von Jericho liegt, und beschaue das Land Kanaan, das ich Israel zum Eigentum geben werde.

50: Dann stirb auf dem Berg, den du bestiegen hast, und werde versammelt zu deinen Stammesgenossen, so wie dein Bruder Aaron auf dem Berg Hor starb und zu seinen Stammesgenossen versammelt wurde,

51: weil ihr mir untreu geworden seid inmitten Israels beim Haderwasser von Kadesch in der Wüste Zin, weil ihr mich nicht geheiligt habt inmitten Israels.

52: Denn nur von gegenüber sollst du das Land sehen, aber hineinkommen sollst du nicht in das Land, das ich Israel geben werde.''

34,1: Darauf stieg Mose von den Steppen Moabs hinauf zum Berge Nebo, auf den Gipfel des Pisga gegenüber Jericho, und Jahwe zeigte ihm das ganze Land Gilead bis nach Dan.

2: und ganz Naphtali und das Land Ephraim und Manasse und das ganze Land Juda bis zum westlichen Meer,

3: das Südland und den Jordangau, die Ebene von Jericho, der Palmenstadt, bis nach Zoar.

4: Und Jahwe sprach zu ihm:

,,Dies ist das Land, von dem ich Abraham, Isaak und Jakob geschworen habe: Deinen Nachkommen werde ich es geben. Ich habe es dich mit deinen Augen schauen lassen, aber dort hinüber sollst du nicht kommen.''

5: Und Mose, der Knecht Jahwes, starb daselbst im Land Moab auf Geheiß Jahwes

6: und er begrub ihn im Tal im Land Moab gegenüber von Beth-Peor, aber niemand kennt sein Grab bis auf den heutigen Tag.

7: Mose war 120 Jahre alt, als er starb. Sein Auge war nicht trüb geworden, und seine Frische nicht gewichen.

8: Und Israel beweinte Mose in den Steppen Moabs 30 Tage lang; dann waren die Tage des Weinens und der Trauer um Mose zu Ende.

9: Josua aber, der Sohn Nuns, war erfüllt vom Geist der Weisheit; denn Mose hatte ihm die Hände aufgelegt. Und Israel hörte auf ihn und tat, wie Jahwe dem Mose geboten hatte.

10: Es stand aber kein Prophet mehr in Israel auf wie Mose, den Jahwe erkannt hatte von Angesicht zu Angesicht,

11: mit all den Zeichen und Wundern, zu denen ihn Jahwe entsandt
hatte, sie im Land Ägypten am Pharao, an allen seinen Knechten
                                    und an seinem ganzen Land zu tun,
12: und mit der ganzen starken Hand und mit all den furcht-
baren Großtaten, die Mose getan hatte vor den Augen ganz Israels.

Die Einrückungen im Text bedürfen einer Erklärung:

I. v. 1 gehört offensichtlich nicht zu Kap. 31, sondern ist Redeab-
schlußformel und bezieht sich auf die Situationsschilderung in 29,1:
Mose steht dort ganz Israel gegenüber und beginnt, zu ihm zu sprechen.
Diese Rede erklärt 31,1 für beendet.

II. Mit 31,2 setzt Mose erneut zu einer Rede an. Der ganze Vers — mit
Ausnahme des knappen wy'mr 'lhm natürlich — dient offenbar der
Einleitung der folgenden Worte und ihrer Begründung, und zwar in
dreifacher Weise:

1) „Ich bin jetzt 120 Jahre alt." Dieser betonte Hinweis auf das hohe
Lebensalter gleich zu Anfang kann nicht anders verstanden werden, als
daß Mose hier seiner Vermutung Ausdruck gibt, sein Lebensende stehe
nun bevor. Seine weiteren Worte bestätigen dieses Verständnis:

2) „Ich vermag nicht mehr auszuziehen und heimzukehren". Bei den
Begriffen yṣ' und bw' handelt es sich um militärische Termini —
ganz besonders, wenn sie so aufeinander bezogen sind wie hier. yṣ'
bezeichnet dann das Herausziehen des Kriegsvolkes aus dem Lager bzw.
der Stadt, bw' das Heimkehren vom Kampf (Nu 27,17.21; Jos. 14,11;
1. Sam 18,13. 16; 2. Sam 5,2). Wenn Mose hier vor allem Volk eingesteht, daß er nicht mehr in der Lage ist, auszuziehen und heimzukehren,
dann meint er damit schlicht: „Ich kann nicht mehr kämpfen, bin un-
tauglich für die bevorstehenden kriegerischen Ereignisse."[7]

3) „Auch hat Jahwe zu mir gesagt: ‚Du wirst den Jordan da nicht
überschreiten'." — Man vergegenwärtige sich die Situation: Das Volk
hat diesseits des Jordans Lager geschlagen und wartet auf nichts anderes, als diesen Fluß zu überschreiten, um mit der Eroberung des Landes
zu beginnen. Wenn Mose nun auf eine entsprechende Weissagung —
denn darum handelt es sich und nicht etwa um ein Verbot — verweist,

---

7 Es sei angemerkt, daß Mose hier nicht schon von der Führung des Volkes im Kampf
spricht sondern von der Fähigkeit zu kämpfen. Die Führung im Kampf, so ergibt
sich aus den erwähnten Belegstellen, wurde entweder durch yṣ' bzw. bw'
lpny ausgedrückt oder durch die Hifil-Form beider Verben. (Entgegen K. Baltzer,
Bundesformular, S. 76, ist hier Mose nicht „Herzog", sondern er spricht als einfacher Kämpfer. Vom Führungswechsel ist erst in v. 7 f. die Rede.)

so ist das das stärkste Argument, das die Erwartung seines baldigen Todes untermauert.

So dient der ganze v. 2 als Hinweis auf den unmittelbar bevorstehenden Tod Moses, der ihn dazu nötigt, dem umstehenden Volk zuvor noch einige Verhaltensmaßregeln zur Bewältigung der ihnen bevorstehenden schwerwiegenden Ereignisse anzuvertrauen, bevor er dazu nicht mehr in der Lage sein wird. Ein Redaktor hat den letzten Satz Moses, die Weissagung Jahwes, Mose werde den Jordan nicht überschreiten, zum Anlaß genommen, gleich festzuhalten, wer es dann sei, der das Volk über den Fluß in den Kampf führe: Jahwe selbst werde es sein, der an der Spitze des Volkes in das Land eindringe, um die dort wohnenden Völker zu besiegen (v.3a.4). Nein, präzisiert und korrigiert ein weiterer Redaktor, Josua werde es sein, der das Volk führen werde (v. 3b).[8] Welcher dieser beiden redaktionellen Zusätze der ältere, welcher der jüngere ist, soll hier nicht zur Debatte stehen. Wichtig ist allein der redaktionelle Charakter beider Verse. Er läßt sich zunächst rein äußerlich am Umschwenken der bisherigen pluralischen Anrede des Volkes, die in v. 5 dann fortgesetzt wird, in die singularische erkennen. Nun hat zwar Lohfink[9] zu Recht darauf hingewiesen, daß es sich beim Numeruswechsel ebenso gut um ein gewolltes stilistisches Ausdrucksmittel handeln könnte, doch in diesem Fall wird das wohl nicht zutreffen; denn v. 2 endet mit dem Satz: „*Du* wirst den Jordan da nicht überschreiten" und v. 3 beginnt: „Jahwe, *dein* Gott, ist es, der vor *dir* . . .". Während mit „du" in v. 2 Mose angesprochen ist, bezieht sich „dein" und „dir" in v. 3 ohne Zweifel auf das Volk Israel. Diese Verwirrung kann nicht stilistische Absicht sein, sondern wird wohl im Eingriff des Redaktors ihren Ursprung haben. Ein weiteres Indiz für den redaktionellen Charakter der Verse 3 und 4 ist inhaltlicher Art. Während v. 2.5.6a allein vom bevorstehenden Kampf Israels gegen die im Lande jenseits des Jordans wohnenden Völker handeln, bringen v. 3f. schon hier den Führungswechsel ins Spiel, der im weiteren Kontext erst in v. 7f. seinen Platz hat.[10]

Die Verse 3f. stammen also von redaktioneller Hand, doch geht der Text nach dem Ausscheiden beider Verse nicht nahtlos von v. 2 auf v. 5 über. Etwas muß ausgefallen sein, das sich aufgrund von v. 5 etwa folgendermaßen rekonstruieren ließe:

v. 2 Ende: ‚Du wirst den Jordan da nicht überschreiten.'

8 In der Beurteilung des redaktionellen Charakters der Verse bzw. Versteile v.3a.3b.4 treffe ich mich hier mit M. Noth, Studien, S. 39 Anm. 4.

9 N. Lohfink, Bundesschluß, S. 37 Anm. 24.

10 Während K. Baltzer, Bundesformular, S. 77, v.3a und v.4 gleichfalls für eine nachträgliche Korrektur hält, scheint er hingegen v.3b dem ursprünglichen Text zuzurechnen, doch auch diesem Vorschlag stehen die oben erwähnten Bedenken entgegen.

v. 3—4: Ihr aber werdet über den Jordan hinüberziehen und mit den Völkern jenseits des Jordans kämpfen.

v. 5: Wenn Jahwe sie vor euch preisgeben wird, so sollt ihr ihnen tun entsprechend dem ganzen Gebot, das ich euch anbefohlen habe.

III. In v. 6b fällt dasselbe auf wie in v. 3f., der Numeruswechsel vom Plural zum Singular. Auch hier handelt es sich sicherlich nicht um stilistische Absicht, vielmehr ist dieser Wechsel recht einfach zu erklären: v. 6b ist offensichtlich eine Dublette. Er entspricht fast wörtlich v. 8a, und dort ist bezeichnenderweise der Singular auch durchaus am Platze; denn Josua alleine ist es, der angeredet wird. Der Grund, warum diese Vershälfte auch Eingang in v. 6 gefunden hat, ist ebenfalls leicht einzusehen: Das Volk wird wie Josua von Mose für die bevorstehende schwere Aufgabe ermutigt und bestärkt. Da lag es nahe, die Kraft und Mut verleihende Verheißung des Beistandes Jahwes nicht nur bei Josua zu belassen, sondern auch auf das Volk Israel zu übertragen.[11]

IV. Gehört 34,9—12 noch zu dem bisher herausgearbeiteten Text 31,2.5—6a.7—8.14—15.23; 32,48—52; 34,1—8 hinzu? Auf den ersten Blick mag es so scheinen, doch spricht einiges dagegen:

1) 34,9 bestätigt, daß der Übergang der Führung von Mose auf Josua erfolgreich verlaufen ist, daß Israel sich dem neuen Führer unterordnet. Doch stellt sich v. 9 offensichtlich den Amtsübertrag von Mose auf Josua anders vor. Es heißt hier, Mose hätte Josua die Hände aufgelegt, doch davon verlautet in 31—34 nichts, wohl aber in Nu 27,18—23, einem anderen Einsetzungsbericht Josuas (P), der mit der Darstellung in Dt 31,7f. 14f.23 kaum etwas gemein hat.[12] Dafür fehlt jeglicher Hinweis in 34,9 auf eine Beauftragung Josuas durch Jahwe im Zelt der Begegnung, wie sie in Dt 31 beschrieben ist.

2) Das Thema „Eroberung des Landes" ist offenbar in 34,9 verlassen. Man hätte doch irgendeinen Hinweis darauf erwarten können, aber er fehlt völlig, genauso wie in Nu 27,18—23.

3) Der herausgearbeitete Text Dt 31,2.5—6a.7f.14f.23;32,48—52; 34,1—8 zeigt wesentliche Merkmale der Test.-Form, doch davon soll später noch ausführlicher die Rede sein. Hier sei nur so viel vorweggenommen, daß ein Testament, wie sich bisher im Verlauf der Untersuchung herausgestellt hat, mit Tod, Bestattung und Trauer der Angehörigen bzw. Betroffenen schließt. Das wird in 34,1—8 berichtet. Die Verse

---

11 Auch M. Noth, Studien, S. 39 Anm. 4, beurteilt v.6b als späteren Eintrag. Weshalb er allerdings obendrein v.5.6a für redaktionellen Zusatz hält, ist nicht einzusehen. Er gibt dafür auch keine Begründung an.

12 Hier wird auch der in Dt 34,9 angesprochene Gehorsam des Volkes erwähnt (Nu 27,20), während Dt 31 davon schweigt. Zu weiteren Unterschieden zwischen beiden Darstellungen siehe M. Noth, Studien, S. 191.

9—12 haben keine Beziehung zur Test.-Form mehr, geben sich also auch von dieser Sicht her als Nachtrag zu erkennen.

Damit sind alle sekundären Eingriffe in den Textzusammenhang als solche benannt. Es bleibt zu fragen und noch näher zu untersuchen, ob die über drei Kapitel verteilten, teilweise kleinen Verseinheiten wirklich eine echte Einheit bilden, einen tatsächlichen inneren Zusammenhang zeigen oder die Verknüpfung lediglich oberflächlicher Art ist. In diesem Fall könnte zwar das Thema ,,Eroberung des Landes'' einigende Mitte sein, obwohl die einzelnen Textabschnitte dennoch eine relative Selbständigkeit besäßen.

Der innere Zusammenhang der Verse 2.5—6a in Kap. 31 wurde bereits ausführlich dargelegt. Betrachtet man die Aussageweise und die Begrifflichkeit dieser Verse näher, so fühlt man sich deutlich an die Sprache des hl. Krieges erinnert: Die Kämpfer werden des Beistandes Jahwes versichert, Jahwe selbst wird die Feinde preisgeben, an ihnen soll der Bann vollstreckt werden (in v. 5 intendiert), die Kämpfer sollen alle Furcht ablegen.[13] Entsprechende Aussagen finden sich ebenfalls in v. 7f., den Worten, die Mose an Josua richtet. Alles das sind Mahnworte zu einem bestimmten Verhalten, gesprochen von einem Mann, der seine Rede mit einem Hinweis auf seinen unmittelbar bevorstehenden Tod einleitete. Wir hätten es also — vorbehaltlich einer genaueren Nachprüfung — mit einer Sterberede, einem Testament, zu tun. Doch in den Versen 7f. kommt etwas Neues herein: die Übergabe der Führung des Volkes durch Mose an Josua. Mose benennt seinen Nachfolger und weist ihm zugleich coram publico die Aufgabe zu, die er bisher selbst wahrgenommen hatte. Wichtig ist nun besonders, daß beide Teile, das Testament und die Amtsübergabe, keineswegs zu trennen sind. Es sind eigentlich überhaupt gar keine ,,Teile'', sondern sie sind eng miteinander verzahnt und inhaltlich aufeinander bezogen. Ohne Bruch geht das eine in das andere über und in ihm auf.

Was in v. 7f. öffentlich vor dem versammelten Volk geschah, geschieht in den Versen 14f.23 noch einmal vor Jahwe. Daher ist auch der nochmalige Hinweis auf den bevorstehenden Tod Moses — diesmal im Munde Jahwes — durchaus kein Anzeichen für einen etwaigen Bruch, eine Unstimmigkeit in der Gedankenfolge, sondern findet seinen Grund in der Parallelität des Berichteten: Hatte Mose in v. 7f. sein Amt Josua übergeben, so wird dieser nun durch Jahwe damit beauftragt. Das ist durchaus nicht dasselbe, sondern eine notwendige Ergänzung des ersten

13 G. v. Rad, Der Heilige Krieg im alten Israel, 1965. Zur Stelle siehe besonders S. 75.

Aktes durch den zweiten, mit dem die Feierlichkeit und die unbedingte Gültigkeit des Führungswechsels unterstrichen werden.[14] Aus dem gleichen Grund ist auch v. 23 nicht als Dublette von v. 7 zu werten.[15] Wenn Jahwe Josua mit fast denselben Worten beauftragt, wie Mose es getan hat, dann heißt das, daß Jahwe die Worte Moses und dessen Amtsübergabe bestätigt. Josua wird durch Mose **und** Jahwe eingesetzt. Dabei betonen die gleichen Worte die volle Übereinstimmung beider Handlungen.

32,48—52 und 34,1—8 gehören unmittelbar zusammen.[16] Ihre jetzige Trennung durch den sog. Mosesegen Kap. 33 ist denkbar unglücklich und fällt auch schon beim ersten Lesen auf. Wie schon erwähnt,[17] steht auch der Bericht über Moses Tod unter dem Thema der Eroberung des Landes. Berücksichtigt man die beiden Schwerpunkte, unter denen dieses Thema verhandelt wird, die testamentliche Verhaltensanweisung und die Amtsübergabe, so findet zunächst das Testament in Tod, Bestattung des Redenden und Trauer um ihn seinen Abschluß. Aber auch die Amtsübergabe ist angesprochen, am deutlichsten durch die zweimalige Erwähnung, daß Mose das Land zwar schauen, nicht aber betreten dürfe. Der bisherige Führer des Volkes hat nicht nur sein Amt übergeben, er scheidet auch aus dem Leben, so daß damit endgültig der Platz für den Nachfolger frei ist.

Damit haben sich die teilweise weit auseinandergerissenen Verse und Versteile 31,2.5—6a.7f.14f.23; 32,48—52; 34,1—8 tatsächlich als inhaltlich zueinander gehörig, als echte Einheit erwiesen. Übrig bleibt eine Untersuchung der Form dieser Einheit, die zwar immer schon angesprochen wurde, im Ganzen aber noch aussteht.

Anfangsrahmen:

Situation und *Adressat* müssen aus 31,1 und damit aus 29,1 geborgt werden, da ja 31,1 nicht ursprünglich zu unserem Text dazugehört. Mo-

---

14 N. Lohfink, Bundesschluß, S. 51f. Anm. 73, und G. v. Rad, 5. Mose, S. 135, verkennen diesen Wechselbezug, wenn sie v.1—8 und v.14.15.23 auseinanderreißen. Die Zusammengehörigkeit betont dagegen L. Perlitt, Bundestheologie, Neukirchen, S. 116.

15 Die Zugehörigkeit des Verses 23 zu den Versen 14 und 15 scheint allgemein anerkannt zu sein (siehe S. R. Driver, A critical and exegetical commentary on Deuteronomy, Edinburgh, 1965, S. 336; M. Noth, Pentateuch, S. 35 Anm. 126; G. v. Rad, 5. Mose, S. 135; E. Nicholson, Deuteronomy and Tradition, Oxford, 1967, S. 19). Die Zusammengehörigkeit der Verse 7—8. 14—15.23 unterstreicht auch H. D. Preuß, Deuteronomium, Darmstadt, 1982, S. 162.

16 G. v. Rad, 5. Mose, S. 150, siehe auch H. D. Preuß, Deuteronomium, S. 169.

17 s. S. 54f.

se ruft das ganze Volk zusammen und beginnt, zu ihm zu reden. Damit ist das Forum nicht mehr die Familie (der Vater spricht zu seinen Söhnen), sondern die Öffentlichkeit, das Volk. Eine andere Akzentuierung des Inhaltes der Mahnungen ist von daher zu erwarten. Mose beginnt seine Rede mit einer *Altersangabe*, die aber an dieser Stelle auch die Funktion des *eigenen Hinweises auf den bevorstehenden Tod* übernimmt im Verein mit den nächsten beiden Sätzen. Eine reine Altersangabe findet sich im Schlußrahmen 34,7.

Mittelteil:

Die *Verhaltensanweisungen* an das Volk und auch an Josua haben den familiären Bereich verlassen und tragen politischen Charakter. Sie sind auf einen ganz speziellen Bereich eingeschränkt: das zweckentsprechende Verhalten bei der großen Aufgabe der unmittelbaren Zukunft, der Eroberung des Landes Kanaan. Da die Adressaten wissen, was bevorsteht, brauchen sie auch nicht eigentlich belehrt, sondern nur ermutigt zu werden. Daher sind auch ein die Verhaltensanweisung untermauernder Rückblick auf die Vergangenheit und die Zukunftsansage als Aufzeigen der Konsequenz des angemahnten Verhaltens bzw. eines genau konträren nicht mehr notwendig.

Auffällig ist natürlich die Eingliederung einer Amtsübergabehandlung in ein Testament, sogar mit einer eigenen Situationseinführung (v. 7a), die erforderlich ist, da der Adressat wechselt (Volk — Josua). Doch wir haben gesehen, daß die Amtsübergabe eng mit *diesem* Testament verbunden ist, wenngleich sicherlich zwei eigene Gattungen mit je verschiedenem Sitz im Leben zugrunde liegen.[18] Möglich ist dieses Ineinanderübergehen zweier Gattungen auch nur durch den sehr spezifischen Inhalt dieses Textes.

Schlußrahmen

Die breite Ausformung des Schlußrahmens findet ihren Grund ebenfalls in dem besonderen, eng begrenzten Gesichtskreis des ganzen Testamentes, der Eroberung des Landes. 32,48—52 und 34,1—5 berichten über den Tod vorbereitende und einleitende Handlungen, *Tod* und *Bestattung* werden erst in 34,5—6 vermerkt.[19] In v. 7 folgt eine, dem Anfangsrahmen korrespondierende *Altersangabe,* dem ein Hinweis auf

---

18 Die ,,Amtseinsetzung" hat im Gefolge von N. Lohfink, Die deuteronomistische Darstellung des Übergangs der Führung Israels von Moses auf Josue, in: Schol. 37, 1962, S. 32—44, D. J. McCarthy, An installation genre ?, in: JBL 90, 1971, S. 31—41, als Gattung genauer bestimmt.

19 Bestattungsanweisungen kann es in dieser Gestalt des Todes Moses natürlich nicht geben.

den guten körperlichen (und wohl geistigen) Zustand des Verstorbenen angefügt ist.[20] Die *Trauer* des Volkes beschließt dieses Testament.

Die Tatsache, daß hier zwei Gattungen ineinander aufgehen, überrascht natürlich. Man sollte aber trotzdem beiden Gattungen ihr Recht lassen, ohne die eine zugunsten der anderen zu stark zu reduzieren bzw. ihre Existenz überhaupt zu leugnen. Weder liegt allein Testalassen, ohne die eine zu Gunsten der anderen zu stark zu reduzieren bzw. ihre Existenz überhaupt zu leugnen. Weder liegt allein ein Testament vor, obwohl selbstverständlich das Testament der Amtsübergabe den Rahmen verleiht, noch ist es zulässig, die Amtsübergabe derart in den Vordergrund zu stellen, daß das Testament konturenlos wird und völlig in ihm aufgeht. Wenn es in unserem Text allein um die Amtsübergabe ginge, wäre das Volk allenfalls als akklamierendes Publikum vonnöten. Die an das Volk gerichteten Mahnworte in 31,5.6a aber stünden beziehungslos im Raum. Daß beides, die Mahnung und die Amtseinsetzung, in unserem Text zusammengehören, ergibt sich auch schon aus Dt 3,28. Dort fordert Jahwe Mose auf, Josua zu beauftragen und ihn zu ermutigen und zu stärken. Beides vollzieht Mose in unserem Text. Das Neben- und Ineinander beider Formen und Inhalte bestätigt auch Jos 1,1—9, obwohl dieser Text im Gegensatz zu Dt 3,28 sicherlich in literarischer Abhängigkeit zu dem Testament in Dt 31—34 steht.

Die Beurteilung der Form der aus Dt 31—34 herausgearbeiteten literarischen Einheit zeigt also, daß es sich zwar um ein echtes Testament handelt, aber um eines mit besonderer Prägung, ähnlich wie 1. Kön 2 und entfernter auch Gen 49—50. Mose spricht zwar aufgrund von Lebenserfahrung und ermahnt zu einem bestimmten Verhalten, aber doch nur innerhalb eines ganz beschränkten Bereiches, der Einnahme des vor Augen liegenden Landes. Gerade diese Beschränkung ermöglicht jedoch andererseits die Aufnahme einer zweiten Form, da deren Zielrichtung sich mit der Abzweckung dieses begrenzten Testamentes trifft.

Inwieweit vermag diese Untersuchung nun zu einer weiteren Erhellung des komplizierten Aufbaues der Schlußkapitel des Deuteronomiums beizutragen?

Lohfink hat in seinem Aufsatz „Der Bundesschluß im Land Moab" überzeugend nachgewiesen, daß das Vorbild, das den Redaktor bei der Zusammenstellung der Kap. 29—32 leitete, das des Bundesschlusses

---

20 Die erstaunliche Frische des Moribunden bzw. soeben Verstorbenen betonen auch TestLevi 1,2; TestIss 7,9; TestAss 1,2.

war. Die Gesamtstruktur dieser vier Kapitel ist auf das dem Bundesschluß zugrunde liegende Schema hin ausgerichtet. Lohfink konnte sich dabei auf zwei Vorarbeiten stützen:

1) Baltzer[21] hatte erkannt, daß die Kap. 29—30 in ihrem Aufbau dem Bundesformular folgen, und daß in Israel die Regelung der Führungsnachfolge aufs engste mit der Institution des Bundes zusammenhing.

2) Eißfeldt hatte in seinem Aufsatz über die Umrahmung des Mose-Liedes aufgezeigt, daß Gesetzes- und Liedpassagen in 31,9—32,47 nicht wahllos ineinandergeschachtelt sind, sondern daß und wie beide einander zugeordnet sind.

Durch die Erkenntnis nun, daß sich die Passagen in Dt 31—34, die zunächst weder zum Gesetz noch zum Lied eine Verbindung zeigen,[22] unter einem Thema zusammenfassen lassen, der Eroberung des Landes, und auch unter einer Form zusammengehören, durch diese Erkenntnis ist es nun möglich, im ganzen Schluß des Deuteronomiums die sinnvoll planende und ordnende Hand des Redaktors nachzuweisen. Wie die in eine Gesetzesschicht „eingewickelte" Liedschicht ordnete er auch das Testament dem Aufbau und der Abfolge des Bundesschlusses unter. Dabei stand für ihn die Amtsübergabe innerhalb des Testamentes zweifelsohne im Vordergrund.[23] An den Schluß des Testamentes fügte er noch den ihm in einer Pentateuchquelle vorliegenden[24] Vers 34,9 an als Bestätigung des erfolgreich verlaufenen Führungswechsels und die Verse 10—12 als eine Würdigung des verstorbenen Anführers. Von daher besteht kein Anlaß mehr, in den Schlußkapiteln des Deuteronomiums wahllos zusammengewürfelte, beziehungslose kleinere und größere Textbrocken zu sehen, vielmehr zeigt sich eine planvolle und zielgerichtete Redaktion, die bereits vorliegende Texteinheiten — unter ihnen auch das Testament — mit eigenen Ergänzungen (Gesetzesschicht) zu einer neuen Einheit sinnvoll kombinierte, auch wenn dabei alte Skopoi verändert und alte Einheiten auseinandergerissen werden mußten.

21 K. Baltzer, Bundesformular, S. 43—45.71—90.
22 Der Mosesegen Kap. 33 und der Abschnitt 34,9—12 bleiben hierbei außer Betracht.
23 Vielleicht ist ihm eine der beiden Korrekturen am Anfang des Testaments (31,3a.4 oder 31,3b) zuzuschreiben, durch die schon hinter 31,2 — am falschen Ort — der Führungswechsel eingetragen wurde.
24 Wohl aus P wegen der Entsprechung zu Nu 27,18—23, siehe S. 59.

Das ganze Buch Josua ist mit einem Rahmen umgeben, der es zusammenfaßt und unter ein bestimmtes Thema stellt: In Kap. 1 leitet Josua, der neue Führer des Volkes, nach einer Ermahnung und Ermunterung durch Jahwe mit einer kurzen Ansprache den Akt der Eroberung des Landes ein. In 21,43—22,6 und 23 konstatiert Josua die vollständige Durchführung der Landnahme, wie es Jahwe den Vätern einst verheißen hatte. Er entläßt die Ostjordanier in ihre Kulturlandsitze und vermahnt die Gesamtheit der Stämme zu einem Verhalten in dem nunmehr als Erbbesitz zugesprochenen Land, das ganz dem entspricht, das im spr twrt mšh niedergelegt ist. Dieser Rahmen nun gibt sich eindeutig als als Werk des Deuteronomisten (Dtn.) zu erkennen.[1] Von dieser Disposition des Rahmens her und seiner Ähnlichkeit mit dem Testament des Mose in den Schlußkapiteln des Deuteronomiums, die schon beim ersten Lesen ins Auge fällt, legt sich die Vermutung nahe, daß auch der Bericht vom Tode Josuas in 24,29f. noch zu diesem Rahmen dazugehört und nicht nachträglicher Annex[2] ist. Mose übergibt sein Amt an Josua und stirbt dann. Josua kann sein Amt nicht übergeben, da er keinen Nachfolger hat. Er braucht es auch nicht; denn die Aufgabe, das Volk Israel aus Ägypten heraus durch die Wüste in das verheissene Land hineinzuführen, diese Aufgabe ist nun erfüllt. Es kommt nur noch darauf an, daß das Volk im Besitz dieses herrlichen Landes nicht hochmütig und selbstgefällig wird und den nicht vergißt, der ihm dieses Land selbst erstritten hat, seinen Gott. Nachdem Josua auch diese letzte Aufgabe noch übernommen hat, das Volk eindringlich daraufhin zu vermahnen, hat er seinen Führungsdienst an das gesetzte Ziel gebracht. Er ist nun seines Amtes, das er erfüllt hat, ledig. Er kann es aufgeben, bzw. es bleibt nichts mehr über ihn zu berichten als sein Tod.

Neben diese inhaltliche Begründung dafür, daß die Verse 24,29f., die den Tod Josuas vermerken, zu seiner letzten Handlung, dem Aufruf zur Treue Gott gegenüber, noch hinzugehören dürften, wird die Begründung aus formkritischen Erwägungen treten. Dafür wird es jedoch dien-

---

1 Genaueres hierzu und dem vorher Ausgeführten bei M. Noth, Studien, S. 5, und ders., Das Buch Josua, Tübingen, 1953, S. 9, ebenfalls bei L. Perlitt, Bundestheologie im Alten Testament, Neukirchen, 1969, S. 19-22. Die dtn. Herkunft von Jos1 und 23 hat schon J. Wellhausen, Composition, S. 117. 133 festgehalten.
2 So urteilt zu Unrecht M. Noth, Josua, S. 10, da er die Zugehörigkeit des Berichtes vom Tode Josuas zu der Mahnrede in Kap. 23 nicht gesehen hat.

lich sein, zuvor das Testament Josuas im Zusammenhang wiederzugeben:[3]

23,1: „Lange Zeit, nachdem Jahwe Israel Ruhe verschafft hatte von allen seinen Feinden ringsum, und Josua alt und hochbetagt war,

2: da rief Josua ganz Israel zusammen samt seinen Ältesten und Häuptern, seinen Richtern und Aufsehern und sprach zu ihnen: ‚Ich bin nun alt und hochbetagt.

3. Ihr habt alles gesehen, was Jahwe, euer Gott, allen diesen Völkern vor euren Augen getan hat; denn Jahwe, euer Gott, ist es gewesen, der selbst für euch gekämpft hat.

4: Seht, ich habe euch diese Völker durch das Los zugeteilt als Erbbesitz für eure Stämme vom Jordan an bis zum großen Meer gen Sonnenuntergang.

6: So seid nun recht fest, zu bewahren und zu tun alles, was im Buche des Gesetzes Moses geschrieben steht, nicht davon nach rechts oder links abzuweichen,

7: nicht in diesen Völkern bei euch aufzugehen. Den Namen ihrer Götter sollt ihr nicht anrufen und nicht bei ihm schwören. Ihr sollt ihnen nicht dienen und vor ihnen nicht niederfallen.

8: Vielmehr sollt ihr Jahwe, eurem Gott, anhängen, wie ihr getan habt bis auf den heutigen Tag.

9: Jahwe hat vor euch große und mächtige Völker vertrieben, und vor euch hat niemand standhalten können bis auf den heutigen Tag.

10: Ein einziger von euch konnte tausend verjagen; denn Jahwe, euer Gott, er war es, der für euch gekämpft hat, wie er euch gesagt hat.

11: So achtet nun um eures Lebens willen streng darauf, Jahwe, euren Gott, zu lieben;

12: denn wenn ihr euch wirklich abwenden und dem Rest dieser Völker bei euch anhängen wollt und wenn ihr euch mit ihnen verschwägert und in ihnen aufgeht und sie in euch,

13b: dann werden sie euch zur Falle werden und zum Wurfholz, zu Geisseln in euren Seiten und zu Stacheln in euren Augen, bis ihr verschwindet aus diesem guten Land, das Jahwe, euer Gott, euch gegeben hat.

14: Siehe, ich gehe heute den Weg aller Welt. So erkennt nun von eurem ganzen Herzen und von eurer ganzen Seele, daß kein einziges Wort hin-

---

3 Bei der folgenden Übersetzung sind stillschweigend die literarkritischen Ergebnisse, die M. Noth in seinem Josua-Kommentar, S. 133 f., erarbeitet hat, vorausgesetzt (besonders hinsichtlich der Auslassung von v.5 und v.13a und weiterer kleiner Zusätze). Auf eine eingehende Begründung kann hier verzichtet werden, da diese textlichen Veränderungen unter den Gesichtspunkten der Form keine Rolle spielen.

fällig geworden ist von den guten Worten, die Jahwe, euer Gott, zu euch geredet hat; alles ist für euch eingetroffen, kein einziges Wort davon ist hinfällig geworden!

15: Wie nun jedes gute Wort über euch gekommen ist, das Jahwe, euer Gott, zu euch geredet hat, so wird Jahwe auch jedes böse Wort über euch kommen lassen, bis er euch entfernt hat aus diesem guten Land, das Jahwe, euer Gott, euch gegeben hat.

16: Wenn ihr den Bund Jahwes, eures Gottes, überschreitet, den er euch anbefohlen hat, und wenn ihr hingeht und anderen Göttern dient und vor ihnen niederfallt, dann wird der Zorn Jahwes gegen euch entbrennen, und ihr werdet schnell aus dem guten Land verschwinden, das er euch gegeben hat.'

24,29: Und es geschah nach diesen Worten,[4] daß Josua, der Sohn Nuns, der Knecht Jahwes, im Alter von 110 Jahren starb.

30: Man begrub ihn im Bereich seines Erbbesitzes in Timnath-Serah, das auf dem Gebirge Ephraim liegt, nördlich des Berges Gaas.''

Es fällt nicht schwer, in diesem Text die Merkmale der Test.-Form nach den bisher erarbeiteten Kriterien wiederzuerkennen.

Anfangsrahmen:

In 23,1a wird zunächst die Rahmenfunktion des Kapitels deutlich hervorgehoben: Jahwe hat Israel Ruhe verschafft vor allen seinen Feinden. Das Land ist nicht nur vorübergehend besetzt, sondern das Volk hat fest darin Fuß gefaßt und die früheren Bewohner des Landes endgültig und unwiderruflich unterworfen. Die verheißene Heilstat Jahwes ist ohne Abstriche in Erfüllung gegangen.[5]

Die Feststellung, daß die Verheißung Jahwes hinsichtlich des Landes nun in Erfüllung gegangen sei, bietet die Grundlage für die nachfolgende Schlußrede Josuas an das versammelte Volk. Sie wird nun in 23,1b eingeleitet durch einen Hinweis auf das sehr hohe Alter Josuas. Die Funktion dieses Satzes liegt hier nicht in einer Altersangabe sondern in der *Ankündigung des nahe bevorstehenden Todes* Josuas.[6]

---

4 Der Sinn als Redeabschlußformel verbietet hier die Übersetzung „nach alledem" (Züricher Bibel) oder „nach diesen Ereignissen" (M. Noth, Josua, S. 140).

5 Überraschenderweise erscheint ein ganz ähnlicher Hinweis an — zeitgeschichtlich gesehen — sehr viel späterer Stelle im dtn.GW in 2. Sam. 7,11 (präterital zu übersetzen). Möglicherweise konnte man auch die Richterzeit noch als Fortsetzung der Kämpfe mit den Völkern des Landes verstehen, so daß sich der eigentliche Abschluß der Landnahme erst im Großreich Davids manifestierte. (Zur „Ruhe" als Heilsgut Jahwes siehe G.v.Rad, Es ist noch eine Ruhe vorhanden dem Volke Gottes, in: GesSt, S. 101—108.)

6 Dieser Sinn wird durch v.14 noch eigens untermauert, vgl. auch 13,1.

Josua versammelt ganz Israel *(Situation)*, wobei die Anführer, Famili-
en- bzw. Sippenoberhäupter *(Adressaten)* extra genannt werden[7], um in
einer Rede von ihnen Abschied zu nehmen und sie auf ihre neue, nun
anstehende Aufgabe hinzuweisen (v. 2a). Seine Worte eröffnet er mit
einem *eigenen Hinweis auf seinen bevorstehenden Tod* (v. 2b).

Mittelteil:

Nicht ungesichert und geradehin will Josua mit dem Volk sprechen,
vielmehr stellt er zunächst Einverständnis her über die Situation, in der
sie sich alle befinden, und ihr Gewicht: Er erinnert die um ihn gescharte
Menge in einem *Rückblick auf ihre eigene Vergangenheit* an alle die
Heilstaten Jahwes, die er selbst an ihnen und für sie vollbracht hatte
(v. 3—4). Auf diese Rückblendung gründet er seinen *Aufruf* zur Treue
Jahwe gegenüber (v. 6—8). Wie sie bisher getan hatten, so sollten sie es
auch weiterhin halten, ohne auch nur um ein Geringes davon abzuweichen. Noch einmal ruft Josua den glücklichen Kampf gegen die früheren Besitzer des Landes in Erinnerung *(Rückblick)*, der nur mit Hilfe
Jahwes so gut gelingen konnte (v. 9—10). Wieder leitet Josua davon
eine *Mahnung* ab, die die bisherigen Mahnworte noch überhöht durch
die Aufforderung, Jahwe „um euer Leben willen" lnpštykm zu lieben (v. 11).

Nun zieht Josua die Konsequenzen für die Zukunft aus: Wie Israel
bisher gesehen hat, bringt ein Verhalten, das Jahwes Willen entspricht,
Segen. Sollte sich Israel aber nun — im Besitz des herrlichen Landes —
von seinem Gott ab- und anderen Göttern zuwenden, so würden sie bald
— das *weissagt* ihnen Josua — auch dieses Landes wieder verlustig gehen (v. 12.13b).

Ab v. 14 scheint sich der ganze Aufbau der bisherigen Rede Josuas
noch einmal zu wiederholen:

Josua *weist* erneut, diesmal unmißverständlich, *auf seinen nahenden
Tod hin* (v. 14a) und *ermahnt* Israel, „von ganzem Herzen und von ganzer Seele" zu erkennen (wyd'tm   ), anzuerkennen, wird man übersetzen dürfen,[8] daß Jahwe seine Verheißung Wort für Wort — nichts ist da-
hingefallen — erfüllt hat (v. 14b). Hier ruft Josua Israel zu einem eigenen Rückblick auf die Vergangenheit auf und fordert von ihm eine entsprechende Deutung und Wertung.

7 Das Amt des Führers Israels kann Josua nicht weitergeben; denn es hat sich erfüllt
   und damit aufgehoben. Die Nennung der verschiedenen Oberhäupter legt demnach
   nahe, daß Josua ihnen nun die Verantwortung für das Volk auferlegt. Obwohl also
   Jos. 23—24 nicht von einer Amtsübergabe handeln kann, scheint doch etwas Entsprechendes durchaus im Blickfeld zu liegen.
8 So auch N. Lohfink, Bundesschluß, S. 38 Anm. 25.

Und wieder weist er das Volk auf die Konsequenzen eines Verhaltens hin, das seine Mahnungen in den Wind schlägt (v. 15—16): Wie alle ,,guten Worte" Jahwes eingetroffen sind, so *prophezeit* er ihnen, würde Jahwe unerbittlich auch alle ,,bösen Worte" über Israel bringen, sobald das Volk den Bund übertrete und sich anderen Göttern zuwende. Wie Jahwe Israel das Land gegeben habe, so werde er nicht zögern, es ihm auch wieder zu nehmen, wenn es ihm untreu würde.

Mit diesen Worten endet die Rede Josuas in Kap. 23. Sie zeigt einen klaren Gedankengang auf; die Doppelheit in der Struktur ist keinesfalls das Werk eines Redaktors, sondern mit voller Absicht gewählt, um die Eindringlichkeit und die unbedingte Verbindlichkeit des Aufrufes Josuas noch zu unterstreichen. Die Rede ist zum Abschluß gekommen. Was man nach Kenntnis der Test.-Form lediglich noch erwartet, ist eine Mitteilung über den Tod Josuas. Sie findet sich in 24,29f.:

Schlußrahmen:

Der Vers 29 beginnt mit einer *Redeabschlußformel,* die alles Vorangehende als ,,Worte" Josuas bezeichnet, was zu Kap. 23 auch ausgezeichnet paßt.[9] Dem folgt die Nachricht vom *Tode* Josuas und eine Angabe seines *Lebensalters.* Der Vermerk seiner *Beisetzung* im Bezirk seines Erbbesitzes beschließt dieses Testament.

Der Abschnitt gibt sich deutlich als ein Testament zu erkennen. Alle wesentlichen Formelemente, die zur Definition als Testament notwendig sind, sind vorhanden. Auch vom Inhalt her reiht sich dieser Text unmißverständlich in die Kette der bisher behandelten Testamente ein. Dabei fällt besonders ins Auge, daß nichts dazu veranlaßt, das TestJosuas als eine Spezialform eines Testamentes zu deklarieren, wie es beim Test-Moses in Dt 31—34 der Fall war, wo es Mose in seinen Mahnungen nur darauf ankam, das Volk zu einem richtigen Verhalten bei der bevorstehenden Eroberung des Landes zu ermuntern, von der Verbindung mit der Übergabe des Amtes einmal ganz abgesehen. In Jos 23; 24,29f. ruft Josua das Volk zu einer grundlegenden Lebenseinstellung auf, die weit über die gegenwärtige politische Situation und die zur Zeit lebenden Geschlechter hinausreicht. Israel soll sich für alle Zeiten zu Herzen neh-

---

9 Es soll damit nicht gesagt werden, daß diese Redeabschlußformel etwa zu Jos. 24 ganz und gar nicht passe; denn auch dort hält Josua eine Rede, doch endet Kap. 24 mit mehreren Handlungen (Rechtsprechung für das Volk in v.25, Niederschrift des Gesetzes und Aufrichtung eines Steines als Bundeszeugen in v.26, Entlassung des Volkes in v.28), die die Rede Josuas in Kap. 24 bereits abschließen. Aus diesem Grund wählt M. Noth, Josua, S. 140, auch die Übersetzung ,,nach diesen Ereignissen", womit der Charakter der Redeabschlußformel aufgegeben ist. Das ist nicht nötig, wenn man den Zusammenhang mit Kap. 23 beachtet.

men, was es jetzt, in seiner unmittelbaren Vergangenheit, gelernt hat. Es handelt sich tatsächlich um ein ,,Lernen" und ein ,,Beherzigen". Wer nicht blind ist und ein Tor, kann nicht übersehen, was jüngst geschehen ist. Wer weise ist, wird die richtigen Folgerungen daraus ziehen, die, die Josua vor dem ganzen Volk ausgebreitet, und die er dem Volk in einer dramatischen Rede vor seinem Tod wärmstens anempfohlen hat.

Das Volk wird auf seine Erfahrung mit Jahwe, die Josua teilt, angesprochen und auf sie verpflichtet. Es soll nicht ins Blinde hinein seinem Gott vertrauen, vielmehr hat sich Jahwe ja in der Vergangenheit in seinem Wollen für das Volk vorgestellt. Er ist ihm nicht fremd sondern vertraut. Auch fordert Josua nichts Neues, Ungewisses von Israel, sondern er ruft es nur auf, sich auch weiterhin so zu verhalten wie bisher auch (v. 8), treu seinem Gott gegenüber in der Bewahrung des Bundes, der im ,,Buch des Gesetzes Moses" niedergelegt ist.[10] Die ganze Argumentation Josuas in seiner Rede ist zutiefst rational, obwohl sie von Vertrauen und von Gott handelt. Dem Volk soll nichts aufgezwungen werden, was es nicht auch von selbst erkennen kann. Josua gibt hier nicht mehr als eine Anleitung. Das heißt nicht, daß seine Rede einen relativ freien, unverpflichtenden Charakter trüge, im Gegenteil: Was einmal für alle Zeiten als richtungsweisend, bindend anerkannt wurde, muß unter allen Umständen konsequent durchgeführt werden. Nur wer so handelt, ist wirklich ein weiser Mann.[11]

Es bleibt noch übrig, das Verhältnis des TestJosuas in 23; 24,29f. zu 24,1—28 näher zu bestimmen. Der ,,Landtag zu Sichem", der (literarische) Bundesschluß Josuas und des Volkes mit Jahwe, steht in keinem ursächlich literarischen Zusammenhang mit dem TestJosuas, darin ist man sich allgemein einig.[12] Jos. 23; 24,29f. ist ein ureigenstes Werk des Dtn.,[13] während sich in 24,1—28 zwar Spuren dtn. Bearbeitung wiedererkennen lassen, der Abschnitt als solcher jedoch schon älteren Datums

---

10 Es handelt sich um den Bundesschluß im Land Moab, wie er durch den Rahmen des Dt festgelegt ist.

11 Die Stichworte ,,Weiser", ,,Tor" u.ä. fallen in diesem Text nicht. Gerade deshalb sollte hier jedoch etwas ausführlicher die Art und Weise der Argumentation vorgestellt werden, um zu zeigen, daß sie eine weisheitliche, didaktische ist, wie ja auch die Test.-Form in der Weisheit verankert ist (siehe den folgenden Vergleich der beiden Gattungen ,,Bundesformular" und ,,Testament").

12 J. Wellhausen, Composition, S. 133; C. Steuernagel, Das Buch Josua, Göttingen, 1923, S. 297f.; M. Noth, Josua, S. 10; ders., Studien, S. 9; G. E. Mendenhall, Recht und Bund in Israel und dem Alten Vorderen Orient, Zürich, 1960, S. 44; K. Baltzer, Bundesformular, S. 37.72 Anm. 5; O. Eißfeldt, Deuteronomium und Hexateuch, in: Kleine Schriften 4, Tübingen, 1968, S. 238—258, hier S. 247; L. Perlitt, Bundestheologie, S. 241.

13 Siehe S. 65.

zu sein scheint.[14] Es erhebt sich nun die Frage, welcher Sinn in der Bearbeitung dieses Textes durch den Dtn. und in der Aufnahme in den jetzigen Kontext liegt. Noth hat diese Frage dadurch, daß er Jos 24,1—28 in seiner jetzigen Form als „Anhang" deklariert, unbeantwortet gelassen.[15] Dieses Ignoramus ist m.E. nicht notwendig, wenn man Jos 23—24 mit Dt 31—34 in Verbindung bringt. Da beide Abschnitte Teil des dtn. GW sind und von dessen Redaktor bzw. Autor ihre jetzige Gestalt erhalten haben, sollte dieser Vergleich erlaubt sein:

Lohfink hat in seinem Aufsatz „Der Bundesschluß im Land Moab" nachgewiesen, daß die Schlußkapitel des Dt nach einem ganz bestimmten, definierbaren Plan zusammengestellt wurden, dem Schema des Bundesschlusses. Dieser Theorie fügte sich die Erkenntnis über die Funktion des TestMoses in Dt 31 — 34 auf das trefflichste ein. Auch dieses Testament konnte als ein Element in der literarischen Gestaltung des Bundesschlusses in den Schlußkapiteln des Dt verstanden werden. Ähnliches läßt sich nun auch in Jos 23 — 24 erkennen, nur genau umgekehrt: Der Bundesschluß wird in das Testament einbezogen. Zu diesem Zweck erfährt er eine gewisse Bearbeitung, die ihn diesem Text angleicht, und eine zeitliche Fixierung: unmittelbar vor dem Tode Josuas. Beide Texte haben nun eine gemeinsame Zielrichtung: Josua stirbt. Zuvor verpflichtet er das Volk noch auf eine bestimmte Grundhaltung hinsichtlich seines Verhältnisses zu Gott:

a) durch die Erinnerung an die segensreichen Taten Jahwes in der Vergangenheit, die es auch für die Zukunft durch Treue und Vertrauen zu sichern gelte,

b) durch einen Bundesschluß.

Durch beides wird dasselbe angestrebt: Dem Volk soll eine solide Lebensgrundlage gesichert, der šlwm-Zustand soll aufrechterhalten bleiben.[16] So fügen sich hier Bundesschluß und Testament in ihrer Intention nahtlos ineinander, während sie sich von ihrer literarischen Gestaltung her durchaus als zwei getrennte Abschnitte zu erkennen geben (eigene Einleitung und eigener Schluß in Jos 24,1 — 28). Eine Frage ist jedoch noch offengeblieben, die des Verhältnisses von Bundesschluß und Testament als Gattungen zueinander. Der enge Zusammenhang bei-

---

14 L. Perlitt, Bundestheologie, ordnet Jos. 24, 1—28 aufgrund einer ausführlichen Prüfung von Sprache und Inhalt dem 7. Jahrhundert (deuteronomische Theologie und Sprache) zu.

15 M. Noth, Josua, S. 10.

16 Das ist die Definition K. Baltzers, Bundesformular, S. 89, für das Bundesverhältnis, die hier auf beides, Bund und Testament, in gleicher Weise zutrifft.

der in den Schlußkapiteln des Dt und in Jos 23 — 24 könnte die Vermutung nahelegen, beide Gattungen seien generell miteinander verwandt, genauer: die Test.-Form sei aus dem Bundesformular ableitbar. Baltzer hat dieses behauptet, und Becker[17] ist ihm darin gefolgt. Um diese These beurteilen zu können, muß etwas weiter ausgeholt werden:

CHARAKTERISTIKA DER TESTAMENTSFORM
ANHAND EINES VERGLEICHS DER BEIDEN GATTUNGEN
BUNDESFORMULAR UND TESTAMENT

Da Bundesformular und Testament als Gattungen auf den ersten Blick sehr ähnlich anmuten sowohl, was ihre einzelnen Formelemente betrifft, als auch hinsichtlich der Abfolge dieser Elemente, wird es am sinnvollsten sein, in einem ersten Schritt (A) zunächst die einzelnen Formelemente von Bundesformular und Testament einander gegenüberzustellen und auf ihre Verwandtschaft hin zu befragen, sodann (B) die Struktur der beiden Gattungen, die Abfolge der Einzelelemente, miteinander zu vergleichen und schließlich (C) aufgrund der so gewonnenen Ergebnisse jeweils den Charakter und die Funktion der Gesamtform zu beschreiben, um auf diese Weise zu einer Bestimmung des Sitzes im Leben vorstoßen zu können.

a. Gegenüberstellung der einzelnen Formelemente

1) Nach der Präambel ist das erste gewichtige Element des Bundesformulars nach der Definition Baltzers die ,, V o r g e s c h i c h t e '' . Sie hat nicht nur die Funktion, alles weitere einzuleiten, vielmehr ist sie notwendige Voraussetzung, um die folgenden Rechtssetzungen überhaupt zu verstehen. Es lohnt sich, diese Behauptung etwas tiefer auszuloten:

Wenn Josua etwa im berühmten ,,Landtag zu Sichem'' die Geschichte des Volkes, das vor ihm steht, aufrollt von dem Tag an, da einer ihrer Väter das Land jenseits des Stromes (Euphrat) verließ, über den Aufenthalt in Ägypten und das Meerwunder bis hin zur glücklichen Eroberung des Landes, also bis hin zur augenblicklichen Stunde, in der Josua zum Volk spricht, dann dient dieser Geschichtsaufriß zunächst der gegenseitigen Verständigung, der *Orientierung*. Es gibt ja vielerlei Möglichkeiten, die vergangene, zurückliegende Zeit vom Standpunkt der Gegenwart aus zu betrachten, und das AT kennt eine ganze Reihe von Ge-

---

17 K.Baltzer, Bundesformular, S. 142; J. Becker, Untersuchungen, S. 157.203.326.

schichtsentwürfen, die durchaus nicht nur variieren, sondern z.T. sogar einander diametral gegenüberstehen, auch wenn sie in der gleichen historischen Situation entstanden sind.[1] Man muß sich also zunächst auf eine gemeinsame Schau der Vergangenheit, und das heißt doch: auf eine gemeinsame Wertung, einigen. Erst wenn sich Josua und das zuhörende Volk über eine einigende Basis in der Bewertung der Geschichte verständigt haben, kann ihr gegenüber eine echte Entscheidung fallen bzw. kann man Regeln für ein weiteres Vorgehen, Verhalten aufstellen.

Bei dieser rückblickenden Betrachtung der Geschichte ergibt sich wohl notwendig ein bestimmter *Systematisierungs*effekt: Man teilt die Vergangenheit in Etappen ein, bewertet sie, erkennt in ihnen eine Abfolge, eine Entwicklung entweder zum Guten oder zum Schlechten, die dann auch die Gegenwart in spezifischer Weise qualifiziert. Daß bei dieser Bewertung der Vergangenheit Maßstäbe angewandt werden, die zuvor aus einer Beurteilung der Gegenwart gewonnen wurden, ist keine Frage, doch leistet eben die Geschichte den nicht unbeträchtlichen Dienst, daß man an ihr diese Maßstäbe überprüfen, bewähren kann. Haben sich nun durch Anlegen der Maßstäbe an die Geschichte verschiedene Etappen und eine bestimmte Entwicklung herauskristallisiert, dann läßt sich auch die Gegenwart als Beginn einer neuen oder Ende einer alten Etappe begreifen, als ein Fixpunkt innerhalb einer Entwicklung, die über den gegenwärtigen Zeitpunkt hinausreicht und damit den zur Zeit Lebenden bestimmte Aufgaben zuweist, um die zukünftige Entwicklung zu bewältigen; d.h. aus der Betrachtung und Bewertung der Vergangenheit erwachsen Normen.

Noch aber ist es nicht so weit: Zunächst leistet die rückblickende Geschichtsbetrachtung noch einen weiteren, großen Dienst: Im Zug der Bewertung der Geschichte werden gleichzeitig den einzelnen geschichtsmächtigen Faktoren bestimmte Rollen zugewiesen. Um beim Beispiel des Landtages zu Sichem zu bleiben: Abraham — der gottesfürchtige Stammvater; die Ägypter, Kanaanäer, Amoriter usw. — Feinde; das eigene Volk — siegreich, aber nur durch Gottes Schutz und Hilfe; Josua — der charismatische Führer, der in allem den Willen Gottes ausführt; Gott selbst — der mächtige, treue Helfer Israels in allen Nöten. Da der Geschichtsentwurf im Hinblick auf einen dieser Rollenträger entworfen ist, auf das Volk, ist dieses nun in der Lage, seine eigene Position in je verschiedenem Verhältnis zu den anderen Rollenträgern zu bestimmen, d.h. es gewinnt seine *Identität*.

---

1 Wie ließen sich z.B. Hes 20 und das Geschichtsbild des dtn. GW auf einen Nenner bringen?

Aus Orientierung, Systematisierung und Identitätsfindung — alle drei gehören natürlich ganz eng zusammen und erscheinen hier nur künstlich getrennt — erwachsen von selbst die *Normen*, die der Einzelne oder eine Gemeinschaft sich nun auferlegt, um der aufgrund der Geschichtsbetrachtung gewonnenen Rolle auch in Zukunft gerecht zu werden. Umgekehrt müssen diese Normen, die Regeln des Gemeinschaftslebens wie des Verhaltens des einzelnen, immer wieder auch an der Geschichte überprüft werden, ob sie noch oder überhaupt zutreffen, ob sich nicht irgendwo ein Bewertungsfehler, ein Mißverstehen eingeschlichen hat, so daß Einzelteile oder das gesamte System nicht mehr stimmen und daraufhin neu überdacht werden müssen. Vor allem Krisenzeiten und -situationen werden eine solche Systemüberprüfung immer wieder herausfordern. Ausgangspunkt ist hierbei stets eine Anfrage — von außen oder von innen — an die Normen: Stimmen eure (unsere) Regeln, verhaltet ihr euch, verhalten wir uns richtig? Die so notwendig gewordene Überprüfung endet in jedem Fall mit einer *Legitimation*: entweder der Anerkennung der Richtigkeit des bisherigen Verhaltens oder der Berechtigung zu seiner Veränderung, die ja auch begründet und damit legitimiert werden muß.

Alle diese soeben beschriebenen Aufgaben leistet das Element ,,Vorgeschichte'' im Rahmen seiner Gattung: Es soll anhand der Vergangenheit orientieren, den eigenen Standort als Teil einer sinnvollen Entwicklung (Systematisierung) verstehen lehren, die eigene Rolle vor Augen führen (Identitätsfindung), die Möglichkeit und Notwendigkeit der Festlegung einer bestimmten Verhaltensweise (Normen) aufzeigen bzw. sie ins Leben setzen und zugleich diese Verhaltensregeln als für die betreffende Gemeinschaft zutreffend und sinnvoll darstellen, d.h. sie legitimieren.

Legt man diese, an der ,,Vorgeschichte'' des Bundesformulares gewonnenen Kriterien nun an den *,,Rückblick auf die Vergangenheit''* des Testamentes an, so läßt sich leicht dessen Andersartigkeit aufweisen: Der ,,Rückblick auf die Vergangenheit'' ,,blickt'' zwar ,,zurück'' auf Vergangenes, er enthält deswegen aber noch lange nicht einen Aufriß der zurückliegenden Geschichte. Geschichtskontinuität von der ältesten Zeit an bis auf die Gegenwart liegt nicht im Blick, ebensowenig auch eine Einteilung der Geschichte in Etappen und eine zielgerichtete Entwicklung. Es ist im Grunde überhaupt nicht von Geschichte die Rede sondern von irgendetwas Vergangenem. In den TestXIPatr. greift der sterbende Patriarch fast wahllos - so scheint es - diese oder jene Station seines Lebens heraus allein deshalb, weil sie besonders lehrreich ist: Ent-

weder hatte sich der Patriarch in einer bedrängenden und zwiespältigen
Situation bewährt und seine Rechtschaffenheit unter Beweis gestellt und
war deshalb von Gott gesegnet worden oder genau umgekehrt: Er war
einer Versuchung verfallen und so ins Unglück geraten. In beiden Fällen
bekommen die Hörer Anschauungsmaterial aus dem Leben an die Hand
geliefert, aus dem sie lernen können, wenn sie klug sind. Da sich - so die
zugrundeliegende Auffassung - im Leben der Menschen ganz allgemein
nichts Wesentliches ändert, es ,,nichts Neues unter der Sonne'' gibt,
kann der Schatz der Erfahrungen der Alten nicht hoch genug veran-
schlagt werden. Wer aus der Vergangenheit zu lernen versteht, ist in allen Eventualitäten des Lebens dem haushoch überlegen, der meint, alle
Erfahrungen erst selbst sammeln zu müssen.

Nun gibt es verschiedene Möglichkeiten und Bereiche, in denen man
Erfahrung gewinnen kann: In den Testamenten ist es ein alter Mann,
der kurz vor seinem Tod die wichtigsten Lebenserfahrungen, die er sammeln konnte, an seine Söhne weitergibt. Man kann also vom Vater, von
den Eltern lernen.[2]

Darüberhinaus ist es aber auch möglich, noch weiter zurückzugehen auf
berühmte Männer, Autoritäten der Vergangenheit, sofern es entsprechende Traditionen gibt. Beispielhaft tut das der sterbende Mattathias
in 1. Makk 2:

> v. 51: ,,Gedenkt der Taten eurer Väter,
>   die sie zu ihrer Zeit vollbracht haben,
>   damit ihr großen Ruhm
>   und einen unsterblichen Namen erlangt!''

Dann zählt er folgende Männer als musterhafte Beispiele auf: Abraham, Joseph, Pinehas, Josua, Kaleb, Elia, die drei Männer im Feuer-
ofen, Daniel. Welch eine bunte Mischung — eine Absage an jede Kontinuität der Geschichte! Diese Ahnenreihe gewinnt jedoch dann erheblich
an Gewicht, wenn man sie nicht unter dem Blickwinkel der Geschichtskontinuität sondern der Gleichzeitigkeit, der zeitlosen Gültigkeit, betrachtet. Dann sind plötzlich alle diese großen Gestalten der Vergangenheit gegenwärtig und sprechen, wenn man sie nur befragt, ihnen nur zu-

---

2 Es muß nicht unbedingt der eigene Vater sein, dessen Lebenserfahrungen zum Vorbild dienen. Im TestBenjamin berichtet der sterbende Benjamin zum größten Teil
   nicht aus seinem eigenen Leben sondern aus dem seines Bruders Joseph (siehe ,,Die
   Lehre der Alten'', Bd. I, S. 85 f.). Auch hier wieder ist nicht die Kontinuität der Familie im Blick sondern die Erfahrung der älteren Generation, auf die die jüngere zu-
   rückgreifen kann. (Zu diesen Überlegungen siehe auch die Untersuchung der Motivation in den TestXIIPatr. in ,,Die Lehre der Alten'', Bd. I, S. 97 f.).

hört! Welch ein Schatz an Erfahrungen tut sich hier auf. Nur ein Tor kann sie verachten!

Doch über die ältere und alle früheren Generationen hinaus steht noch ein weiterer Bereich dem, der Erfahrung sucht, offen: die ganze Schöpfung, der Kosmos, die Welt. Der Mensch lebt ja nicht isoliert und abgehoben von der restlichen Welt, sondern er gehört zur großen Schöpfung Gottes und nimmt damit Anteil an der Ordnung, die Gott seiner Schöpfung zugrunde gelegt hat, und von der sie lebt. ,,Und siehe, es war alles sehr gut.'' Ohne diese Ordnung würde der sinnvolle Kreislauf der Natur sogleich zusammenbrechen. Leben, auch das Leben der Menschen, wäre nicht mehr möglich. Die der Schöpfung zugrunde liegende Ordnung ist also für den Menschen lebenswichtig: Richtet er sich nach ihr, so wird er leben; übertritt und verachtet er sie, so wird er umkommen. Jeder Verständige wird also nun versuchen, diese Ordnung zu erforschen, um sein Leben nach ihr ausrichten zu können. Das ist auch durchaus nicht schwierig; denn man braucht nur den Gang der Natur, den Ablauf der Gestirne usw. zu beobachten, und schon lassen sich Regelmäßigkeiten feststellen, Gesetze erschließen, denen die einzelnen Naturereignisse unterworfen sind, und die man sich zunutze machen, aus denen man lernen kann. Nichts anderes praktiziert doch im Grunde unsere heutige Naturwissenschaft auch, auf die wir so stolz sind. Man beobachtet die Natur und gewinnt an ihr Erkenntnisse, Werte, die man für das eigene Leben nutzbar machen kann. Der Unterschied zwischen unserer modernen Auffassung und der, die sich in diesen alten Testamenten widerspiegelt, ist allerdings der, daß man damals die Natur nicht vom Menschen isolierte, sondern in Natur, Mensch und Gott noch eine — verborgene — Einheit sehen konnte, und daß man im Hintergrund aller Einzelgesetzmäßigkeiten der Natur die große, einigende Ordnung Gottes am Werk sah.

Neben die Erfahrung, die man aufgrund eigenen Erlebens (Jos 23), vom Vater oder von Männern der Geschichte — nicht irgendwelchen natürlich sondern von allgemein anerkannten Autoritäten — gewinnen kann, tritt die Beobachtung der Natur (z.B. TestSebulon 9,1 — 4; Test Naphtali 2; 3,2.4). Beides wirft für den Verständigen, Aufnahmebereiten gleichermaßen einen ungeheuren Nutzen für sein Leben ab. Auf diese Haltung und diesen Effekt zielt der ,,Rückblick auf die Vergangenheit''[3] innerhalb der Gattung ,,Testament'' ab.

---

3 Der, wie oben gezeigt, ja nicht nur ein Rückblick in die Geschichte sondern auch sozusagen ein Seitenblick in die Natur sein kann. Insofern ist die Bezeichnung ,,Rückblick in die Vergangenheit'' eigentlich nicht ganz treffend. Zum Verständnis und zur Wertung des ,,Rückblickes auf die Vergangenheit'' siehe auch die Ausführungen in ,,Die Lehre der Alten'', Bd. I, S. 33 und 99—101.

Aus dem Gesagten ergibt sich damit, daß die „Vorgeschichte" des Bundesformulars und der „Rückblick auf die Vergangenheit" des Testamentes nichts miteinander gemein haben können. Das hat auch Baltzer durchaus gesehen.[4] Im Unterschied zu ihm meine ich allerdings, daß beiden Formelementen im Rahmen ihrer Gattung eine grundsätzliche, weil prägende Bedeutung zukommt, da sich in ihnen bereits der Charakter der beiden Gattungen deutlich erschließt. Das gilt auch dann, wenn in einem Testament einmal der „Rückblick auf die Vergangenheit" fehlen sollte wie in TestMose (AssMose), TestDeborah (LibAntBibl 33), Tob 4, 1. Kön 2, Dt 31/34; denn schon von der Rahmensituation her wird ja klar, daß hier eine Autorität spricht, deren Mahnworte fundiert, bewährt sind. Ein Bundesformular hingegen ist ohne „Vorgeschichte" undenkbar.

2) Den „Verhaltensanweisungen" des Testamentes stehen im Bundesformular die „Grundsatzerklärung" und das Korpus der „Einzelbestimmungen" gegenüber. Nun wurde schon im Vorhergehenden dargelegt, daß aus einer echten Geschichtsbetrachtung Normen entspringen, verbindliche Rechtssetzungen für die betreffende Gemeinschaft, während aus der Beobachtung der Natur und der Durchforstung und Annahme der Erfahrungen der Alten Lebensregeln erwachsen, die zunächst dem einzelnen, der sich darum bemüht, dienlich sind, die er dann aber auch in einem zweiten Schritt den anderen anempfehlen, keinesfalls aber vorschreiben kann. Die Unterscheidung kollektiv — individuell, deren Anwendung in vielen anderen Bereichen des AT das Verständnis sonst eher hindert als fördert, ist hier wirklich einmal am Platze. Die Verhaltensanweisungen des Bundesformulares heben auf die Gemeinschaft ab und weisen einen verbindlichen Charakter auf, während wir es beim Testament mit Ratschlägen zu tun haben, die auf den einzelnen zielen, auch wenn dieser einzelne Teil einer Gemeinschaft ist. Wenn Josua in Jos 23 das ganze Volk anredet, so will er doch jeden einzelnen überzeugen. Das Volk ist hier nichts anderes als die Summe seiner Einzelglieder.

Doch über diesen fundamental verschiedenen Charakter hinaus lassen sich auch im Äußerlichen Merkmale finden, die darauf hinweisen, daß die beiden Korpora einander nicht gleichzusetzen sind:

Im Bundesformular legt die „Grundsatzerklärung" ein bestimmtes Verhalten bindend fest, das dann in den „Einzelbestimmungen" genau nach allen Seiten hin erläutert und abgesichert wird, damit es nur ja kei-

---

4 K. Baltzer, Bundesformular, S. 151.

ne Mißverständnisse und keine Auslegungsschwierigkeiten geben kann. Das ist die übliche Art auch heute noch, einen guten Vertrag zu schliessen. Fehlen die Einzelbestimmungen oder sind sie oberflächlich und ungenau verfaßt, dann werden sich bald Schwierigkeiten einstellen, weil jede Partei die „Grundsatzerklärung" zu ihrem eigenen Vorteil hin auslegen wird.

Im Testament will sich kein Element finden, das so recht eigentlich der „Grundsatzerklärung" entspricht. Wenn Baltzer hier den die Verhaltensanweisungen in den TestXIIPatr. häufig eröffnenden Satz: „Und nun, meine Kinder, (höret auf mich und ...)"[5] als Pendant zur „Grundsatzerklärung" heranzieht, so entspricht dieser doch weit eher dem Element „Redeeinleitungsformel", das nicht nur zu Beginn der Rede stehen kann, sondern auch an jeder Stelle, an der ein Gedankenumschwung, ein Neueinsatz, stattfindet.[6] Entsprechend können sich im Testament auch keine Ausführungsbestimmungen einer Generalklausel finden. An ihrer Stelle steht in den meisten Fällen eine Fülle von Einzelanweisungen, die häufig genug nur durch Stichwortanknüpfung miteinander verbunden sind. Sie sind dann durchaus nicht auf eine gemeinsame Basis bezogen und schon gar nicht voneinander ableitbar. Das ist bei Lebensregeln auch gar nicht anders zu erwarten: Den vielfältigen Lebensbezügen entspricht eben auch eine Fülle von Einzelanweisungen; jede Situation braucht ihr Gebot. Daß alle diese Einzelratschläge letztlich aber doch auf eine gemeinsame Grundhaltung zielen, auf eine generelle Lebenseinstellung, ist eine andere Sache, die ihrerseits den Unterschied zwischen Bundesformular und Testament gut erkennen läßt:

Die meisten der untersuchten Testamente wiesen ein eigenartiges Formelement auf, das in dieser Arbeit „Schlußmahnung" genannt wurde. Es handelt sich meist um einen kurzen Satz, eine knappe Ermahnung, in der der Sterbende alle seine Ausführungen noch einmal zusammenfaßt.[7] In der Regel ruft der Patriarch in seinem Schlußsatz auf zu Gottesfurcht und Nächstenliebe als einer Grundeinstellung, von der alle

---

5 K. Baltzer, Bundesformular, S. 153.

6 Dem „καὶ νῦν" zu Beginn dieses Neueinsatzes kann man wohl nicht die Beweislast der Verwandtschaft von „Grundsatzerklärung" und einleitendem Satz der Verhaltensanweisung aufbürden, wie auch Baltzer, ebd., selbst erklärt. Das als Parallele herangezogene w'th der „Grundsatzerklärung" erscheint ja auch durchaus nicht nur im Bundesformular sondern auch etwa gern in der prophetischen Gerichtsverkündigung nach dem Ende der Scheltrede zu Beginn der Botenspruchformel, mit der die Gerichtsankündigung einsetzt.

7 Zur Schlußmahnung in den TestXIIPatr. siehe „Die Lehre der Alten", Bd. I, S. 95—98; TestHiob: S. 123.130; TestIsaak: S. 157; TestMose (AssMose): S. 203; slav-Henoch 55—67: S. 222f.; 1. Makk. 2: S. 7; Tobit 4: S. 11.

anderen Anweisungen sich ableiten. Nur in der Schlußmahnung des TestMose (AssMose) und des Testamentes des Mattathias in 1. Makk 2 gipfelt die Rede der Sterbenden allein in dem Aufruf, das Gesetz unverbrüchlich zu halten, doch ist diese einseitige Betonung sicherlich dem besonderen politischen Charakter beider Schriften zuzuschreiben. Für den Vergleich zwischen Bundesformular und Testament ist hier besonders interessant, daß die ,,Schlußmahnung'' eben am Schluß der ganzen Rede steht, d.h. daß sie alles, was vorher gesagt wurde, in sich zusammenfaßt. Darunter fällt natürlich der ganze Komplex der Verhaltensanweisungen, aber auch der ,,Rückblick auf die Vergangenheit'' und die ,,Zukunftsansage''! Auch diese beiden Formelemente können also unter einer Mahnung am Ende der ganzen Rede zusammengeschlossen werden. Die Mahnung ist demnach den beiden anderen Elementen übergeordnet; ,,Rückblick auf die Vergangenheit'' und ,,Zukunftsansage'' fungieren letzten Endes als indirekte Mahnung. Dazu werden sie wohlgemerkt nicht erst durch die ,,Schlußmahnung'' umfunktioniert, sondern das ist ihr ursprünglicher, eigener Charakter, wie sich ja für den ,,Rückblick auf die Vergangenheit'' im Vergleich mit der ,,Vorgeschichte'' bereits ergeben hat.

Der Grund, daß die Elemente ,,Grundsatzerklärung'' und ,,Einzelbestimmungen'' des Bundesformulares in der ,,Verhaltensanweisung'' des Testamentes kein echtes Pendant finden, liegt generell in dem verschiedenartigen Charakter beider Gattungen. Das hat sich schon in der unterschiedlichen Art und Weise, Geschichte aufzufassen und darzustellen, herausgestellt, und von daher ist es auch gar nicht zu verwundern, wenn sich auch die einzelnen Formelemente notwendig gegen eine gemeinschaftliche Sicht sträuben. Das wird sich bei den weiteren Vergleichen ebenfalls herausstellen:

3) Der ,,*Anrufung von Zeugen*'' des Bundesformulars kann man im Testament schlechterdings kein Formelement entsprechen; denn kann man für Ereignisse, die man aus der Beobachtung der Natur und aus den Erfahrungen der Alten gewonnen hat, Zeugen anführen? Man kann allenfalls berühmte und anerkannte Autoritäten der Vergangenheit als nachahmenswertes Vorbild zitieren bzw. — von der Rolle des Redenden aus gesehen — sich selbst als ein solches Vorbild hinstellen; Zeugen für die Verbindlichkeit eines bestimmten Satzes anzurufen, und seien es Götter, das ist jedoch im Rahmen eines Testamentes nicht vorstellbar.

4) ,,*Segen und Fluch*'' des Bundesformulars sind vor dem Hintergrund der sog. ,,schicksalwirkenden Tatsphäre'' gesprochen. Das

braucht hier nicht weiter ausgeführt zu werden.[8] Es genügt festzuhalten, daß der Segen für das Halten des Bundes verheißen, der Fluch für den Bruch des Bundes angedroht wird.[9] Verheißung und Drohung kann man nun auch für die „Zukunftsansage" des Testamentes in Anspruch nehmen, doch sind damit „Zukunftsansage" und „Segen und Fluch" bereits miteinander verwandt, das eine vom anderen abhängig? Die oben getroffene Feststellung, neben dem „Rückblick auf die Vergangenheit" fungiere auch die „Zukunftsansage" als indirekte Verhaltensanweisung, läßt das bezweifeln.[10]

Erinnern wir uns zunächst einmal an das Wort des sterbenden Levi:

„Übt Gerechtigkeit, meine Kinder, auf der Erde,
damit ihr sie im Himmel findet.
Und säet das Gute in eure Seele,
damit ihr es in eurem Leben findet.
Denn wenn ihr Schlechtes sät,
werdet ihr jegliche Unruhe und Trübsal ernten."

(TestLevi 13,5 — 6)

Auch in diesen Worten ist bereits Zukunftsansage enthalten, wenn auch nicht im üblichen Sinn. Levi ruft seine Söhne auf, Gerechtigkeit auf Erden zu üben, um selbst auch Gerechtigkeit im Himmel zu finden. Gleichzeitig warnt er sie, Unrechtes zu tun; denn dadurch würden sie ins Verderben geraten. Beides sind konkrete Zukunftsansagen wie Segen und Fluch auch, nur wird weder gesegnet noch geflucht, sondern ganz rational argumentiert: Die und die Verhaltensweise zieht diese oder jene Konsequenz in der Zukunft nach sich. Das führt Levi seinen Söhnen ganz offen vor Augen; als Legitimation, als Gewähr für die Richtigkeit dieser Behauptungen kann er — dem Duktus des ganzen Testamentes folgend — auf sein eigenes Leben verweisen. Hier zeigt sich wieder einmal die enge Verflochtenheit von „Rückblick auf die Vergangenheit", „Verhaltensanweisung" und „Zukunftsansage".

Ganz ähnlich verhält es sich mit der Ansprache Josuas an das Volk:

„So erkennt nun von eurem ganzen Herzen und von eurer ganzen Seele,
daß kein einziges Wort hinfällig geworden ist von den guten Worten,

---

8 Siehe hierzu den ausführlichen und grundlegenden Aufsatz von K. Koch, Gibt es ein Vergeltungsdogma im Alten Testament?, in ZThK 52, 1955, S. 1—42.
9 K. Baltzer, Bundesformular, S. 159.
10 Zu den folgenden Gedanken siehe auch „Die Lehre der Alten", Bd. I, S. 101 f.

die Jahwe, euer Gott, zu euch geredet hat;
alles ist für euch eingetroffen,
kein einziges Wort davon ist hinfällig geworden!

Wie nun jedes gute Wort über euch gekommen ist,
das Jahwe, euer Gott, zu euch geredet hat,
so wird Jahwe auch jedes böse Wort über euch kommen lassen,
bis er euch entfernt hat aus diesem guten Land,
das Jahwe, euer Gott, euch gegeben hat.

Wenn ihr den Bund Jahwes, eures Gottes, überschreitet,
den er euch anbefohlen hat,
und wenn ihr hingeht und anderen Göttern dient
und vor ihnen niederfallt,
dann wird der Zorn Jahwes gegen euch entbrennen,
und ihr werdet schnell aus dem guten Land verschwinden,
das er euch gegeben hat."

(Jos 23,14 — 16)

Das ist durchaus kein Fluch, den Josua hier ausspricht, sondern eine
Warnung, und eigentlich auch noch mehr als eine bloße Warnung. Josua bleibt nicht dabei stehen zu sagen: Tut das nicht; denn sonst wird
Unheil über euch kommen, sondern er geht noch weiter: Er begründet
seine Warnung, und zwar bezieht er sich bezeichnenderweise auf eine
Erfahrung, die das Volk in seiner jüngsten Vergangenheit selbst gemacht hat. Er kommt seinen Zuhörern argumentativ entgegen, indem er
sie auf ihr eigenes Erleben anspricht: Ihr habt gesehen, wieviel Gutes
Gott euch getan hat, weil ihr ihm gehorsam gewesen seid. Nun bleibt
ihm auch in Zukunft treu, sonst wird sich das Blatt für euch ganz
schrecklich wenden! Man könnte fast sagen, Josua bittet seine Zuhörer
flehentlich, ihre bisherige Haltung auch in Zukunft nicht zu ändern,
sonst würden sie das Wohlwollen Gottes verlieren und seinem Zorn anheimfallen, und alles bisher Erreichte wäre umsonst gewesen. Josua argumentiert, überredet, bittet und warnt, er engagiert sich für das Volk,
dem er ja selbst auch angehört.
Josua hätte das Volk auch mit Fluch bedrohen können, aber das lag ihm
fern. Er will keine übernatürlichen Kräfte in Bewegung setzen, um das
Volk zu bedrohen und zu einer bestimmten Haltung zu nötigen. Er ap-
pelliert allein an die Kraft ihres Verstandes, an ihre Einsicht, an ihre
Vernunft. Deswegen führt er ihnen die Erfahrung ihrer eigenen Vergan-

genheit vor Augen, folgert darauf eine bestimmte Verhaltensanweisung und untermauert sie durch das Aufzeigen der Konsequenzen dieses oder eines konträren Verhaltens für die Zukunft. Diese Art des Argumentierens und Deduzierens hat mit der schicksalwirkenden Tatsphäre von Fluch und Segen wohl nicht mehr viel gemein. Das Element „Zukunftsansage" übernimmt in diesem Rahmen lediglich die Funktion, die Konsequenzen eines bestimmten Verhaltens für die Zukunft aufzuzeigen.

Das ist aber nun nicht die einzige Aufgabe, die der „Zukunftsansage" im Testament zukommt.[11] Die ganze Rede gibt sich ja so, als sei sie schon vor undenklichen Zeiten gehalten. Verhaltensanweisungen für eine längst zu Staub und Asche gewordene Generation aber können den Leser dieser Schrift in der Gegenwart kaum sonderlich berühren. Sie sind aber für ihn allein verfaßt — die Rahmensituation ist ja fiktiv. Also muß er auch irgendwie ins Spiel gebracht, seine Situation angesprochen werden. Die eine Möglichkeit wäre die, es dem Leser selbst zu überlassen, ob er es versteht, den Bezug auf sich und seine Welt herauszuhören (so im TestHiob, TestIIIPatr. und im Testament Deborahs in LibAntBibl 33). Aber so zurückhaltend sind viele Testamente nicht, sie zwingen vielmehr den Leser vor ihre Schranken. Das geht so vor sich, daß der sterbende Patriarch im Anschluß an seine Mahnworte seufzend eingesteht, daß er schon weiß, daß seine Söhne und die folgenden Generationen sich nicht an seine Worte halten und deswegen die angedrohten Konsequenzen eintreten werden (z.B. TestIss 6,1; TestDan 5,4). Dieses Wissen behält er aber nun nicht resignierend für sich, sondern breitet es eindringlich, als Einleitung für einen mehr oder weniger umfangreichen Weissagungsteil, vor seinen Söhnen aus. Er prophezeit ihnen ihr Fehlverhalten und das ihrer Nachkommen durch die ganze Geschichte Israels hindurch bis hin zur Situation der Leser, natürlich in der Form von vaticinia ex eventu. In der Gegenwart von Verfasser und Leser angelangt, die — ohne Diskussion — als Mißstand gewertet wird, gelten nun erst eigentlich alle „damals" gesprochenen Verhaltensanweisungen. Sie sind jetzt um so eindringender, da sich ja im Verlauf der bisherigen Geschichte gezeigt hat, daß tatsächlich alle die üblen Folgen eingetreten sind, die der Patriarch vor Zeiten als Konsequenz eines Verhaltens, das seine Mahnungen in den Wind schlägt, seinen Söhnen vor Augen geführt hat. Das angedrohte Unheil ist eingetroffen. Nun gilt es, diesen Zustand durch ein Leben in Gottesfurcht und Nächstenliebe schleunigst zu revidieren, da sich die Zeiten ihrem Ende nähern. Die Möglichkeit zur Umkehr steht — noch — offen. Sie will und muß genutzt werden.

---

11 Zum Folgenden siehe auch „Die Lehre der Alten", Bd. I, S. 97f. 103—106.

Die Funktion der „Zukunftsansage" im Rahmen des Testamentes, wie sie vorher beschrieben wurde (Aufzeigen der Konsequenz bei Befolgen bzw. Nicht-Befolgen der Verhaltensanweisungen), ist damit weit überschritten — sie ist aber nicht etwa völlig verlassen; denn die Mahnworte *und* deren Konsequenzen gelten ja nun, in der Situation des Lesers, erst recht. Die „Zukunftsansage" in der Form der vaticinia ex eventu wird so für den Leser zum „Rückblick auf die Vergangenheit". Er sieht, wie ein die Lebensanweisungen der großen Alten der Geschichte verachtendes Verhalten ins Unglück führt. Die Väter hatten recht, wenn sie sagten:

> „Den aber, der das Gute nicht tut,
> werden die Engel und die Menschen verfluchen,
> und Gott wird durch ihn geschmäht werden
> unter den Heiden,
> und der Teufel wird ihn bewohnen wie sein
> eigenes Gefäß,
> . . . .
> und der Herr wird ihn hassen."

(TestNaph 8,6)

Die Wahrheit dieses Satzes läßt sich für den Leser dieser Schrift an der verflossenen Geschichte seines Volkes ablesen. Gerade deshalb wird er wohl alles daransetzen, für sein eigenes Leben diese angedrohten Konsequenzen durch ein Gott und den Nächsten achtendes Verhalten zu vermeiden. Die „Zukunftsansage" hat also die Funktion, die Konsequenzen eines bestimmten Verhaltens darzulegen, durchaus beibehalten, auch wenn sie den Charakter von vaticinia ex eventu annimmt. Diese sind nur — von der Sicht des Verfassers her — notwendig geworden, um die ungeheuere Zeitdistanz zwischen der redenden Person in der Vergangenheit und der Gegenwart zu überwinden und so den Leser aus der Rolle des unbeteiligten Zuschauers heraus in die Position des engagierten Mithörers zu drängen.

Nun kommt mit den vaticinia ex eventu allerdings ein Element echter Geschichtsbetrachtung in das Testament mit herein, eine Beobachtung, die nach dem, was zum Unterschied zwischen „Vorgeschichte" und „Rückblick auf die Vergangenheit" ausgeführt wurde, überraschen muß. Wie verträgt sich Geschichtsbetrachtung als Identitätsfindung mit einer Sicht, die in Geschichte lediglich ein hervorragendes Reservoir von Beispielen und Vorbildern erkennen kann? Ich meine, beides verträgt sich in der Tat nicht miteinander. Man muß hier die Frage von primär und sekundär stellen, und dabei fällt auch bald auf, daß das Testament als Gattung durchaus ohne vaticinia ex eventu und deren (immer einheitlichen) Geschichtsentwurf auskommen kann. Eine ganze Reihe der in dieser Arbeit untersuchten Testamente kann darauf verzichten,[12] darunter mit Ausnahme von Tob 14 alle apokryphen und kanonischen Testamente. Die Funktion, die Zeit zwischen der fiktiven Situation und der des Lesers zu überbrücken, kommt der „Zukunftsansage" als Formelement des Testamentes ja zusätzlich zu neben ihrer Aufgabe, die Konsequenzen eines bestimmten Verhaltens aufzuzeigen. Beides geschieht nicht unvermittelt sondern durchaus sinnvoll aufeinander bezogen, aber doch scheint die letztere Aufgabe der „Zukunftsansage" die ursprüngliche zu sein. Das heißt nicht, daß die *Texte*, die Weissagungen in Form von vaticinia ex eventu enthalten, allesamt sekundär wären. Das wäre ein billiger und unangebrachter Schluß, wohl aber, daß die „Zukunftsansage" als Formelement ursprünglich nur die Funktion innehatte, die Konsequenzen einer bestimmten Verhaltensweise aufzuzeigen, und daß ihr die Aufgabe, die zeitliche Distanz mittels vaticinia ex eventu zu überbrücken, erst sekundär zugewachsen ist, eine Erweiterung der *Form* also, nicht des *Textes*.

Die Einwirkung, die zu dieser Veränderung der Form geführt hat, muß von außen herangetragen worden sein, sie kann sich nicht — dem Charakter des Testamentes gemäß — von innen heraus entwickelt haben. Man kann in diesem Fall sogar sehr gut erkennen, woher die Einwirkung gekommen und welcher Art sie gewesen ist: Wie Baltzer[13] festgestellt hat, finden sich in Lev 26 und Dt 28ff. ausgedehnte Fluch- und Segensreihen, deren Zusammenhang mit dem Bund am Tage liegt. Diese Reihen nun wurden zu einem Zeitpunkt stark überarbeitet und ergänzt, als man die über Israel hereingebrochenen Katastrophen als Fluchfolgen erkannte und interpretierte. Die gegenwärtige Zeit, so mußte man sich selbst eingestehen, stand unter dem Fluch des gebrochenen Bundes. Es blieb nur die Hoffnung, durch kompromißloses Hinwenden zu Gott und seinem im Bund niedergelegten Willen den Fluch zu wenden und den für die Bundestreue des Volkes verheißenen Segen heraufzuführen. Das heißt aber nun, daß Fluch und Segen auf bestimmte Zeitetappen bezogen werden konnten. Sie standen also nicht mehr als Alternative zur Wahl, sondern wurden historisiert und einander nachgeordnet. Damit entstand ein ganz bestimmtes Geschichtsbild, das seinen besonders

12 Siehe S. 82.
13 K. Baltzer, Bundesformular, S. 158—160.

nachdrücklichen Niederschlag im dtn. GW gefunden hat. Es hat aber auch weit darüber hinaus gewirkt und ist schließlich zu einem der hervorstechendsten Wesensmerkmale der apokalyptischen Literatur geworden.[14] Sein Eindringen auch in eine Reihe von Testamenten über das Formelement „Zukunftsansage" sollte von daher nicht allzu sehr verwundern.[15] Für die Frage nach der Verwandtschaft zwischen Bundesformular und Testament hinsichtlich der Elemente „Segen und Fluch" und „Zukunftsansage" bedeutet das, daß eine direkte Abhängigkeit des einen vom anderen nicht konstatiert werden kann, da Weissagungen in Form von vaticinia ex eventu im Sinne des oben geschilderten Geschichtsbildes Gemeingut der apokalyptischen Literatur geworden waren und wohl auch erst von daher Eingang in einige Testamente gefunden hatten. Schließlich muß auch noch einmal daran erinnert werden, daß die Funktion der „Zukunftsansage" im Rahmen des Testamentes, die Zeitdistanz zum Leser zu überbrücken, nur eine ihrer beiden Funktionen ist, und daß gerade mit dieser die „Zukunftsansage" als Formelement des Testamentes nicht steht oder fällt.

b. Das Gliederungsprinzip beider Gattungen

Wenn also nun die einzelnen Formelemente von Bundesformular und Testament keine Verwandtschaft miteinander zeigen, könnte es dann nicht aber so sein, daß die ähnliche *Abfolge* der einzelnen Elemente innerhalb der Gesamtform, das Gliederungsprinzip der Form, wie man es auch nennen könnte, auf eine Abhängigkeit des Testamentes vom Bundesformular schließen ließe?[16] Der Duktus: Geschichtsrückblick — Verhaltensanweisung — Zukunftsansage ist doch in beiden Gattungen der gleiche!

1) Bei der Untersuchung dieser Frage ist zunächst die Beobachtung von Bedeutung, daß sich im Testament die Elemente „Rückblick auf die Vergangenheit", „Verhaltensanweisung" und „Zukunftsansage" durchaus wiederholen können. Das liegt in ihrem Charakter und in ihrer

---

14 Siehe die umfassende Untersuchung von O. H. Steck, Israel und das gewaltsame Geschick der Propheten, Neukirchen, 1967.

15 Die Frage, warum dieses Geschichtsbild in die Testamente eindrang, welchem besonderen Zweck es dienen sollte, wäre allerdings noch näher zu überdenken. Es läßt sich hier nur vermuten, daß das Verbindende die gemeinsame Fragestellung bzw. das gemeinsame Problem war: die Gerechtigkeit der Menschen vor Gott. Beide, Testament und vaticinia ex eventu (im obigen Sinn), boten hierzu eine Lösung an. Deshalb sollten wohl auch beide zu Wort kommen.

16 J. Becker, Untersuchungen, S. 157 u.ö.

Funktion aneinander begründet: Die „Verhaltensanweisung" ist ja —
dem Stil des Testaments gemäß — immer wieder auf eine Begründung
(„Rückblick auf die Vergangenheit", Beobachtung der Ordnung in der
Natur) angewiesen, ebenso auf ein Unterstreichen ihrer Zweckmäßigkeit
und Richtigkeit durch das Ausziehen der Konsequenzen in die Zukunft.
Zwar ist die große Abfolge „Rückblick auf die Vergangenheit" —
„Verhaltensanweisung" — „Zukunftsansage" — in den Testamenten
die Regel — und sie ist ja in dieser Reihenfolge auch durchaus sinnvoll
—, doch kann eine Wiederholung dieser Elemente innerhalb eines Testamentes keineswegs störend wirken, im Gegenteil: Je häufiger ein
Mahnwort durch ein entsprechendes Vorbild in der Vergangenheit und
durch einen Hinweis auf die Folgen bei Gehorsam bzw. Nichtgehorsam
untermauert wird, desto weniger ist der Leser gezwungen, diese Worte
rein auf die Autorität des Redenden hin zu akzeptieren, desto mehr
kann er auf seine eigene Einsicht bauen. Ein Musterbeispiel hierfür ist
das TestJuda, in dem sich die drei Elemente nicht nur einmal, sondern
sogar mehrmals wiederholen, und das deshalb keinesfalls etwa aus der
Form des Testamentes herausfällt oder sie auch nur verändert.[17]

Beim Bundesformular ist eine derartige Wiederholung seiner wichtigsten Formelemente in der Regel nicht möglich. Wenn doch einmal *ein*
bestimmter Teil der Form wiederholt wird, dann kann man auch einen
speziellen Grund dafür angeben: In Jos 24,17 z.B. wiederholt das Volk
die ihm vorgetragene „Vorgeschichte" in Kurzfassung. Das ist nicht
einfach als eine geistlose Replik zu verstehen, vielmehr stimmt das Volk
damit der Darstellung der Geschichte, wie sie Josua gegeben hat, ausdrücklich zu. Es handelt sich bei dieser Wiederholung also um einen Akt
der Zustimmung, der Selbstverpflichtung. Damit hätten wir es hier zwar
nicht mit einer Veränderung, wohl aber mit einer Erweiterung der Form
zu tun. Das ist bei einer Wiederholung der Elemente im Rahmen der
Test.-Form nicht der Fall.

Schließlich können die drei Elemente der Test.-Form ihre Abfolge
auch einmal ändern, sie können ihre Positionen vertauschen, besonders
wenn sie sich wiederholen, ohne daß der Rahmen der Form damit bereits gesprengt wäre.[18] Beim Bundesformular ist so etwas ganz undenkbar. Wie könnten etwa „Segen und Fluch" und „Vorgeschichte" ihren
Platz wechseln? Das Bundesformular lebt als Form von der strengen
Abfolge der einzelnen Elemente, da das nachfolgende sich vom vorhergehenden jeweils ableitet und auf ihm aufbaut. Das verhält sich beim
Testament nicht so — im oben beschriebenen Sinn.

17   Siehe hierzu auch „Die Lehre der Alten", Bd. I, S. 38.
18   Siehe „Die Lehre der Alten", Bd. I, S. 38, 100.

2) Die Offenheit der Form des Testamentes gegenüber der strengen Geschlossenheit des Bundesformulars geht sogar so weit, daß der „Rückblick auf die Vergangenheit" oder die „Zukunftsansage" oder sogar alle beide fehlen können — nicht jedoch die „Verhaltensanweisung"[19] —, ohne daß die Test.-Form verlassen oder unkenntlich geworden wäre. Wenn die Basis der Verständigung zwischen dem Sterbenden und seinen Kindern bzw. zwischen Verfasser und Leser bereits sehr groß ist, dann kann es sein, daß die „Verhaltensanweisung" eigentlich keiner Bekräftigung durch Rückblick und Vorblick mehr bedarf.[20]

Beim Bundesformular ist ein Fehlen seiner wichtigsten Elemente unmöglich — die Form würde zusammenbrechen. Ohne „Vorgeschichte" beispielsweise gäbe es keine Orientierung, keine gemeinsame Basis zwischen den Vertragspartnern. Ohne eine an der Vergangenheit der Vertragschließenden gewonnene Orientierung aber könnte kein sinnvoller Vertragsabschluß zustande kommen.[21]

3) Um die These der Abhängigkeit des Testamentes vom Bundesformular, auch hinsichtlich der Abfolge der wesentlichen Einzelelemente, gänzlich zu widerlegen, bedarf es allerdings über das bisher Ausgeführte hinaus noch eines weiteren Schrittes. Wenn die Dreierfolge „Rückblick auf die Vergangenheit" — „Verhaltensanweisung" — „Zukunftsansage", die ja doch in den meisten Testamenten durchgehalten ist, nicht auf das Bundesformular zurückgeht, wo kommt sie dann her? Von Zufall oder Originalität zu sprechen, hat keinen Zweck und ist auch viel zu harmlos; denn eine Literaturgattung fällt nicht vom Himmel, sondern entsteht an einem ganz bestimmten, soziologisch definierbaren Ort im Leben des Volkes, sonst ist es keine echte Gattung sondern lediglich eine Stilform, ein stilistisches Ausdrucksmittel. Die Frage lautet al-

---

19 Das TestHiob ist nur scheinbar eine Ausnahme von dieser Regel; denn hier wird in einem ausführlichen Rückblick auf die Vergangenheit Hiob so intensiv als Vorbild dargestellt, daß es nur noch ganz weniger Mahnworte bedarf, um beim Leser den gewünschten Effekt zu erzielen.

20 Der Rückblick auf die Vergangenheit fehlt im TestMose (AssMose), in LibAntBibl 33, Tobit 4, 1. Kön 2 und Dt 31/34. Die Zukunftsansage fehlt im TestHiob, TestIsaak, in LibAntBibl 33, 1. Makk 2, Tobit 4, 1. Kön 2 und Dt 31/34.

21 Als eine Ausnahme könnte 2. Sam 7 erscheinen, das in seinen Versen 8—16 vermutlich nach dem Bundesformular gestaltet ist, und in dem das Element „Segen und Fluch" fehlt. Es darf hier aber gar nicht stehen; denn es hätte ja keinen Sinn, wenn Gott seinem Vertragspartner, David, Fluch androhen würde, da der Inhalt der Verheißung nur in Segen besteht, und zwar dergestalt, daß ausdrücklich der Segen nicht an ein bestimmtes Verhalten des menschlichen Vertragspartners gebunden ist. Das Bundesverhältnis wird bedingungslos gewährt. (Vgl. meinen Aufsatz „König und Tempel. Der Hintergrund des Tempelbauverbotes in 2 Samuel VII", in: VT 27, 1977, S. 434—453.)

so: Gibt es — abgesehen vom Bundesformular — eine Literaturgattung, die in Intention und Funktion dem Testament verwandt erscheint und die die Weise seiner Argumentation und ihre stilistische Darbietung (den Dreischritt) erklären kann? Eine solche Literaturgattung gibt es nun in der Tat: Es ist die weisheitliche Lehr- und Mahnrede, die ein Erfahrener (Alter, Weiser) an einen weniger Erfahrenen (Jungen, Schüler) richtet, um ihm Regeln und Erfahrungswerte an die Hand zu geben, mit denen er sein Leben am besten meistern kann.[22] Die Parallelität des Dreischrittes in solchen Reden und in einem Testament wurde anhand der ersten Rede des Eliphas von Theman an Hiob bereits ausführlich demonstriert[23] und braucht deswegen hier nicht wiederholt zu werden. Die Besonderheit eines Testamentes diesen Reden gegenüber liegt vor allem darin, daß hier ein Sterbender spricht. Das Phänomen des Todes kommt damit ins Spiel, und das hat häufig zu falschen Schlüssen und falschen Wertungen geführt.[24] Eine oft gehörte Fehleinschätzung ist die, daß ein Sterbender, da er mit einem Bein schon im Jenseits, mit dem anderen aber noch im Diesseits stehe, über ein Wissen und eine Erkenntnisfähigkeit verfüge, die einem Menschen zu Lebzeiten nicht zugänglich sei.[25] Diese Auffassung liegt sicher in einer abendländischen Vorstellung begründet[26] nicht aber in einer alttestamentlichen. Die weisheitlichen Schriften im AT erkennen einem Sterbendem in keiner Weise eine höhere Erkenntnisqualität zu als einem Lebenden.

Sein Vorrang und seine Autorität liegen auf einem ganz anderen Gebiet: In einem Testament sterben ja nie, in keinem einzigen Fall, junge sondern immer nur alte Menschen. Diese Alten nun können allesamt auf ein langes, erfülltes Leben zurückblicken. Wenn sie sterben, so wollen

22 Vgl. zum Folgenden B. Lang, Die weisheitliche Lehrrede, Stuttgart, 1972, und „Die Lehre der Alten", Bd. I, S. 239 f.

23 Siehe „Die Lehre der Alten", Bd. I, S. 102 f.

24 Siehe hierzu „Die Lehre der Alten", Bd. I, S. 237—239: „Die Funktion des Todes".

25 Th. H. Gaster, Myth, Legend and Custom in the Old Testament, New York, 1969, S. 214: (Er spricht von Gen 49) „Like that of Moses, who similarly predicts the future of the tribes of Israel, it reflects a widespread popular belief that dying are prescient. Gradually relinquishing the limitations of mortality, they become increasingly detached from the punctual and momentary and increasingly sensitive to that eternal continuum in which past, present, and future blend and blur. Consequently, that which is yet to come is as immediate to them as that wich now is, and they are able to describe it."
Ähnlich M. de Jonge, Testaments, S. 120: „...for it is only natural that the last words of a dying patriarch contain predictions of the future as well as reminiscences of the past and exhortations for the present..."

26 Zwei berühmte und gern zitierte Beispiele für die Auffassung, Sterbende könnten in die Zukunft sehen, sind: Cicero, De Divinatione I. XXX. 64: „divinare morientes" und Sokrates in Platons Apologie 30,2—4:
„καὶ γάρ εἰμι ἤδη ἐνταῦθα,
ἐν ᾧ μάλιστα ἄνθρωποι χρησμωδοῦσιν,
ὅταν μέλλωσιν ἀποθανεῖσθαι."

sie den reichen Schatz an positiven wie negativen Erfahrungen ihres Lebens nicht für sich behalten, mit ins Grab nehmen, sondern sie wollen ihn nutzbar machen dadurch, daß sie ihn ihren Kindern, ihren Nachfolgern im Amt, den Häuptern und Führern des Volkes bzw. dem ganzen Volk anvertrauen. Einmal gewonnene Erkenntnisse und Einsichten sollen nicht verlorengehen, sondern der nächsten Generation zur Bewältigung ihres Lebens zur Verfügung stehen. Das ist die eigentliche Motivation eines jeden Testamentes. Von überirdischen Qualitäten, die seinen Worten besondere Autorität verleihen, spricht kein einziger Alter in den Testamenten. Allein seine eigene Erfahrung ist es, die ihn zum Reden, Belehren, Ermahnen antreibt, und die relative Unerfahrenheit seiner Zuhörer.

c. Motivation, Intention und Argumentationsweise beider Gattungen

Nachdem nun die einzelnen Formelemente von Bundesformular und Testament und ihre Abfolge einander gegenübergestellt worden sind, wird es sinnvoll sein, die beiden Gattungen insgesamt noch einmal zu konfrontieren und dabei besonderes Augenmerk zu richten auf den Charakter, die Argumentationsweise und die Intention der Gesamtform.

In beiden Gattungen geht es zentral um Verhaltensanweisungen, um Normen. Die Art und Weise aber, wie diese Normen begründet und auch wie sie verbindlich gemacht werden, ist von Grund auf verschieden:

a) *Im Bundesformular* werden die Verhaltensvorschriften begründet in der Geschichte, genauer: in einer bestimmten Geschichtsbetrachtung und -wertung, auf die sich die Vertragspartner einigen und in der sie sich finden.

Aus dieser Orientierung an Geschichte erwachsen bestimmte Normen, Rechtssetzungen, Gesetze. Das geschieht in Konsequenz der vorlaufenden Geschichtsbetrachtung, und diese ist auch bereits auf die Erstellung von Normen ausgerichtet.

Die so gewonnenen Verhaltenseinsichten werden durch einen Vortrag, einen Bundesschluß, fixiert und als verbindlich für die betroffene Gemeinschaft erklärt.

Sie werden durchgesetzt und stabilisiert durch die Verheißung von Belohnung bei Vertragstreue und durch die Androhung von Bestrafung bei Vertragsbruch.

Diese Art, ein bestimmtes Verhalten zu initiieren, zu begründen und durchzusetzen, ist eine typisch juristische. So entstehen auch heute noch staatliche Gesetze, und so werden sie von der Gesellschaft angenommen.

b) Das *Testament* sucht die Begründung seiner Verhaltensanweisungen in der Beobachtung der Ordnung der Natur und in der Erfahrung der älteren Generationen.[27]

Aus Beobachtung und Erfahrung leiten sich Mahnungen, Ratschläge, Belehrungen ab, die der Einsichtige, Alte dem Jüngeren, Unerfahrenen hilfreich anvertraut.

Von diesen seinen Erfahrungen kann der Alte den Jüngeren nur überzeugen durch ständiges Demonstrieren, Argumentieren, Deduzieren. Im strengen Sinn als verbindlich deklarieren kann er sie nicht.

Als Mittel zur Durchsetzung seiner Mahnreden steht ihm nichts anderes zur Verfügung, als zu erklären und immer wieder nachzuweisen, daß laut aller einschlägigen Erfahrung der unter dem Wohlwollen Gottes lebt, der diese Worte beherzigt, daß der aber, der ihnen zuwiderhandelt, ins Verderben gerät.

Diese Art und Weise, zu mahnen und die Mahnung zu begründen, ist auffallend rational. Sie wendet sich an Leute, die Verstand besitzen und die willens sind, ihn auch zu gebrauchen. Im AT wird eine solche Geisteshaltung mit dem Schlagwort ,,weisheitlich'' gekennzeichnet. Man könnte die Weisheit geradezu egozentrisch nennen; denn jeder, der weisheitlich denkt, bezieht zunächst einmal alles, was in seinem Volk, in der Natur, im gesamten Kosmos geschehen ist und noch geschieht, auf sich selbst. Stark überspitzt könnte man sagen: Der Weise und seine Erkenntnisfähigkeit sind der Mittelpunkt der Welt. Das ist keineswegs in hochmütigem Sinn gemeint, weiß doch jeder rechte Weise, ein wie geringes Teilchen er in der großen Ordnung der Natur darstellt. Doch liegt es ganz allein an ihm, diese Weltordnung zu durchschauen und sie auf sein Leben zu beziehen. Diese Aufgabe kann ihm niemand abnehmen, doch kann ihm jemand dabei helfen: Die große Kette der Weisen ist es, die vor ihm gelebt haben und die mit den Erfahrungen ihres Lebens ja nicht hinter dem Berg halten, sondern sie jedermann kundgegeben haben, der nur auf sie hören wollte und noch will. Diesen Schatz an Erkenntnissen kann der Nachfahre nutzen, aber nun nicht so, daß er ihn blind übernimmt sondern in der Art, daß er ihn bereitwillig aufgreift und in seinem Leben auf seine Stichhaltigkeit hin überprüft. In diesem Sinn wird

---

27 G.v. Rad, Weisheit, S. 128: ,,Stammte ein Satz aus der Erfahrung der Väter, so konnte er eigentlich schon a se eine normative Bedeutung für sich beanpruchen.''

für den Weisen die Geschichte zu einer unschätzbaren Hilfe. Ansonsten aber, etwa nach Art des Bundesformulars, erkennt er der Geschichte keine prägende Kraft zu. Sie ist nur Material für die eigene Erkenntnis, leuchtendes oder auch abschreckendes Vorbild. Der Weise sieht in geschichtlichen Abläufen keine ihn und seine „Weisheit" übersteigende Macht. Er würde nie anerkennen, daß geschichtlich gewordene Gegebenheiten ihn bestimmen, in größere Zusammenhänge mitreißen, ohne daß er bei allem Bemühen entscheidenden Einfluß darauf gewinnen könnte. Er selbst hat sein Schicksal in seiner eigenen Hand. Er ist in bestem Sinn „seines Glückes Schmied".

Der „Sitz im Leben" der Test.-Form ist demnach die israelitische Weisheit und deren Träger. Sie teilt ihn mit der Lehr- und Mahnrede, mit der sie gattungsmäßig ja auch sehr eng verwandt ist, wie oben gezeigt wurde. Einige Besonderheiten, die noch kurz angesprochen werden sollen, unterscheiden sie aber von ihr:

1) Da ist zunächst das Auffallendste die außergewöhnliche Situation: Ein Testament ist eine Sterberede und gewinnt von daher ein hervorragendes Gewicht. Nicht der Tod verleiht aber diese Qualität sondern die Tatsache, daß hier ein Mensch am Ende seines Lebens steht, d.h. er ist nicht mehr in der Lage, zusätzliche Erfahrungen einzubringen (in der Lehrrede ja durchaus denkbar). Er steht am Gipfel seiner Erkenntnismöglichkeit; daher ist nun für ihn der rechte und zugleich letzte Zeitpunkt gekommen, die Summe seines Lebens zu ziehen, die gewonnenen Erfahrungen zusammenzufassen und an seine Nachkommen weiterzugeben.

2) Alle Testamente sind natürlich pseudonym. Sie sind nicht wirklich von dem Mann gesprochen, der im Rahmen angegeben ist. Es müßten ja sonst Stenogramme in der Todesstunde gewesen sein. Pseudonymität ist aber keinesfalls zu verbinden mit einer betrügerischen Absicht, im Gegenteil: Die jeweilige Autorität hatte tatsächlich — nach Auffassung der Verfasser und auch der Leser des jeweiligen Testamentes — nach den Maximen gelebt, die nun in dem Testament festgehalten sind. Wenn eine Zusammenfassung der Worte dieses Alten bis dahin nicht existierte, dann war das ein überaus bedauerlicher Mangel, dem jetzt — durch die

Abfassung des Testamentes — abgeholfen werden sollte.[28] Pseudonymität des Verfassers und fiktive Situation als Abschiedsrede auf dem Sterbebett sind als grundlegende Bestandteile der literarischen Form des Testamentes zu werten.

3) Ist es denkbar, daß die Gattung Testament innerhalb des AT ein mündliches Überlieferungsstadium kannte, zwar bereits pseudonym, aber eben zunächst mündlich, bevor die jeweiligen Testamente schriftlich niedergelegt wurden? Bei den weisheitlichen Lehr- und Mahnreden jedenfalls ist eine mündliche Stufe der Überlieferung wohl nicht auszuschließen. Die Frage ist nicht auf Anhieb zu entscheiden, doch gilt für alle in dieser Studie untersuchten Testamente sicherlich, daß sie von Anfang an schriftlich abgefaßt waren. Sie wurden bereits als *Literatur* konzipiert. Das soll nicht heißen, daß es nicht einzelne, vorlaufende Teiltraditionen auch im mündlichen Bereich gegeben hätte, nur vollzog sich die Entstehung des Ganzen in der Test.-Form sicher erst auf der schriftlichen Ebene als bewußter Entwurf eines Verfassers. Die Stilisierung einer oder mehrerer Überlieferungen als ,,Testament des N.N.'' war Literatur.

Es hat sich gezeigt, daß sich im Gegenüber zum Bundesformular das Testament als Gattung in seinen Einzelelementen und insgesamt doch verhältnismäßig genau beschreiben ließ. Es konnte vom einen abgehoben, dem anderen zugeordnet werden, nicht nur äußerlich, formal sondern auch von seiner ihm innewohnenden Intention und Motivation her. Schließlich war es auch möglich, ihm einen echten ,,Sitz im Leben'' zuzuweisen. Wenn nun im weiteren Verlauf nach außerisraelitischen Vorläufern der Test.-Form geforscht werden soll, dann ist dabei zunächst zu berücksichtigen, daß ein tatsächlicher ,,Sitz im Leben'' in Israel bereits ausfindig gemacht werden konnte. Zur Erklärung des Testamentes

---

28 A. Meyer, Religiöse Pseudepigraphik als ethisch-religiöses Problem, in: ZNW 35, 1936, S. 262—279, hat das Motiv, das hinter der Pseudonymität generell steht, so ausgezeichnet erfaßt, daß dem nichts mehr hinzuzufügen ist: S. 277: ,,Mit ganz anderer Gewalt drängen sich dem jüdischen und christlichen Schriftsteller die heiligen Männer auf, die zu seiner Zeit nicht mehr reden konnten. Sie hätten der Jetztzeit ein befreiendes Wort zu sagen, wenn sie eine Feder fänden, die ihre Mahn- und Trostworte niederschriebe — ihr jüdischer und christlicher Vehrehrer, in dem ihre Gedanken und Worte brennend lebendig sind, wagt es, sich in ihren Dienst zu stellen und in ihrem Namen zu schreiben — es gehört sich dann durchaus, daß sein eigener Name zurücktritt — was er schreibt, ist ja Eigentum und die Gabe derer, in deren Auftrag er schreibt.'' S. 279: ,,Wir aber sollten statt von Fälschungen eher von einer antiken Form der dichterischen Schöpfungskraft reden, die sich bemüht, alte Gestalten erneut zum Reden zu bringen, und zwar so wirklich und wirkungsvoll wie möglich, damit die Wahrheit heute wie ehemals einen würdigen Mund und erfolgreiche Vertretung fände.''

als Gattung sind also außerisraelitische Vorläufer bzw. Parallelen nicht unbedingt vonnöten. Da aber Israel im Bereich der gemeinorientalischen Weisheit weitaus mehr der empfangende Teil als der gebende gewesen ist, kann auch hier ein Einfluß von außerhalb nicht ausgeschlossen werden, ja er ist sogar wahrscheinlich. Interessant wäre vor allem herauszufinden, ob es dem Einfluß des Alten Orients zuzuschreiben ist, daß sich neben der allgemeineren Form ,,Lehr- und Mahnrede'' die so viel speziellere des Testamentes herausgebildet hat. Das könnte etwa heißen, daß das Testament als literarischer Träger von Weisheit bereits in fertig abgeschlossener Form von Israel aus dem Orient übernommen wurde ähnlich wie auch andere weisheitliche Gattungen. Auf diese Frage wird sich die weitere Untersuchung konzentrieren.

DER GATTUNG „TESTAMENT" VERWANDTE SCHRIFTEN IN DEN LITERATUREN DES ALTEN ORIENTS

§ 1 GATTUNGSVERWANDTE SCHRIFTEN IM MESOPOTAMISCHEN KULTURKREIS

Einleitung:

Die Suche nach Schriften, die dem israelitischen Testament nach Form, Inhalt und Charakter verwandt erscheinen, gestaltet sich im mesopotamischen Bereich aus mehreren Gründen schwierig. 1) Es ist zwar angebracht, vom „mesopotamischen Kulturkreis" zu reden, aber nur, wenn man sich zugleich immer bewußt ist, es hier mit einer Reihe ganz verschiedener Völker zu tun zu haben, deren literarisches Schaffen zu den verschiedenen Zeiten auch ganz unterschiedlich ausgeprägt war. Zwar sind sie kulturell weitgehend untereinander verbunden, nicht zuletzt durch das gleiche Schriftsystem, doch können die mannigfachen Eigenheiten der einzelnen Völker keinesfalls nur als je verschiedene Akzentuierungen einer im Grunde einheitlichen Kultur beurteilt werden. Diese Grundvoraussetzung muß bei einer Prüfung des Schrifttums dieses Kulturbereiches stets mitbedacht werden.[1] 2) Es ist offenbar nicht möglich, sich von der israelitischen Weisheit ausgehend nun einfach der mesopotamischen zuzuwenden. Zwar gibt es dort eine Reihe von Schriften, die durchaus mit der Weisheit, wie sie uns im Alten Testament begegnet, in Beziehung gesetzt werden können, doch fallen sogleich Unterschiede ins Auge, die es ratsam erscheinen lassen, nicht zu eilfertig den aus dem Altem Testament erhobenen Begriff „Weisheit" an diese Schriften heranzutragen, um nicht durch die Verwendung des gleichen Begriffes eben diese Unterschiede zu schnell zuzudecken.[2] 3) Schließlich

---

1 Kontinuität und Diskontinuität in der Geschichte der mesopotamischen Religion (und damit auch der Kultur) werden unter Bezug auf die Forschungsgeschichte beschrieben bei J. Nougayrol, Einführende Bemerkungen zur babylonischen Religion, in: U. Mann (Hrsg.),Theologie und Religionswissenschaft, Darmstadt, 1973, S. 28—46.

2 Dieses Problem hat offenbar W. G. Lambert deutlich vor Augen gestanden, der einerseits seinem Buch den Titel „Babylonian Wisdom Literature" gegeben hat, andererseits aber auf der ersten Seite diesen Begriff wieder zurückweist: „'Wisdom' is strictly a misnomer as applied to Babylonian literature."

haben die Auswertung der bisher gefundenen Texte und ihre philolo-
gisch exakte Erschließung leider noch nicht den Stand erreicht, der fun-
dierte Urteile, gerade im Vergleich mit den Literaturen anderer Kultur-
kreise, zuließe.

Nur unter Berücksichtigung dieser Vorbehalte kann im Folgenden
eine Gegenüberstellung des israelitischen Testamentes mit Schriften aus
dem mesopotamischen Raum, die diesem verwandt erscheinen, unternommen werden.

1. Die Lehre des Šuruppak

Übersetzung:
S. N. Kramer, Literary texts from Ur VI, part II in: Iraq 25, 1963, S. 171—176

Text und Übersetzung:
B. Alster, The instructions of Suruppak. A sumerian proverb collection, Kopenhagen, 1974 (Mesopotamia 2)[3]

Lange Zeit waren von dieser Lehre nur einige sumerische und akkadische Fragmente publiziert, die kaum eine Beurteilung des Werkes als
ganzes ermöglichten. B. Alster hat nun alle bekannten Fragmente zusammengestellt, ediert und versucht, die Schrift insgesamt zu rekonstruieren, so daß jetzt für eine literarische Untersuchung dieser vielleicht
ältesten Dichtung der Welt eine genügend sichere Basis gegeben ist.
Anfang:
,,In those days, in those far remote days,
in those nights, in those far-away nights,
in those years, in those far remote years —
in those days, the intelligent one, who made the
elaborate words, who knew the (proper) words,
and was living in Sumer,
Suruppak — the intelligent one, who made the elaborate
words, who knew the (proper) words,
and was living in Sumer —
Suruppak gave instructions to his son,
Suruppak, son of Ubartutu, gave instructions to his
son Ziusudra:
My son, let me give you instructions, may you take my
instructions!

3 Im Folgeband ,,Studies in sumerian proverbs'' diskutiert B. Alster literarische Probleme dieser Lehre im Zusammenhang sumerischer Spruchliteratur.

Ziusudra, let me speak a word to you, may you pay
   attention to it!
Do not neglect my instructions!
Do not transgress the word I speak!
The instructions of an old man are precious,
   may you submit to them!
Do not buy an ass…''

(Zeile 1 — 14)

Dieser Anfangsrahmen wird in verkürzter Form im Korpus der
Schrift noch zweimal wiederholt (Zeile 78 — 87 und 147 — 157).

Schluß:

,,For the instructions of Suruppak,
   which Suruppak, son of Ubartutu, gave as instructions,
   which befit the queen of all great tablets,
   praise be to Maiden Nisaba!''

(Zeile 279 — 282)

Den *Inhalt* der Schrift kennzeichnet Kramer so:

,,There, then, follow the instructions which, as far as I
   can understand the text at present, concern especially one's
   conduct towards others; for example, not to be quarrelsome,
   not to have intercourse with a servant girl, not to trespass
   on the property of another, not to be two-faced, not to
   curse or boast, not to use corporal punishment readily,
   not to travel alone, to treat an older brother and sister
   like a father or mother, etc. etc. Interspersed troughout
   the next are also maxims and old saws concerned with the
   idler, the liar, the rich man, the bachelor, the violent
   man, good and evil, love and hate, the noble and the
   powerful, etc.''[4]

Die fiktive Situation, in der der Text verstanden sein will, ist die Zeit unmittelbar nach der großen Flut: Da es die Schlechtigkeit der Menschen
war, die die Sintflut heraufbeschwor, soll nun der überlebende Teil der
Menschheit — verkörpert in dem Flutheld Ziusudra — durch eine Reihe
von Verhaltensmaßregeln in die Lage versetzt werden, den Göttern

4 S.N. Kramer, Literary texts, S. 175.

wohlgefällig zu leben, um so eine neue Flut, eine neue Menschheitskatastrophe, zu verhindern.

So anschaulich und leicht verständlich die im Text vorausgesetzte Situation auch ist, so unklar bleibt doch, wer hier eigentlich redet: Šuruppak ist sonst nur als der Name einer Stadt bekannt. Hier aber tritt ein Mann dieses Namens auf, Sohn des Ubartutu, der seinen Sohn Ziusudra belehren will. Dabei handelt es sich nicht um irgendwelche beliebigen Anweisungen sondern um Regeln, Lebensregeln, die wertvoll sind, offenbar doch, weil sie auf Lebenserfahrung gründen. Dem Sohn wird es gutgehen, wenn er sich nach ihnen richtet; er wird ins Verderben geraten, wenn er sie verachtet. Die Schrift enthält ausschließlich Ermahnungen, die allesamt das tägliche Leben betreffen, das Verhältnis des einzelnen zu seinen Mitmenschen. Die Beziehung zu den Göttern scheint kaum berücksichtigt zu sein. Es finden sich nur gelegentliche Anklänge (so z.B. Zeile 145: ,,A word of prayer is a year of abundance''). Daß die Ermahnungen nicht den Charakter von juristischen Ge- und Verboten tragen, sondern daß es sich um Empfehlungen, Belehrungen, Hinweise und Ratschläge handelt, darf man sowohl aufgrund des Inhalts wie auch besonders des Anfangsteiles annehmen; denn der Vater will belehren, der Sohn soll aufmerken — man wird dabei stark an die Redeeinleitungsformel des Testamentes erinnert. Wenn auch Wortwahl und Aufbau dieser Sätze etwas anders sind, ihre Funktion ist doch die gleiche wie im Anfangsrahmen eines Testamentes.

Den bisher beschriebenen Ähnlichkeiten zwischen dieser Lehre und der Test.-Form (ein erfahrener Alter — eine Autorität der Vergangenheit — gibt einem Jüngeren, seinem Sohn, Mahnungen, Verhaltensanweisungen zu einem erfüllten Leben weiter; seine Worte eröffnet er mit einer Redeeinleitungsformel) stehen jedoch auch gewichtige Unterschiede gegenüber: Es verlautet nirgendwo, weder direkt noch indirekt, etwas, das auf den bevorstehenden Tod des Redenden hinweisen würde. Auch im kurzen Schlußrahmen der Schrift fehlt jede derartige Andeutung. Ein Hinweis darauf, daß der redende Alte sich dem Ende seines Lebens nähert und sich deshalb veranlaßt sieht, seine Lebenserfahrungen weiterzugeben, eine solche Andeutung zumindest scheint doch für ein Testament unabdingbar zu sein. Deshalb wird man wohl trotz aller Ähnlichkeit vor allem in der Intention diese Lehre und die israelitische Test.-Form zwar als verwandt, nicht aber als gattungsmäßig identisch beurteilen müssen. Es bleibt allerdings noch zu fragen, ob die Lehre des Šuruppak eine singuläre literarische Einzelerscheinung darstellt oder tatsächlich als Vertreter einer echten Gattung anzusehen ist. Dann allerdings müßten sich noch weitere ,,Lehren'' ausfindig machen lassen, die vielleicht auch darüber Auskunft geben könnten, ob doch generell in der Rahmensituation einer derartigen ,,Lehre'' ein Hinweis auf den nahenden Tod des Redenden enthalten ist. Danach speziell wird im Folgenden zu fragen sein.

2. Bruchstücke einer 2. sumerischen Lehre

Übersetzung:
J. J. A. van Dijk, La sagesse suméro-accadienne, Leiden, 1953, S. 105 — 107
H. H. Schmid, Weisheit, S. 231 (auszugsweiser Nachdruck)[5]

Die drei Fragmente, von denen hier die Rede sein soll, werden üblicherweise mit den Sigla SK 204, SK 205 und TRS 93f. bezeichnet. Von diesen dreien beurteilt van Dijk das Bruchstück SK 205 lediglich als eine etwas unterschiedliche Rezension von SK 204, so daß es deshalb hier nicht berücksichtigt zu werden braucht.

Keines der drei Bruchstücke enthält einen Rahmen, so daß völlig offen bleiben muß, wer hier redet — denn um eine Rede handelt es sich durchgängig —, wer angesprochen wird, und vor allem, welche Situation vorliegt. Was man allein erkennen kann, ist, daß hier irgendjemand einen anderen belehrt. Der, der redet, scheint in allen wichtigen Dingen des täglichen Lebens erfahren zu sein: im Umgang mit den Mitgliedern der eigenen Familie (Mutter und Vater, älterer Bruder und ältere Schwester), mit den Mitmenschen (Mächtige, Streitsüchtige und Übeltäter, Freigebige, Arme, Gegner im Kampf, Starke, Reiche) und mit den Göttern. Der Angeredete scheint noch jung, auf jeden Fall unerfahren zu sein.

Für einen Vergleich mit der ,,Lehre des Šuruppak'' läßt sich nur so viel feststellen: Es handelt sich in beiden Fällen um eine Lehr- bzw. um eine Mahnrede, die individuelle Ratschläge für die Bewältigung des täglichen Lebens enthält, hier auch einschließlich des Verhaltens gegenüber den Göttern. Inhaltlich zeigen die jeweiligen Mahnungen vielfältige Berührungspunkte, was aber nicht unbedingt auch dazu verleiten sollte, auf literarische Abhängigkeit zu schließen. Es wird sich eher um Standardtopoi dieser Literaturart handeln.

---

5 Da diese Übersetzungen leicht zugänglich sind, und den drei Bruchstücken für den Vergleich mit der Test.-Form auch nur untergeordnete Bedeutung zukommt, kann hier auf die Wiedergabe des Textes verzichtet werden.

Von der Gattung her kann man die drei Bruchstücke am ehesten mit dem Spruchbuch des AT vergleichen. Irgendwelche Hinweise, die auf die speziellere Form des Testamentes zielten, fehlen völlig.

3. Fragmente einer Weisheitslehre aus Ugarit (R.S. 22.439)

Übersetzung:

J. Nougayrol, Les sagesses babyloniennes: études récentes et textes inédits, in: SPOA, 1963, S. 41 — 51

Text und Übersetzung:

J. Nougayrol, Sagesse (R.S. 22.439), S. 273—290. 436—437 (akkad. Version);

E. Laroche, Sagesse bilingue, S. 779 — 784 (hethitische Version); beide in: Ugaritica V (Mission de Ras Shamra XVI), Paris, 1968

Nougayrol teilt mit, daß diese Lehre 1959 von Schaeffer bei den Ausgrabungen in Ugarit gefunden worden sei, und zwar nicht im königlichen Palast sondern in einem Privathaus. Sie bestehe aus zwei ziemlich umfangreichen Fragmenten. Obwohl die archäologische und epigraphische Umgebung diese Bruchstücke in das 13. Jahrhundert datiere, möchte doch Nougayrol für die neugefundene Lehre babylonischen Ursprung annehmen, wobei er sich sowohl auf typische Abschreibfehler wie auf das Vorkommen babylonischer Götternamen stützen kann.

Glücklicherweise ist in den Fragmenten der Anfang dieser Lehre anscheinend vollkommen erhalten, was für den Vergleich mit der ,,Lehre des Šuruppak" und den alttestamentlichen Testamenten sicher von grossem Nutzen sein wird. Der Anfang lautet nach der Übersetzung Nougayrols:[6]

,,Écoutez le conseil de Šubeawîlim, dont l'entendement
　　était comme (celui) d'Enlilbanda,
Le sage conseil de Šubeawîlim, que, de son entendement,
　　Enlilbanda gratifia.
De sa bouche sortaient les règles éternelles pour les
　　pauvres humains,
(De sa bouche) est sorti le conseil pour Zuraku (?)
　　son fils aîné,
(À qui) il a donné cet avertissement solennel:
Mon fils..."

6 Les Sagesses, S. 48.

Ein Mann, der wohl als weiser Ratgeber weithin berühmt gewesen war — eine Autorität der Vergangenheit, wie auch Nougayrol vermutet —, gibt seinem ältesten Sohn Ratschläge für dessen weiteren Lebensweg mit. Obwohl die Lehre mit einem Aufruf an mehrere Zuhörer beginnt, wird doch im Folgenden unzweideutig klar, daß die Ratschläge des Weisen an einen Sohn allein adressiert sind. Dieser Sohn scheint, so ergeben die weiteren Ausführungen, im Begriff zu sein, das Vaterhaus für eine Reise zu verlassen, die möglicherweise die ,,Reise des Lebens'' symbolisiert.[7]

Darauf weist hin, daß die Ratschläge des Vaters sehr bald das spezielle Thema ,,Reise'' verlassen und allgemeinmenschliche Probleme verschiedenster Art anschneiden: Benehmen auf der Straße, Nichtbeachten von üblen Gerüchten, Sicherung des Eigentums vor der eigenen Gattin und vor Fremden, Rinderkauf wie auch Heirat zur rechten Zeit, Bewußtsein der kurzen eigenen Lebensdauer. Der Abschluß dieser Belehrung ist leider verstümmelt.

Im Anfangsrahmen gleicht diese Lehre der des Šuruppak: Sie nennt den Namen des Redenden und charakterisiert ihn kurz (als berühmten Weisen); weiter teilt sie den Namen des Adressaten der Rede mit und sein Verhältnis zum Sprechenden: Sohn. Über die Situation läßt sich in diesem Fall leider nichts ausmachen, aber das mag an unserer Unkenntnis der beiden Namen liegen. Der Charakter des Inhaltes beider Reden ist ebenfalls gleich: Es sind Mahnreden, Aufrufe und Anleitungen, sich im täglichen Leben korrekt zu benehmen.
Wie in der ,,Lehre des Šuruppak'' fehlt auch hier ein Schlußrahmen bzw. er ist uns unbekannt. Schließlich läßt sich auch kein Hinweis finden, der auf den baldigen Tod des Redenden schließen ließe.

Demnach trifft für die ,,Weisheitslehre aus Ugarit'' das gleiche Urteil zu wie für die ,,Lehre des Šuruppak'': Die Verwandtschaft mit den alttestamentlichen Lehr- und Mahnreden läßt sich ohne weiteres feststellen, eine Beziehung zur spezielleren Form des Testamentes hingegen fehlt.

4. Die ,,Counsels of Wisdom''

Übersetzung:
W. G. Lambert, Babylonian Wisdom Literature, Oxford, 1960, S. 99 — 107

Die ,,Counsels'' sind, wie der Titel schon anzeigt, eine Sammlung von Ratschlägen vermutlich aus der Kassitenzeit, die meist in Imperativform

---

7   So J. Nougayrol, ebd.

vor dem einen Verhalten warnen, das andere anempfehlen. Dabei lassen
sich gut einzelne Sinnabschnitte erkennen. Es werden nacheinander verschiedene Themen angeschnitten, die — mit einer Ausnahme (Ratschläge für einen Wesir) — alle das mitmenschliche Zusammenleben betreffen. Es sind der Reihenfolge nach:

Warnung vor schlechten Freunden,
unschickliche Rede,
Warnung vor Streit und Besänftigung von Gegnern,
Hilfe für Notleidende,
Warnung vor Heirat einer Sklavin und einer (Kult)dirne,
die Versuchung eines Wesirs,
Pflichten gegenüber den Göttern,
Umgang mit Freunden.

Die einzelnen Topoi werden sentenzartig nacheinander abgehandelt,
mit einzelnen Wiederholungen. Dabei fällt nur ein einziges Mal die Anrede: „mein Sohn". Nur daraus läßt sich schließen, daß hier ein Älterer
einen Jüngeren, ein Erfahrener einen Unerfahrenen belehrt, wobei
durchaus nicht die Situation der Familie (Vater — Sohn), sondern ebenso gut die der Schule (Lehrer — Schüler) im Hintergrund stehen kann.
Über Näheres könnte ein Anfangs- und Schlußrahmen Auskunft geben,
aber beide fehlen hier; denn auch dieser Text ist leider nur fragmentarisch überliefert. Immerhin scheint das Gros des Mittelteiles der Schrift
— nach Mutmaßungen Lamberts[8] — erhalten zu sein, so daß ein Urteil
über den Charakter der „Counsels" doch auf einigermaßen sicherem
Boden steht: Es handelt sich um eine Lehr- und Mahnrede weisheitlicher
Art, die Anweisungen gibt hinsichtlich des Verhaltens den Mitmenschen
und den Göttern gegenüber. Damit zeigt sie sich den „Bruchstücken
einer 2. sumerischen Lehre", aber auch der „Lehre des Šuruppak" und
der „Weisheitslehre aus Ugarit" verwandt. Darüber hinausgehende
Formähnlichkeiten mit der israelitischen Test.-Form fehlen.
   Nun hat Lambert im Anschluß an die „Counsels" noch zwei kleinere
Fragmente veröffentlicht, die ganz offensichtlich zur gleichen Kategorie
von Texten gehören wie diese. Das eine von ihnen lautet:

8 Wisdom, S. 96.

,,A learned man. (. . .

In wisdom. (. . .

,Come, my son (. . .

To the command which (. . .

(Take) in my advice (. . .

One who is no savant (. . .

Excelling in. (. . .' ''

Wenn Lamberts Vermutung zutrifft, daß wir in diesem kleinen Fragment möglicherweise die wenigen verlorengegangenen Zeilen der
,,Counsels'' vor uns haben, dann ließe sich über die Form des Textes
einiges mehr aussagen: Der Redende wird als ein gelehrter, weiser Mann
vorgestellt, als Autorität. Ob er namentlich erwähnt wird oder anonym
bleibt, läßt sich nicht mehr feststellen. Er eröffnet seine Worte an seinen
Zuhörer (,,Sohn'') mit einer Redeeinleitungsformel, die im Wortlaut
zwar etwas von denen der Test.-Form abweicht, aber doch die gleiche
Funktion erfüllt.

Damit würden die ,,Counsels'' der gleichen Gattung angehören wie
die ,,Lehre des Šuruppak'' und die ,,Weisheitslehre aus Ugarit'', soweit
der fragmentarische Charakter aller drei Texte einen Vergleich überhaupt zuläßt. Es wäre wohl auch berechtigt, nun bereits von einer echten Gattung zu sprechen; denn die drei Schriften stimmen offensichtlich
überein in den äußeren Merkmalen, aber vor allem auch in Intention,
Motivation und Weise der Argumentation. Von der israelitischen Test.-
Form sind sie — bei aller Verwandtschaft im Rahmen der weisheitlichen
Belehrung — doch noch deutlich geschieden dadurch, daß jeglicher
Hinweis auf den unmittelbar bevorstehenden Tod des Redenden fehlt.
Der nahende Tod als Anlaß und Antrieb zur Weitergabe von Erfahrung
scheint bei diesen Lehren nicht im Blickfeld zu sein.

5. Die Sprüche Achikars

Übersetzung:
    H. Greßmann in: AOT, S. 454 — 462;
    H. L. Ginsberg in: ANET, S. 427 — 430

1906/07 wurde auf der Nilinsel Elephantine eine aramäisch abgefaßte
Schrift gefunden, die teils unter dem Namen ,,Sprüche Achikars'', teils
als ,,Achikar-Roman'' bekannt geworden ist. Diese Doppelbenennung
liegt in dem kompositorischen Charakter der Schrift begründet: Sie setzt
sich augenscheinlich aus zwei Teilen zusammen, einem romanhaften

und einem spruchartigen. Der auf Elephantine aufgefundene Papyrus stammt aus dem 5. Jhdt. v. Chr.; die Schrift selbst — in komponiertem Zustand — mag ein Jahrhundert älter sein,[9] kommt demnach als Vorläufer der alttestamentlichen Test.-Form nicht mehr in Frage. Dieses Urteil trifft aber nicht zugleich auch auf die beiden Einzelteile der Schrift zu. Hier wird in beiden Fällen gesondert nach Alter, Herkunft und möglicher Einwirkung auf die Test.-Form zu fragen sein.

Die ,,Sprüche Achikars'' beginnen zunächst mit einem kurzen Einleitungsstück:

,,Sprüche Achikars mit Namen, des weisen und gewandten
    Schreibers,
  der seinen Sohn unterrichtete, Nadin mit Namen,
    seinen Schwestersohn,
  indem er dachte: ,Ein Sohn wird er mir sein.'
  Anfang seiner Worte.''

Diese einleitenden Sätze nennen den Namen des Redenden und des Adressaten der Rede, dazu das Motiv, den Grund, warum die folgenden Worte ergehen: Achikar, der ,,weise und gewandte Schreiber'', also eine hochgestellte Persönlichkeit, eine Autorität, will seinen Neffen Nadin adoptieren und ihn zu einem tüchtigen Sohn, der Stellung des Vaters angemessen, erziehen.

Nun sollte man im Anschluß an diese kurzen, einführenden Worte sogleich die angekündigten Belehrungen erwarten, aber das geschieht noch nicht.

Zunächst berichtet Achikar im Stile einer Autobiographie über einen hochwichtigen Abschnitt aus seinem Leben: Er stellt sich zuerst vor so, als ob das nicht schon bereits im Eingangsteil geschehen wäre. Sodann gibt er eine Begründung für die ins Auge gefaßte Adoption seines Neffen an. Dabei fallen die interessanten Worte:

,,Ich bin alt, und wer wird mir Sohn sein nach
  meinem Greisenalter und meinem Tode und wer
  wird Schreiber und Siegelbewahrer sein für
  Asarhaddon, den König, wie ich es war für
  Sanherib, den König von Assyrien?''

(Zeile 6 — 8a)

9 So H.L. Ginsberg, ANET, S.427.

Achikar ist alt und rechnet mit seinem Tode. Deshalb unterweist er seinen Sohn bzw. Neffen. Das ist überraschenderweise genau das Motiv, aus dem heraus die Patriarchen in den Testamenten redeten. Der Unterschied besteht allein darin, daß in den Testamenten in der Regel der Ältere dem Jüngeren Anweisungen erteilte, die ihn befähigen sollten, das Leben in allen seinen verschiedenen Bereichen zu bewältigen, während Achikar seinen adoptierten Sohn allein daraufhin erziehen will, daß dieser einmal in der Lage und fähig sein soll, sein Amt als königlicher Schreiber und Siegelbewahrer zu übernehmen. Darin sollte man jedoch nicht mehr als eine Akzentuierung sehen; denn das Amt des Schreibers erforderte sowohl Allgemeinbildung wie auch Menschenkenntnis und gediegene Umgangsformen, so daß eine umfassende Schulung zu seiner Ausbildung vonnöten war.

Achikar will also seine Nachfolge im Amt regeln. Da er keine eigenen Söhne hat, adoptiert er seinen Neffen Nadin und unterweist ihn, indem er ihn „das Gute" (Z. 9) lehrt. Worin dieses Gute besteht, wird nicht mitgeteilt, ganz im Gegensatz zur Test.-Form. Achikar berichtet lediglich das Faktum der Erziehung, ohne auf den Inhalt auch nur im Geringsten einzugehen. So überraschend das oben angegebene Motiv der Unterweisung dem der Test.-Form ähnelt, so befremdlich muß das Schweigen über den Inhalt dieser Unterweisung wirken. Damit ist die Grundintention der Test.-Form, via Sohn bzw. Nachfolger den Leser zu belehren, völlig aufgegeben. Von einer Verwandtschaft des romanhaften Teiles der „Sprüche Achikars" mit dem Testament kann damit bereits nicht mehr gesprochen werden.

Nachdem Achikar die Erziehung seines Adoptivsohnes für abgeschlossen hält, bringt er ihn vor den König. Der prüft ihn inmitten seiner Hofleute, und Nadin bleibt tatsächlich keine Antwort schuldig. Asarhaddon würdigt daraufhin die weise und verständige Erziehung Achikars. Zu einem späteren Zeitpunkt stellt er dann auf Wunsch Achikars dessen Neffen als Amtsnachfolger seines Onkels ein, als „Schreiber, Ratgeber und Siegelbewahrer" (Z. 20). Doch Nadin lohnt die Erziehung und die Protektion seines Onkels mit Undank. Er verleumdet ihn vor dem König, daß er das Land Assyrien aufwiegele. Asarhaddon, voll Furcht und Zorn, gibt einem seiner Obersten Befehl, Achikar zu töten. Der aber bringt es nicht übers Herz, sondern verschont Achikar und verbirgt ihn in seinem eigenen Haus aus Dank wegen eines ganz ähnlichen Dienstes, den Achikar ihm zu Zeiten Sanheribs geleistet hatte. Die zur Kontrolle ausgesandten Beamten des Königs finden einen „Ersatzleichnam" vor. Der Schluß des romanhaften Teiles ist leider nicht mehr erhalten. Man kann jedoch vermuten, wie die Geschichte ausgegangen ist:

Asarhaddon vermißt den klugen Rat Achikars und bereut, daß er ihn hat töten lassen. Daraufhin eröffnet ihm jener seinerzeit mit der Tötung Achikars beauftragte Oberste, daß Achikar noch lebe. Voll Freude begnadigt ihn Asarhaddon und setzt ihn wieder in seine Ämter ein. Der verleumderische Nadin aber findet seine verdiente Strafe.

Zur zeitlichen Ansetzung des Romanes helfen die beiden angegebenen Königsnamen Sanherib und Asarhaddon weiter. Wenn Ginsberg die Entstehung der Komposition der ,,Sprüche Achikars'' mit dem ,,Achikar-Roman'' in das 6. Jhdt. v. Chr. ansetzt, dann kann der romanhafte Teil nicht sehr viel älter als diese sein (Sanherib: 705 — 681; Asarhaddon: 681 — 669). Es steht daher sogar zu vermuten, daß wir es bei der Entstehung der ganzen Schrift gar nicht mit drei, sondern lediglich mit zwei Stufen zu tun haben: der Abfassung der ,,Sprüche'' und dem Einbau des ,,Romans''. Der ,,Achikar-Roman'' hat also möglicherweise niemals als eigenständige Schrift existiert, sondern stammt vielmehr von der gleichen Hand, die ihn in die ,,Sprüche Achikars'' einfügte.

Mit Zeile 79 setzen die Sprüche ein, die der Eingangsrahmen ankündigte, ohne daß die geringste Verbindung zum vorhergehenden romanhaften Teil erkennbar wäre — ganz so wie zwischen diesem und dem Eingangsrahmen. Die Sprüche selbst sind denkbar umfassend; die verschiedensten Bereiche menschlichen Verhaltens werden angesprochen: das Selbstverständnis des einzelnen, seine Einstellung gegenüber seiner Familie, seinen Bediensteten, seinen Freunden und Feinden, dem König und den Göttern. Den mannigfaltigen Inhalten entsprechen auch differenzierte Formen. So finden sich neben dem Ge- oder Verbot auch Lehrsprüche, Lehrreden, Tier- und Pflanzenfabeln,[10] Naturvergleiche und ein Zahlenspruch. Die direkte Anrede, mehrmals an den ,,Sohn'', ist häufig verlassen zugunsten einfacher, überpersönlicher Feststellungen.

Im ganzen kann man sagen, daß diese Spruchsammlung den biblischen Proverbien in Form und Inhalt sehr nahe kommt. Nicht zufällig finden sich in der Übersetzung von Greßmann beständig Verweise auf dieses Buch. Aber auch zu den anderen bisher verhandelten mesopotamischen Lehren besteht ein enges verwandtschaftliches Verhältnis sowohl inhaltlicher Art als auch von der Form her, wenn man den Eingangsteil der ,,Sprüche Achikars'' mit dem Spruchteil als eine ursprüngliche Einheit zusammennimmt, was sicherlich berechtigt ist. Man sollte

---

10 Die Unterhaltung des Brombeerstrauches mit dem Granatapfelbaum erinnert sehr an die alte, akkadische Pflanzenfabel ,,Wettstreit der Dattelpalme mit der Tamariske''.

daher besser von der „Lehre Achikars" sprechen (den romanhaften Teil
ausgeschlossen), um so die Gattung dieser Schrift deutlicher hervorzuheben. Das Alter dieser Lehre ist schwer zu bestimmen; es fehlen durch-
gehend deutliche Anhaltspunkte — wie bei den anderen Lehren auch.
Das heißt aber auch andererseits, daß die verhältnismäßig späte Datierung des „Achikar-Romans" in das 6. Jhdt. für die „Lehre Achikars"
nicht verbindlich ist. Auf assyrischen Ursprung weist in der „Lehre"
nichts mehr hin.

Wie den anderen Lehren so ermangelt auch der „Lehre Achikars" jeglicher Hinweis auf den bevorstehenden Tod des Redenden. Ein solcher
findet sich allein im romanhaften Teil, nicht aber in der „Lehre". Eine
engere Gattungsverwandtschaft mit dem israelitischen Testament läßt
sich daher nicht konstituieren.

Zusammenfassung:

Es hat sich im Verlaufe dieses Paragraphen gezeigt, daß die hier behandelten Schriften mit großer Wahrscheinlichkeit tatsächlich einer gemeinsamen Gattung, der „Lehre", angehören. Zugleich mit dieser Feststellung muß aber wieder in Erinnerung gerufen werden, was in der Einleitung generell als Vorbehalt gesagt wurde. So ist z.B. kein einziger
Schlußrahmen der fünf Schriften mehr erhalten; sie alle sind uns bisher
nur als Fragmente zugänglich. Darüber hinaus bereitet die zeitliche Ansetzung der fünf Lehren größte Schwierigkeiten, ebenfalls in den meisten Fällen ihre geographische Herkunft und damit mögliche traditions-
geschichtliche Zusammenhänge. Die Einheit der Gattung ist noch das
relativ Sicherste, was sich feststellen läßt.

Der Vergleich mit der israelitischen Test.-Form zeigt einerseits eine
nahe Verwandtschaft im größeren Rahmen der weisheitlichen Belehrung, der Lehr- und Mahnrede, andererseits jedoch einen bemerkens-
werten, grundlegenden Unterschied dadurch, daß jeder Hinweis auf den
bevorstehenden Tod des Redenden fehlt. Der nahende Tod als Antrieb
zur Weitergabe von Lebenserfahrung — und damit auch eine bestimmte
Wertung des Todes — spielen keine Rolle. Die unter den anderen Formen weisheitlicher Belehrung im AT spezielle Gattung des Testamentes
läßt sich damit nicht von gattungsverwandten Schriften des mesopotamischen Kulturkreises herleiten.[11]

---

11 Interessanterweise finden sich im gesamten griechisch-römischen Kulturraum nur
  zwei echte Testamente im hier untersuchten Sinn. Das eine ist in Xenophons Institutio Cyri enthalten (VIII, 7, 1—28) und stellt eine Rede des sterbenden Cyrus an seine
  Söhne dar mit den Elementen der Test.-Form: Hinweis auf den bevorstehenden Tod

(berichtend), Adressat, Situation, Hinweis auf den bevorstehenden Tod (persönlich) / Rückblick auf die Vergangenheit, Verhaltensanweisung (Gottesfurcht und Nächstenliebe) / Bestattung, Hinweis auf den bevorstehenden Tod (persönlich), Redeabschlußformel, Tod. Diese überraschend echte Test.-Form habe Xenophon sicherlich nicht aus dem griechischen sondern aus dem aramäischen Kulturraum entlehnt. (mündl. Mitteilung von Prof. Eilers, Würzburg)

Das zweite Testament findet sich bei Sallust, Bellum Iugurthinum IX,4 — XI,2. Es enthält eine Rede des sterbenden Numiderkönigs Micipsa an seine beiden Söhne und an seinen Adoptivsohn Jugurtha. Folgende Elemente der Test.-Form treten auf: Hinweis auf den bevorstehenden Tod (berichtend), Adressat, Situation / Rückblick auf die Vergangenheit, Hinweis auf den bevorstehenden Tod (persönlich), Verhaltensanweisung / Tod, Bestattung (offiziell). Stil und Inhalt dieser Worte erinnern jedoch sehr an die Institutio Cyri. Chr. Dörner vermutet in seiner Übersetzung z.St. sogar, daß Bell.Iug.X,4 eine freie Übersetzung von Inst.Cyri VIII,7,13 sei. Daher liegt die Vermutung nahe, Sallust habe hier Xenophon verwendet oder wenigstens gedanklich auf dem Testament des Cyrus aufgebaut. Bei der großen Beliebtheit und weiten Verbreitung der Inst.Cyri im Altertum verwundert das auch nicht so sehr (siehe hierzu A. Lesky, Geschichte der griech. Literatur, Bern-München, 1963, S. 668). Damit entfällt Sallust als selbständiger Zeuge der Test.-Form.

§ 2 GATTUNGSVERWANDTE SCHRIFTEN IN ALT-ÄGYPTEN

Einleitung:

Die vielen Vorbehalte und Schwierigkeiten, die sich einem Vergleich israelitischer mit mesopotamischer Literatur hindernd in den Weg stellen, sind im Hinblick auf die Literatur Alt-Ägyptens nur von geringer oder gar keiner Bedeutung.
Die Unterschiede kultureller Art zwischen Ägypten und den mesopotamischen Reichen drängen sich geradezu auf:

1) Der Zerrissenheit und Vielschichtigkeit der mesopotamischen Welt steht die einzigartige, imponierende Geschlossenheit des ägyptischen Kulturraumes gegenüber.

2) Die altägyptische Gesellschaft trug ausgesprochen konservative Züge. Sie pflegte ihre Literatur mit Inbrunst, so daß erstaunlich lange, ausgedehnte Traditionszeiträume entstanden.

3) Im Bereich der Weisheitsliteratur steht verhältnismäßig reiches Quellenmaterial zur Verfügung, das vor kurzsichtigen Fehlschlüssen bewahren kann und damit den angestrebten Vergleich mit israelitischer Literatur außerordentlich erleichtert.

4) Schließlich kann die philologische Erschließung der ägyptischen Texte als wesentlich fundierter bezeichnet werden als die der mesopotamischen, so daß der Vergleich hier auf erheblich sichererem Boden steht.

5) Auch der Begriff der ,,Weisheit'' und damit die Auswahl zugehöriger Schriften erscheint nicht so problematisch, wie es bei den mesopotamischen Schriften der Fall war. Zwar ist weiterhin Vorsicht bei der Anwendung dieses Begriffes geboten, doch sind die beiden Literaturarten, die in Israel und Ägypten als ,,weisheitlich'' bezeichnet werden, miteinander so verwandt, daß sogar direkte literarische Übernahme aus dem einen Bereich in den anderen vorkommen konnte (Spruchbuch des Amenemope — Prv 22,17 — 23,11).

Alles in allem kann man also erfreut feststellen, daß sich der Suche nach Schriften, die der israelitischen Test.-Form gattungsverwandt erscheinen, in Ägypten um vieles günstigere Voraussetzungen bieten, als das bei den Schriften aus dem mesopotamischen Raum der Fall war.

1. Die biographischen Inschriften

Wer sich der ägyptischen Literatur zuwendet, um nach Schriften Ausschau zu halten, die von ihrer Gattung her dem israelitischen Testament nahe zu stehen scheinen, der wird auf seiner Suche sicher sehr bald auf die sog. biographischen Inschriften stoßen.[1] Sehr viele von ihnen enthalten einen „appel aux vivants",[2] in dem der Tote den Grabbesucher anspricht und ihn dabei oft auch über die rechte Art der Lebensführung belehrt, ihn ermahnt, zurechtweist etc. Da diese Verhaltensmaßregeln von einer Person ausgehen, die eindeutig mit dem Tod in Beziehung steht, könnte man leicht zu der Vermutung gelangen, daß in diesen Inschriften der Ursprung der Test.-Form zu suchen sei. Vor einem solchen — voreiligen — Schluß kann auch hier die Frage nach der Motivation und der Intention der biographischen Inschriften bewahren. Dabei ist zunächst zu berücksichtigen, daß diese Inschriften im Verlaufe der Geschichte eine bemerkenswerte Entwicklung durchlaufen haben, die es unbedingt zu berücksichtigen gilt, wenn ein Urteil über sie gefällt werden soll.

Zunächst ein Beispiel einer biographischen Inschrift aus der Zeit des Alten Reiches (Stele des Nedjemib):

„Ihr Lebenden, die ihr (noch) auf Erden seid,
die ihr an diesem Grab vorbeigehen werdet,
spendet mir ein Trankopfer;
denn ich war ein Oberster des Geheimnisses.
Erfüllt mir die ‚Überreichung der Opfer‘;
denn ich war ein Freund der Menschen.
Niemals wurde ich gezüchtigt durch einen Beamten seit meiner Geburt.
Niemals habe ich genommen die Habe einer lebendigen Person;
denn ich war einer von denen, die tun, was jedermann angenehm ist."[3]

---

1 Ein gattungsgeschichtlich später, aber besonders interessanter Teil von ihnen ist durch die umfangreiche Sammlung und Übersetzung von E. Otto, Die biographischen Inschriften der ägyptischen Spätzeit, Leiden, 1954, auch für den Nicht-Ägyptologen leicht zugänglich.
2 So benannt seit J. Sainte Fare Garnot, L'appel aux vivants dans les textes funéraires égyptiens, Le Caire, 1938.
3 J. Sainte Fare Garnot, L'appel, S. 24 f.,hier ins Deutsche übertragen.

Hier tritt nun die Motivation, die der Inschrift innewohnt, ganz deutlich zutage: Es geht um den Totenkult. Der Tote erbittet vom Besucher seines Grabes bzw. des Tempels, in dem seine Stele aufbewahrt ist, Trank- und Speiseopfer, in etwas späteren Inschriften auch eine Fürbitte für ihn an die jeweilige Ortsgottheit, das Totengebet (Htp dj nśwt). Diese Bitte muß jedoch anscheinend begründet werden. Der Besucher soll überzeugt sein, daß der Tote es auch wert ist, daß man ihm opfert bzw. für ihn betet. Deswegen gibt der Verstorbene zum einen seinen Beruf an, besser: seine Stellung im öffentlichen Leben, die ihn vor anderen auszeichnet. (Hier liegt nicht jedermann begraben sondern ein ,,Oberster des Geheimnisses''.) Zum anderen beteuert er, daß er ein vorbildliches, weil schuldfreies Leben geführt habe (,,Freund der Menschen'', keine Bestrafung, kein Diebstahl, Leben zum allgemeinen Wohlgefallen). Der Verstorbene gibt also an, einen ehrenvollen Beruf ausgeübt und ein ehrenhaftes Leben gelebt zu haben. Beide Elemente können in späteren Inschriften dann eminent ausgeweitet werden: Zur Berufsbezeichnung gesellen sich Titel und Auszeichnungen in Fülle und Farbe; die Beteuerung einer tadelsfreien Lebensführung weitet sich aus zu langen negativen und positiven Bekenntnisreihen.[4] Vor wem nun legt der Tote diese Bekenntnisse ab? Einmal natürlich vor dem Leser seiner Inschrift, um Opfer und Gedenken im Totengebet zu erreichen; zum anderen aber auch — der Motivation dieser Inschriften gemäß — vor dem Totengericht im Jenseits. Es soll ihm Ruhe, Frieden und ewiges Leben zusprechen; der Grabbesucher soll für seinen dortigen Unterhalt (Opferspende) und sein Wohlergehen allgemein (Totengebet) sorgen. Der Tote wünscht sich also einen Freispruch von Schuld im Jenseits und ein Nicht-vergessen im Diesseits.

Eine letzte Frage ist noch wichtig: Woher weiß er, welches Verhalten ihm während seines Lebens diese beiden Vorteile einbringt? Er muß die Maximen gekannt haben, nach denen er sich zeit seines Lebens zu richten hatte, um diese Ziele zu erreichen. Jedem des Lesens und Schreibens kundigen Ägypter waren in der Tat die Regeln und Anweisungen bekannt, die ein erfülltes Leben hier und einen Freispruch vor dem Totengericht dort garantierten: Es waren die Lehren der Alten, der berühmten Weisen der Vergangenheit Djedefhor und Imhotep, Neferti und Cheti, Ptah-em-Djehuti und Cha-cheper-re-soneb, Ptahhotep und Kairsu.[5]

,,Ein Weiser ist jeder, der hören wird,
    was die Vorfahren aus früherer Zeit gesagt haben.''[6]

4   Vgl. die Inschriftensammlung bei E. Otto, Inschriften, Anhang.
5   Nach der Aufzählung des Pap. Chester Beatty IV, verso 2,5—3,11.
6   Aus dem Grab des Rechmire, zitiert bei E. Otto, Inschriften, S. 16.

Der Verstorbene bekennt nun: ,,Ja, ich habe auf sie gehört. Ich habe so gelebt, wie es die Weisen als Ordnung der Welt erkannt hatten." Damit nimmt die biographische Inschrift den Charakter eines Rechenschaftsberichtes an. Der Tote verantwortet sich im Diesseits und im Jenseits. Das geschieht jedoch nicht real, dem tatsächlichen Lebensverlauf entsprechend, sondern ideal: Er behauptet durchgängige, tadellose Lebensführung. Die Grabinschrift wird zur ,,Idealbiographie".

Damit geht Hand in Hand, daß das Leben des Verstorbenen dem Leser als ein musterhaftes und vorbildliches erscheinen muß. Dieser Zug verstärkt sich im Laufe der Zeit immer mehr. Der Tote beschränkt sich nicht mehr darauf, dem Leser seiner Inschrift als Vorbild gegenüberzutreten, sondern er unterstreicht dieses Moment noch dadurch, daß er den Grabbesucher direkt ermahnt. Er empfiehlt auch ihm die Maximen, nach denen er selbst sein Leben ausgerichtet hat, als Grundlage seiner Lebensführung nachdrücklich an.

> ,,O ihr (Menschen), Künstlerschaft des Thot, zum Ibis
> gehörige Mannschaft insgesamt, Geher, Herzensleiter,
> Enthüller des Angesichts des Djed, Thinisleute ...
> jeder von euch, der kommt, indem er vorbeigeht auf
> diesem Wege und sieht in diesem Geschriebenen:
> Werft euer Herz auf das, was darin ist!
> Kennt wohl die Schrift, handelt nach ihrem Inhalt!
> Dann bleibt ihr in ihrem (der Lebenden) Mund
> gemäß meiner Trefflichkeit."[7]

Der Verstorbene hatte zuvor alle seine Titel und Auszeichnungen aufgeführt und danach in einer langen Reihe ausführlich beteuert, welcher Tugenden er sich in seinem verflossenen Leben befleißigt und vor welchen Ungerechtigkeiten er sich gehütet habe. Nun rät er dem Grabbesucher, er solle sich das zu Herzen nehmen, dann werde auch seiner im Munde der Lebenden gedacht, wenn er einmal gestorben sei. Dieser Aufruf ist interessant; denn es tritt uns in ihm eine gegenüber den alten Inschriften veränderte Intention entgegen: Der Grabbesucher soll so vorbildlich leben wie der Verstorbene, dann werde auch seiner gedacht, das heißt doch: Der Tote gibt an, er habe vorbildlich gelebt, also erhofft er sich auch ein beständiges Gedenken im Munde der Lebenden. Die Inschrift zielt also nicht mehr in erster Linie auf Totenopfer und Totenge-

---

7 Inschrift des Priesters Petehor-neb-Chem, in: E. Otto, Inschriften, Inschrift Nr. 75 und S. 16 f.

bet, wenngleich beides nicht gänzlich verschwindet, sondern auf ein ehrendes Gedenken unter den Nachkommen.[8] Nach dem Tod einfach dem
Vergessen anheimzufallen, muß dem Ägypter als ein Schreckbild er-
schienen sein:

> „Denn ein Mann, dem keiner geboren ist, der seinen Na-
>   men nennt,
> ist wie einer, der (selbst) nicht geboren ist.
> Man gedenkt nicht dessen, was er getan hat.
> Man nennt nicht seinen Ka wie bei einem,
> der (überhaupt) nicht da ist.
> Er ist wie ein Baum, der ausgerissen ist samt
>   seinen Wurzeln."[9]

Der Verstorbene wünscht sich also, daß sein Name nicht vergessen
werde, daß man an ihn denkt, sei es in Gebet und Fürbitte, sei es, daß
man lobend und rühmend von ihm spricht. Um seine Nachkommen dazu zu bewegen, stehen ihm mehrere Möglichkeiten zur Verfügung:
1) Er kann seine besondere gesellschaftliche Stellung hervorheben durch
Aufzählen aller seiner Titel. 2) Er kann ausführlich seine tadellose Lebensführung vor Augen stellen. 3) Er kann sich als Vorbild hinstellen und
den Grabbesucher zur Nachahmung aufrufen und 4) er kann schließlich
sogar ganze, ausgeführte Lebenslehren aufstellen, die den Leser zu rech-
tem, vor Gott und den Menschen wohlgefälligem Leben anleiten
wollen.[10] Der Tote reiht sich damit ein unter die großen, unvergessenen
Weisen der Vergangenheit und gewinnt so natürlich eine eminente Autorität bzw. er versucht es jedenfalls. Um es noch einmal zu betonen:
Wenn der Verstorbene die Nachkommen belehrt und ermahnt, dann
nicht, weil sie ihm besonders am Herzen lägen — er kann die Grabbesucher ja gar nicht alle kennen —, sondern weil er sich erhofft, daß sie beständig seiner gedenken würden, da sie Ehrfurcht und Achtung vor dem
vorbildhaften Mann fühlten.

8 Daß Gedächtnismotiv und Totenkult aber letzten Endes doch zusammengehören,
  zeigt der Satz: „...und es ist doch wahrhaftig ein Name im Munde der Leute nützlich
  im Jenseits" (Pap. Chester Beattty IV, verso, in: H. Brunner, Altägyptische Erziehung, Wiesbaden, 1957, S. 178). Die exklusive Gegenüberstellung von Totengericht
  und Gericht der Nachwelt, wie sie E. Otto, Inschriften, S. 64, behauptet, scheint so
  nicht zuzutreffen.
9 Inschrift des Petesuchos, in: E. Otto, Inschriften, S. 62.
10 So die Lehren des Sehetep-ib-Re, des Mentu-hotep und des Hohenpriesters Amenemhet. Sie waren nie selbständige Schriften, sondern wurden von vornherein als Teil
   einer Idealbiographie verfaßt.

Damit läßt sich für die Idealbiographie ein ganz bestimmter, ausgeprägter *Sitz im Leben* festmachen: Es ist der Totenkult; die Inschrift erscheint auf einer Grabstele oder in einem Grab. Ihre *Motivation* ist klar: Der Verstorbene sorgt sich um sein Ergehen nach seinem Tod. Seine *Intention* ist, die Totenrichter zu einem günstigen Urteil zu bewegen und die Nachkommen dazu zu veranlassen, ihm Opfer zu spenden, Totengebete zu weihen und ein ehrendes Gedächtnis zu bewahren. Dieser Intention ordnet sich auch die Lehre, die Mahnung an die Nachfahren, unter.

Damit hat sich gezeigt, daß der ägyptischen Idealbiographie doch ein vom israelitischen Testament grundverschiedener Sitz im Leben zukommt, trotz aller äußerlichen Ähnlichkeiten. Das eigentliche Interesse der einen Gattung liegt beim Wohl des Verstorbenen und dessen jenseitigem Ergehen, das der anderen auf der Weitergabe von Erfahrung, die den Jüngeren helfen soll, auf den von den Alten als sinnvoll erkannten Lebensregeln aufzubauen und so ein vor der Gottheit und den Mitmenschen wohlgefälliges Leben zu führen.

Testament und Idealbiographie haben direkt also wohl kaum etwas miteinander zu tun, und doch sind sie andererseits einander auch wieder nicht ganz fremd: Es gab ja einen Moralkodex, an dem sich die Biographien ausrichten konnten und mußten, wenn der Verstorbene in den Augen der Nachkommen tadelsfrei und fehlerlos erscheinen wollte. Dieser Kodex war in den Lehren (śb3jt) niedergelegt, die seit alters her in Ägypten in allerhöchstem Ansehen standen. In den Biographien ,,erscheint der Verstorbene stets dem Ideal gleich, das die Lehren aufstellen.''[11] Wenn also den Biographien in dieser Hinsicht ein klarer Antwortcharakter zukommt, sie notwendig auf den Maximen der Lehren gründen, dann ist zu fragen, ob nicht das israelitische Testament mit eben diesen Lehren in Verbindung zu setzen ist, ob sie nicht den Anstoß zur Ausprägung der Test.-Form in Israel gegeben haben könnten. Diese Frage soll nun im weiteren untersucht werden. Es wird allerdings nicht nötig sein, im Folgenden alle bekannten altäpytischen Lehren zur Prüfung heranzuziehen.[12] Es soll genügen, wenn exemplarisch und stellvertretend für alle anderen eine sehr alte und eine sehr junge Lehre auf ihr Verhältnis zur israelitischen Test.-Form befragt werden, dazu noch zwei Vertreter einer Sonderentwicklung, die beiden Königslehren.

11 H. Brunner, Art. ,,Die Weisheitsliteratur'', in: HdO, 1. Abt., Bd. 1, Abschn. 2, Leiden, 1952, S. 90—110, hier S. 109.
12 Die Lehren des Amenemope, Amunnacht, Ani, Cheti, Djedefhor, die Lehre für Kagemni, die Lehre eines Mannes für seinen Sohn und die loyalistische Lehre werden hier nicht untersucht. Hinweise auf Textausgaben, Übersetzungen und Sekundärliteratur zu allen Lehren finden sich bei E. Hornung — O. Keel, Studien zu altägyptischen Lebenslehren, S. 384—388.

2. Die Lehre des Ptahhotep

Text und Übersetzung:

Z. Žába, Les maximes de Ptahhotep, Prague, 1956

Die Lehre des Ptahhotep ist die älteste, vollständig erhaltene ägyptische Lehre. Obwohl die drei Papyrusrollen und die Schreibtafel, auf denen uns diese Schrift überliefert ist, teils in das Mittlere, teils in das Neue Reich zu datieren sind, stammt doch die Lehre selbst sicherlich noch aus dem Alten Reich. Diesem hohen Alter dürfte die ägyptische Philologie wahrscheinlich auch die außerordentlichen Schwierigkeiten zu verdanken haben, mit denen dieser Text aufwartet.

Wenn sich schon die Ägyptologen mit der Übersetzung und dem Verständnis der Schrift so überaus schwer tun, dann muß sich erst recht der Nicht-Fachmann jedes Versuches enthalten, etwa literarkritische Erwägungen an diese Lehre heranzutragen, obwohl sie sicherlich für eine bessere Erschließung des Textes nötig und von großem Nutzen wären. So bleibt hier nichts weiter übrig, als sich einer der vier existierenden Versionen anzuschließen, um jeder Willkür im Umgang mit dieser Schrift durch — nichtfachmännischen — Rückschluß auf einen „Urtext" zu entgehen. Diese Entscheidung fällt hier um so leichter, als die vier Versionen sich unter formkritischen Gesichtspunkten nicht allzu sehr voneinander unterscheiden. Die Wahl unter ihnen kann wohl sinnvollerweise nur auf die im Papyrus Prisse, Paris, enthaltene Textüberlieferung fallen, da diese Handschrift die älteste ist und auch als einzige die Lehre des Ptahhotep vollständig enthält.

Die Lehre beginnt mit einer ausführlichen Situationsschilderung, die inhaltlich wie formal so interessant ist, daß sie hier in vollem Umfang wiedergegeben werden soll:[13]

„Lehre des
Vorstehers der Stadt (der Pyramide), der Wesirs Ptahhotep
unter der Majestät des Königs von Ober- und Unterägypten,
Isesi, der ewig lebt.
Der Vorsteher der Stadt (der Pyramide), der Wesir Ptah-
hotep, sagt:
,Majestät, mein Gebieter!
Das Alter hat sich genähert, das Greisenalter ist eingetreten,
die Hinfälligkeit ist angekommen, die Kraftlosigkeit
erneuert sich:

---

13 Nach der Übersetzung von Z. Žába, Maximes, ins Deutsche übertragen.

Der, der in die Kindheit zurückgefallen ist, bleibt
liegen wegen dieser täglichen Kraftlosigkeit. —
Die Augen sind schwach, die Ohren taub.
Die Kraft schwindet dahin wegen der Müdigkeit meines
Herzens.
Der Mund ist schweigsam; er kann nicht mehr sprechen.
Der Geist ist abwesend; er ist nicht mehr imstande,
sich an Vergangenes zu erinnern.
Die Knochen leiden wegen der Länge (des Alters).
Was gut war, ist schlecht geworden.
Der ganze Geschmack ist entschwunden.
Was das Alter den Menschen antut,
ist schlecht in jeder Hinsicht:
Die Nase ist verstopft; sie kann nicht mehr atmen
wegen (?) der Schwäche (?) während jeglicher Handlung.

So befehle man dem Diener da, sich einen Stab des
Alters zu schaffen,
so daß ich ihm sagen kann die Worte derer, die heute hören können,
sowie die Ratschläge der Vorfahren,
die früher auf die Götter hören konnten,
damit man dir tue nach der gleichen Art:
daß Übel abgewendet werde vom Volk,
und daß die beiden Ufer dir dienen!'

Darauf sprach die Majestät dieses Gottes:
,Wohlan, lehre ihn zunächst zu reden,
daß er den Kindern der Edlen als Beispiel dienen kann,
daß der ganze Gehorsam und die ganze Aufrichtigkeit
dessen, der zu ihm spricht, ihn durchdringe.
Niemand ist ja weise geboren.'

Hier beginnen die Vorschriften der guten Rede,
die ausspricht der Edle, der Fürst,
der Gottesvater, der von Gott Geliebte,
der eigene, älteste Sohn des Königs,
der Vorsteher der Stadt (der Pyramide), der Wesir
Ptahhotep,
indem er dem Unwissenden Wissen lehrt
und die Regeln der guten Rede —

eine nützliche Sache für den, der darauf hören wird,
eine schädliche Sache für den, der sie übertreten
wird.

Dann sagt er zu seinem Sohn:"

(Zeile 1 — 51)[14]

Der erste Satz der Schrift erinnert sehr an das Formelement „Titel
und Name" der Test.-Form: Hier wie dort steht gleich zu Anfang ein Titel, genauer: die Gattungsbezeichnung der folgenden Schrift: diathäkä
— śb3jt.

Dann wird der Name dessen genannt, der die folgende Rede hält, hier
verbunden mit einer Berufsbezeichnung (Wesir unter König Isesi), die
zugleich auch die Zeit festlegt.

Die Situation, die dann geschildert wird, weicht allerdings stark von
der eines Testamentes ab: Ptahhotep spricht zunächst nicht zu seinem
Sohn, sondern trägt seinem Vorgesetzten, dem Pharao, eine Bitte vor.

Seiner Bitte schickt er als erstes eine laute Klage voraus, in der er mit
bewegten Worten die Beschwerlichkeiten und Mühsale schildert, die das
Greisenalter mit sich bringt. Aufschlußreich ist dabei der Satz, daß er
nun so alt geworden sei, daß sein Geist in Gefahr stehe, sich nicht mehr
an Vergangenes erinnern zu können. Was er damit meint, ergibt sich aus
dem Inhalt seiner Bitte an den Pharao: Er möchte von ihm den Auftrag
bekommen, seinen Sohn zu belehren, ihm die Worte derer, die noch leben, mitzuteilen und die Ratschläge der Vorfahren, damit dieser fähig
sei, die Nachfolge im Amt seines Vaters anzutreten. Ptahhotep befürchtet, sein Geist könne so abnehmen, daß er nicht mehr in der Lage sei,
sich an die Erfahrungen der Vorfahren zu erinnern, sie sich zunutze zu
machen bzw. sie an seinen Sohn weiterzugeben. Darin muß er eine große
Gefahr für sein Amt, seine Position, sehen: Ein Wesir ohne Erfahrungen — der Vater, weil er vergeßlich wird; der Sohn, weil ihn sein Vater
nicht mehr belehren, ausbilden kann, — ist unnütz! Der Wesir lebt offenbar davon, daß er die Erkenntnisse und Erfahrungen seines eigenen
Lebens und die der Vorfahren zu nutzen weiß. Damit ist bereits entschieden, welcher Art die Worte sind, die der alte Vater seinem Sohn anvertrauen will: Es sind Lebens- und Berufserfahrungen, der Schatz der
Vergangenheit, die dem Sohn zu Lebenstüchtigkeit und Achtung in seinem Beruf verhelfen sollen, also genau das, was auch die israelitischen
Testamente vermitteln wollen. Die Berufserfahrung ist dabei sicher nur
als eine spezielle Seite der Lebenserfahrung zu werten.

14 Nach der Zählung Z. Žábas.

Aber noch ein zweites wird aus der bewegten Klage des Alten deutlich: Er fühlt seine körperlichen und geistigen Kräfte schwinden. Das Alter zehrt an ihm. Er sieht sich nicht mehr in der Lage, seinen Beruf weiterhin auszuüben, und möchte deshalb seinen Nachfolger, seinen Sohn, ausbilden. Es verlautet nichts von dem bevorstehenden Tod des Alten wie in den Testamenten, und doch ist es das gleiche: Auch in den Testamenten ging es ja nicht um den Tod des Redenden, sondern darum, daß aufgrund des nahenden Lebensendes keine Möglichkeit mehr gegeben war, weitere Lebenserfahrungen zu sammeln. Deshalb schien nun der letzte — und der rechte! — Zeitpunkt gekommen, ein Fazit zu ziehen und die gesammelten Erkenntnisse eines langen Lebens an die nächste Generation weiterzugeben.[15] Genau das ist auch das Anliegen des alten Ptahhotep! Der Tod spielt keine Rolle; wichtig ist allein die Weitergabe von Erfahrung, solange das noch möglich ist! Damit entspricht die Klage des Ptahhotep dem *persönlichen Hinweis auf den bevorstehenden Tod* im Rahmen der Test.-Form.

Der Pharao gibt der Bitte seines alten Wesirs statt und beauftragt ihn, seinen Sohn zu einem ,,Beispiel'' zu erziehen, damit er ,,weise'' werde. Nach diesem ersten Einführungsteil scheint die Schrift noch einmal neu einzusetzen: Es folgt eine zweite Überschrift, die ebenfalls dem Element ,,*Titel und Name*'' entspricht, aber diesmal durch eine Reihe von lobenden Prädikationen Ptahhoteps und eine Inhaltsangabe seiner folgenden Rede (Wissen, Regeln guter Rede) erweitert ist.

Eine ganz kurze, aber diesmal ,,echte'' *Situations*angabe nennt zugleich den *Adressaten* der folgenden Rede, den Sohn. Die Rede selbst beginnt ohne irgendeine Einleitungsformel sogleich mit einer *Mahnung*, sich nicht seines Wissens zu rühmen, sondern sowohl Ungelehrte wie Gelehrte um Rat zu fragen. Nun folgen Verhaltensanweisungen in bunter Reihe — eine bestimmte Ordnung läßt sich nicht erkennen. Sie betreffen verschiedene Verhaltensweisen des einzelnen (Habgier, Hochmut, Prahlerei — Bescheidenheit, Zurückhaltung, Achten der Gesetze), den Umgang mit Nachbarn und Freunden, mit Familienangehörigen (Sohn und Ehefrau), das Benehmen als Vorgesetzter (zu Untergebenen, Bittstellern und Ratsuchenden) und gegenüber Vorgesetzten und das Verhalten in verschiedenen Situationen des Lebens (als Gast, als Bote, bei Streitereien).

Diese Anweisungen werden gern untermauert durch allgemein anerkannte, weisheitliche Sentenzen, gelegentlich auch durch Ausziehen der Konsequenzen eines bestimmten Verhaltens in die Zukunft:

---

15   Dazu siehe S. 88 f.

„Beuge den Rücken vor deinem Oberhaupt,
   deinem Vorgesetzten des königlichen Palastes;
   dann wird dein Haus auf seinem Grundstück fortbestehen
   und deine Belohnung wird an seinem richtigen Ort sein.''
                                         (Zeile 441 — 444)

   Man könnte diese Art des Ausblickes in die Zukunft auch gut als Zukunftsansage bezeichnen — in der Art und Funktion, die ihr in den Testamenten zukam. Die Zuordnung von Verhaltensanweisung und Zukunftsansage ist hier wie dort jedenfalls die gleiche.
   Ptahhotep beendet seine Worte mit einer längeren Schlußrede, die sich auf die gesamte vorhergehende Lehre bezieht, ihre Nützlichkeit unterstreicht für den, der sie beherzigt, und empfiehlt, diese Worte weiterzugeben von Geschlecht zu Geschlecht. Brunner hat diese Passage „Schlußparänese'' genannt,[16] und sie kommt in der Tat der Schlußmahnung der Testamente sehr nahe, besonders ihr erster Satz:

„Wenn du in diesen Dingen gehorsam bist, die ich dir
   gesagt habe,
   so wird all deine Absicht Erfolg haben.
   Ihre Wahrheit, das ist ihr Reichtum.''
                                         (Z. 507 — 509)

   Am Ende dieser abschließenden, zusammenfassenden Worte findet sich dann folgende interessante Stelle:

„Mögest du mich treffen mit gesundem Leib
   und so, daß der König zufrieden ist mit allem,
   was geschehen ist!
   Möchtest du (lange) Jahre des Lebens verbringen!
   Es ist nicht wenig, was ich auf Erden getan habe.
   Ich habe 110 Jahre im Leben verbracht,
   die der König mir gegeben hat.
   Die Belohnungen übertrafen die der Vorfahren,
   weil ich Rechtlichkeit getan habe für den König
   bis zur Wohnung der Glückseligkeit.''
                                         (Z. 637 — 644)

16 H. Brunner, Die „Weisen'', ihre „Lehren'' und „Prophezeiungen'' in altägyptischer Sicht, in: ZÄS 93, 1966, S. 29—35, hier S. 30.

Der Vater wünscht seinem Sohn zum Schluß seiner Mahnrede Ge-
sundheit, Erfolg im Beruf und lange Lebensjahre. Dabei ist der Aus-
druck „mögest du mich treffen" zunächst dunkel. Wo soll der Sohn den
Vater treffen? An welchem Ort hält er sich auf? Anscheinend in der
„Wohnung der Glückseligkeit" — wohl ein Euphemismus für das
Grab. Diese Vermutung wird zur Sicherheit durch die Bemerkung des
Vaters, er sei 110 Jahre alt. Das ist zwar zunächst einfach eine *Altersan-*
gabe wie in der Test.-Form auch, aber ihre Bedeutung reicht doch darüber hinaus: 110 Jahre, das ist das sprichwörtlich hohe Alter,[17] das
Wunschziel eines jeden Ägypters. Wenn Ptahhotep also sein Alter mit
110 Jahren angibt, dann gibt er dadurch zu verstehen, daß er dieses Ziel
erreicht habe, sein Leben also vor der Vollendung stehe. So findet sich
in dieser Schlußpassage dreimal ein zwar versteckter, aber doch deutlicher *Hinweis auf den bevorstehenden Tod* als Pendant zu der Klage
über die Beschwerlichkeit des Alters im Anfangsteil, die den gleichen
Zweck verfolgte.

Den guten Wünschen für die Zukunft seines Sohnes fügt der Vater
noch einen kurzen Rückblick auf sein eigenes Leben an: Er habe viel
vollbringen können in seinem Beruf; er habe ein langes Leben (in Ehre
und Ansehen) in der Gunst des Königs verbracht und überreiche Belohnungen ernten dürfen aufgrund seiner beständigen Rechtlichkeit.

Der Vater stellt sein Leben als mustergültig, beispielhaft für seinen
Sohn hin, also genau im Stil des *Rückblickes auf die Vergangenheit* der
Test.-Form: Der Sohn soll am Leben seines Vaters lernen und sich da-
nach ausrichten.

Damit endet die Lehre des Ptahhotep. Die letzten beiden Zeilen dürften von der Hand eines Abschreibers stammen, nicht aber Teil des ursprünglichen Werkes sein.

Die Untersuchung hat erfreulicherweise gezeigt, daß die philologi-
schen Schwierigkeiten, die dieser Text bereitet, einer Prüfung unter
formkritischen Gesichtspunkten nicht im Wege stehen. Mit der israelitischen Form des Testamentes läßt sich diese Lehre gut vergleichen aufgrund der Ähnlichkeit der wichtigsten *Formelemente*, des gleichen *Mo-*
tives (Weitergabe von Lebenserfahrung), der gleichen *Intention* (Hilfe
zur Lebensbewältigung) und der gleichen *Argumentationsweise*: Die
Anweisung zu einem bestimmten Verhalten steht im Mittelpunkt. Sie
wird unterstützt durch das Ausziehen der Konsequenzen in die Zukunft
und belegt durch den Rückblick auf die eigene Vergangenheit.

17 A. Erman, Die Literatur der Ägypter, Leipzig, 1923, S. 98 Anm. 4.

Im weiteren wird nun zu untersuchen sein, ob die Lehre des Ptahhotep unter formalen Kriterien eine literarische Einzelerscheinung darstellt — dann wäre die Ähnlichkeit zur Test.-Form rein zufällig — oder ob sie vielmehr als der typische Vertreter einer bestimmten Gattung anzusehen ist, so daß ein Vergleich mit einer außerägyptischen Gattung überhaupt erst zulässig ist. Zu diesem Zweck soll nun im Kontrast zu Ptahhotep eine Lehre aus sehr später Zeit herangezogen werden.

3. Die Lehre des Anchscheschonki

Text und Übersetzung:

S. R. K. Glanville, Catalogue of Demotic Papyri in the British Museum. Vol. II. The Instructions of ‚Onchsheshonqy‘, London, 1955.

Was in Israel ganz undenkbar wäre, zwei Texte, die Jahrhunderte, in diesem Fall sogar Jahrtausende, trennen, direkt nebeneinander zu stellen und sie inhaltlich und formal miteinander zu vergleichen, als ob sie auf einer Ebene stünden, das ist in Ägypten im Fall der Weisheitslehren möglich dank des erstaunlichen Beharrungsvermögens des ägyptischen Denkens und der ägyptischen Tradition. So soll nun hier eine der ältesten ägyptischen Lehren mit einer der jüngsten konfrontiert werden, um zu sehen, welche Formelemente der Gattung „Lehre" im Laufe der Zeiten verändert werden konnten und welche sich durchhielten. Aus dem gleichen Interesse werden noch die beiden Königslehren (Lehre für Merikare, Lehre Amenemhets I. für seinen Sohn) herangezogen als eine Sonderentwicklung innerhalb dieser Gattung. Auf eine weitere Sonderform, die Lehren auf Grabstelen, wurde bereits hingewiesen.[18]
Diese verhältnismäßig breite Streuung soll dazu verhelfen, die Gattung „Lehre" möglichst genau zu beschreiben, um so den Vergleich mit dem israelitischen Testament auf sicheren Boden zu stellen. Eine Untersuchung aller ägyptischen Lehren wird dazu nicht notwendig sein.

Die Lehre des Anchscheschonki ist uns nur auf einer einzigen Papyrusrolle erhalten. Die Qual der Wahl zwischen verschiedenen Textversionen entfällt also. Die Handschrift — in demotisch geschrieben — stammt aus der späten Ptolemäerzeit; der Text selbst dürfte etwa im 5. Jhdt. v. Chr. verfaßt worden sein, wie Glanville aufgrund sorgfältiger Beobachtungen vermutet.[19]

18 Siehe S. 112 Anm. 10.
19 S.R.K. Glanville, Instructions, S. XII—XIII. Aus der Einleitung zu seiner Edition
   (S. XI—XV) stammen auch die folgenden Angaben.

Leider ist die Lehre des Anchscheschonki nicht vollständig erhalten. Abgesehen von einigen kleineren Lücken innerhalb des Textes ist vor allem der Schaden der Papyrusrolle am Anfang sehr zu bedauern: Große Teile der ersten beiden Kolumnen fehlen völlig. Dazu läßt sich durchgängig die erste Zeile jeder Kolumne nicht mehr oder nur noch sehr schwer entziffern, da der gesamte obere Rand der Rolle beschädigt ist.

Diese Textlücken erschweren zwar die formkritische Prüfung der Schrift etwas — vor allem am Anfang ist man teilweise auf Vermutungen angewiesen —, aber die Behinderung ist doch nicht allzu groß; denn die wichtigsten Merkmale der Form lassen sich an dem erhaltenen Text doch noch gut ablesen.

Die Anfangszeilen der Lehre sind nicht oder nur so fragmentarisch erhalten, daß ihr Sinn unverständlich bleibt. Erst mit Zeile 12 läßt sich der Ablauf der Handlung verstehen:

Der Hofarzt des Pharao stirbt. Ein Mann namens Harsiesi, Sohn des Ramose, wird sein Nachfolger. Er bekommt auch dessen Güter alle zugesprochen, doch scheint der Pharao dabei etwas getan oder nicht getan zu haben, was Harsiesi offenbar sehr kränkt.

Anchscheschonki, Sohn des Tjainufi, ein Priester des Ra aus Heliopolis, gerät in irgendwelche Schwierigkeiten. Er beschließt, zu Harsiesi nach Memphis zu reisen, um ihn um Rat zu fragen, da er von dessen neuer, einflußreicher Stellung erfahren hat. Er nimmt ein Schiff ... (das weitere fehlt).

Harsiesi plant einen Anschlag auf den Pharao. Anchscheschonki versucht zwar, ihn davon abzubringen, doch Harsiesi hört nicht auf ihn. Die Unterhaltung der beiden wird dem Pharao hinterbracht, der Anschlag aufgedeckt. Harsiesi muß sich daraufhin vor dem Pharao verantworten. Er gesteht, zieht aber auch seinen Freund Anchscheschonki in die Affäre mit hinein. Dem wirft der Pharao nun vor, ihn vor dem Anschlag nicht gewarnt zu haben. Anchscheschonki verteidigt sich: Er habe Harsiesi ja sogar von seinem Plan abbringen wollen. Der Pharao verurteilt beide: Harsiesi wird zusammen mit den anderen Verschwörern in einem Kupferschmelzkessel auf einem Altar verbrannt; Anchscheschonki muß ins Gefängnis.

Am Jahrestag seines Regierungsantrittes verkündet der Pharao eine allgemeine Amnestie, von der allein Anchscheschonki ausgenommen bleibt, der daraufhin in tiefe Resignation verfällt. Er bittet um eine Schreibpalette und um eine Papyrusrolle, um für seinen Sohn eine ,,Lehre" niederzuschreiben, da er selbst offenbar nicht mehr in die Lage komme, ihn zu belehren. Er erhält auch die Schreibpalette, aber keine Papyrusrolle. So schreibt er seine Belehrungen auf Tonscherben.

Hier endet der romanhafte Einleitungsteil dieser Schrift (Kol. I, Zeile 1 — Kol. IV, Zeile 16). Was folgt, ist der typische Beginn einer Lehre:

> ,,Siehe, die Belehrungen, die der Gottesvater
> Anchscheschonki, Sohn des Tjainufi, seine Mutter ...,
> für seinen Sohn niederschrieb auf die Scherben
> der Krüge, die voll Mischwein zu ihm gebracht
> wurden, während er im Gefängnis war,
> indem er sagte:
> ,Bedrängnis und Unglück, mein großer Herr P-Rêc:
> Einkerkerung und Bedrängnis habe ich erfahren
> als Dank dafür, daß ich niemanden getötet habe.
> Das ist ein Verbrechen gegen dich, mein großer
> Herr, P-Rêc. Ist das die Art, in der P-Rêc seinen
> Zorn gegen ein Land zeigt?
> O ihr, die ihr diese Scherben findet, hört auf
> mich hinsichtlich der Art, wie P-Rêc seinen Zorn
> gegen ein Land zeigt.' ''

(IV, 17 — 21)[20]

Unter formkritischen Gesichtspunkten betrachtet erfahren wir hier den *Titel* der Schrift und den *Namen* ihres (fiktiven) Verfassers, dazu den *Adressaten*, an den sie gerichtet ist, den Sohn Anchscheschonkis, und die *Situation*, die hier romanhaft ausgeschmückt wird.

Anchscheschonki eröffnet seine Worte mit einer Unschuldsbeteuerung und einer Klage vor Re, dem Gott, dem er als Priester gedient hat. Interessant ist, daß er seine Situation interpretiert als einen Ausdruck des Zornes Res gegen das *Land*! Re zeigt seinen Zorn, indem er Unschuldige ins Gefängnis werfen läßt, also die gewohnte Ordnung, das Recht, auf den Kopf stellt. Darunter muß ein Land leiden!

Anchscheschonki bittet in einer *Redeeinleitungsformel* diejenigen, die die von ihm beschriebenen Scherben finden werden (nicht seinen Sohn, für den die Lehre doch bestimmt ist), auf seine Klage zu achten, zu hören, was Re einem Land antut, dem er zürnt.

Nun folgt eine Klagelitanei, deren 13 Verse jedesmal beginnen mit den Worten:

> ,,Wenn P-Rêc einem Land zürnt, dann ... ''

---

20 Nach S.R.K. Glanville, Instructions, ins Deutsche übertragen.

Sie beschreibt, beklagt die umgestürzte Ordnung des Landes: Recht und Gerechtigkeit schwinden, Heiligkeit und Vertrauen werden nicht mehr geachtet; der Herrscher handelt übel, der Tor übertrumpft den Weisen.[21]

Die Klagen schließen abrupt, und die Lehre wird erneut eingeleitet mit den Worten:

> „Es folgen die Worte, die Anchscheschonki,
> Sohn des Tjainufi, auf die Scherben der Krüge
> schrieb, die mit Mischwein zu ihm gebracht wurden,
> als eine Lehre für seinen Sohn.
> Sie brachten sie täglich vor Pharao und seine
> Großen. Anchscheschonki, Sohn des Tjainufi,
> hatte erkannt, daß er noch lange im Gefängnis
> werde bleiben müssen, da man ihn nicht freige-
> lassen hatte. So schrieb er auf Tonscherben die
> Dinge, in denen er seinen Sohn belehren konnte."
>
> (V, 14 — 19)

Diese Einleitung enthält die gleichen Formelemente wie die erste (*Titel und Name*[22], *Adressat, Situation*). Darüberhinaus ist aber noch auf die Begründung zu achten, die Anchscheschonki angibt für seinen Entschluß, seine Worte für seinen Sohn aufzuzeichnen: Er hat erkannt, daß er noch lange Zeit, vielleicht sein ganzes weiteres Leben,[23] im Gefängnis verbringen muß. Da er seinen Sohn nun nicht mehr erziehen, belehren kann, schreibt er die Erkenntnisse und Erfahrungen seines Lebens nieder — denn darum handelt es sich im Folgenden —, um sie ihm auf diese Weise zukommen zu lassen. Anchscheschonki steht nicht am Ende seines Lebens, befindet sich aber doch in der gleichen Situation wie ein Sterbender! Wie dieser sieht er sich nicht mehr in der Lage, weitere Lebenserfahrungen zu sammeln, da er daran gehindert wird. Es ist daher für ihn der Augenblick gekommen, die Summe seines Lebens zu ziehen und das, was er als richtig und hilfreich im Leben erkannt hat, an seinen Sohn weiterzugeben, um ihm Richtlinien und Hilfen für sein zukünftiges Leben an die Hand zu geben. Das Motiv der Weitergabe der Lebens-

---

21 Diese Klagelitanei reiht sich ein in die bekannten, weit verbreiteten Klageschriften der älteren Zeit Ägyptens, zeigt aber auch inhaltliche Verwandtschaft zum Pred, wie B. Gemser, The Instructions of Onchsheshonqy and Biblical Wisdom Literature, in: SVT VII, Leiden, 1960, S. 102—128, spez. S. 125 f. beobachtet hat. Vielleicht könnte man Pred generell von den ägyptischen Klagen her verstehen!

22 Hier fällt der Fachterminus für „Lehre" — śb3jt.

23 So interpretiert es B. Gemser, Instructions, S. 107.

regeln ist also dasselbe wie bei einem Testament, einer Sterberede, nur die Situation hat sich geändert. Ob nahender Tod, hohes Alter oder Gefängnishaft — der Antrieb, die *Motivation* für die folgenden Worte ist doch das gleiche! Damit entspricht die Begründung des Anchscheschonki für die Niederschrift seiner Lehre dem *berichtenden Hinweis auf den bevorstehenden Tod* der Test.-Form.

Nach der zweiten Einleitung, die keinesfalls sekundär ist, sondern den durch die Klagen unterbrochenen Faden der ersten wieder aufnimmt, beginnt nun die eigentliche Lehre, besser gesagt: die Spruchsammlung; denn es handelt sich um eine lange Reihe von kurzen Sentenzen, die selten mehr Raum einnehmen als eine Zeile. Ge- und Verbote wechseln ab mit einfachen Aussagen, Weisheitssprüchen. Da jede Art von Redekomposition fehlt, kann es auch weder einen Rückblick auf die Vergangenheit noch eine ausgebaute Zukunftsansage geben. Ihre Funktion bleibt jedoch erhalten:

Für den Rückblick stehen kurze Sätze, die allgemeine Erkenntnisse zum Inhalt haben und geeignet sind, bestimmte Ge- oder Verbote zu untermauern:

> ,,Freu dich deiner Jugend; die Freizeit ist kurz.
> Niemanden gibt es, der nicht stirbt.''

(VIII, 7f.)

Die *Zukunftsansage* ist nicht ganz verschwunden, nur ist sie auf kurze Nebensätze beschränkt, die vor der Konsequenz eines bestimmten Handelns warnen oder es gerade anempfehlen, da es gute Folgen erwarten lasse:

> ,,Öffne dein Herz nicht deiner Frau;
> was du ihr sagst, wird der Straße gehören!''

(XIII, 16)

> ,,Diene Vater und Mutter,
> damit du bestehst und es dir wohlergehe!''

(VI, 6)

Inhaltlich schreitet diese Spruchsammlung das ganze Leben ab, nicht allerdings das eines Schreibers oder Hofbeamten, sondern das eines einfachen Mannes, eines Kleinstädters, eines Bauern, worauf vor allem die vielen Tiervergleiche und die Kenntnisse der Naturvorgänge, soweit sie die Feldbestellung betreffen, hindeuten. Von diesem speziellen Akzent abgesehen, liegt jedoch das ganze tägliche Leben im Blickfeld: das Verhalten des einzelnen gegenüber Sohn, Frau, Eltern und Brüdern, gegenüber dem Gesinde und den Freunden, den Reichen und Edlen, dem Pha-

rao und Gott; die wichtigsten positiven und negativen Charaktereigen-
schaften in ihrer Auswirkung auf die Mitmenschen; zweckmäßiges Verhalten in den verschiedensten Lebenslagen und der Wunsch, daß die
Ordnung der Natur und der ganzen Welt nicht gestört werden möchte
(X, 17 — 25) — ein Wunsch, der der Klagelitanei im Eingangsteil korre-
spondiert. Im folgenden Spruch gegen Ende der Sammlung könnte man
alle anderen gut zusammenfassen:

> „Lerne, den Himmel zu beachten.
> Lerne, die Erde zu beachten."

(XXV, 12f.)

Beobachtung aller Vorgänge im und am Himmel und auf der Erde
und ihre Beachtung im täglichen Leben — darin gipfelt nicht nur die
Lehre des Anchscheschonki sondern im Grunde die gesamte altorientalische Weisheit einschließlich der israelitischen.

Rein äußerlich fällt dem modernen Betrachter schon beim ersten
Überfliegen das scheinbare Fehlen jeder Ordnung innerhalb der Sammlung auf, weswegen Glanville diese Schrift auch eine „anthology of proverbs" genannt hat.[24] Doch es könnte sein, daß ihr durchaus eine Ordnung zugrunde liegt, nur nicht eine solche, wie sie sich der abendländische Leser erwartet. Noch in der englischen Übersetzung lassen sich ausgedehnte Abschnitte erkennen, die alle den gleichen Zeilenanfang haben
(VI, 1 — 6: „Serve ..." / VI, 12 — VIII, 12; XVI, 1 — XVII, 17: „Do
not ..." / VIII, 17 — IX,4: „The blessing of ..." / X, 11 — XI, 4:
„Oh may ..." / XI, 11 — 14: „A mans personality is ..." / XX, 22 —
25: „A waste of ..." / XXI, 1 — 12: „There is no ..." / XXI, 20 — 22:
„Better a ... than ...").
Im ägyptischen Text mögen diese Übereinstimmungen noch weit umfang-
reicher sein. Darüberhinaus liegen Ordnungsfaktoren sicher auch in
einer entsprechenden Stilform der Sprüche (Gebot, Verbot — mit Begründung, ohne Begründung —; Spruch in Aussageform usw.). Eine
Prüfung der Schrift anhand dieser Kriterien würde sicher vor kurzsichtigen Urteilen bewahren helfen.

Die Lehre des Anchscheschonki endet ohne jeglichen Schlußrahmen.
Es fehlt auch die geringste Andeutung einer Befreiung des Inhaftierten.
Das dürfte sicherlich seinen guten Sinn haben; denn der Rahmenhand-
lung kommt hier in dieser Lehre genau wie auch bei Ptahhotep und den

---

24 S.R.K. Glanville, Instructions, S. XIV.

Testamenten eine ganz spezifische Funktion zu: Sie soll die Situation be-
kanntgeben, die die jeweilige Hauptperson veranlaßt, ihr Testament, ihre Lehre zu formulieren und weiterzugeben. Der Rahmen, auch wenn er
einmal so ausgeweitet ist wie hier, ist keinesfalls eine eigenständige
Schrift, sondern zielt stets auf das Corpus der Verhaltensmaßregeln, hat
den Charakter eines Präludiums. Er kennzeichnet eine bestimmte Lehr-
und Mahnrede als Testament. Der Unterschied der Rahmenhandlung
eines Testamentes (bzw. der śb3jt) zu einem Roman wird besonders
deutlich im Vergleich mit den Sprüchen Achikars: Dort schildert der romanhafte Teil das Schicksal einer berühmten Person in Exposition,
Durchführung und (happy) end; die Sprüche lassen sich allenfalls mit
einer Einzelepisode im Leben dieser Person in Beziehung setzen. Hier
führt die Rahmenhandlung den Leser in eine ganz bestimmte Situation
ein, die einen Erfahrenen veranlaßt, einen Unerfahrenen zu belehren.
Das Schicksal beider Personen ist dabei ohne Interesse; das Gewicht
liegt allein auf der Lehre und auf der Art, wie sie Autorität gewinnt
(Gipfel der möglichen Lebenserfahrung).[25] Deswegen kann der Schlußrahmen auch unbeschadet einmal fehlen, wenn es die Situation zuläßt,
so wie hier.

Ein Wort noch zu der Klagelitanei am Anfang. Man könnte sie zunächst für sekundär halten, für einen Fremdkörper innerhalb einer Lehre, doch das zu Unrecht. Anchscheschonki beklagt den Zustand eines
Landes, dem der Gott zürnt; unmittelbar danach lehrt er, wie die Ordnung im täglichen Leben zu wahren, in der Natur und im Kosmos zu
achten ist. Klage und Belehrung gehören hier zusammen. Der Weise
kann gegen einen Zustand der Unordnung ankämpfen, wenn er selbst
die Ordnung erkennt und „tut". Er kann so die Ordnung „schaffen"
und ist durch sein Verhalten mitverantwortlich für ihr Bestehen. Der
Weise will die Ordnung stabilisieren. Dem dient auch seine Klage.

Mit der israelitischen Form des Testamentes läßt sich die Lehre des
Anchscheschonki gut vergleichen. Abgesehen vom Schlußrahmen finden sich die wesentlichen Formelemente des Testamentes auch in dieser
Lehre wieder; dazu stimmen Motivation und Intention überein. Die Art
der Argumentation wird man wenigstens als nah verwandt beurteilen
dürfen. Interessant ist, daß sich die Rahmensituation in gewissen Grenzen ändern kann, solange sie nur dazu dient, das Motiv der folgenden

---

25 Achikar und Anchscheschonki können also nicht auf einer Ebene gesehen werden
(gegen S.R.K. Glanville, Instructions, S. XII, und B. Gemser, Instructions, S. 107).
Dagegen erinnert die Rahmenhandlung der Lehre des Anchscheschonki an die der
„Klagen des Bauern" (A. Erman, Die Literatur der Ägypter, S. 157—175).

Belehrung unverändert vor dem Leser in Szene zu setzen. Die Motivation bleibt gleich — ihre Darstellung ist variabel.

Dieses Urteil gilt auch für den Vergleich mit der Lehre des Ptahhotep. Die Unterschiede in der jeweiligen Rahmenhandlung können doch nicht über die grundlegende Übereinstimmung beider Schriften in inhaltlicher wie vor allem in formkritischer Hinsicht hinwegtäuschen. Beide Texte sind Vertreter ein und derselben Gattung, der „Lehre".

Gese urteilt sicherlich zu Recht, wenn er sagt:

> „Diese einmal so entstandene Form der śb3jt hielt sich
> durch die ganze altägyptische Literaturgeschichte hindurch
> vom Alten Reich bis zum Ausgang der ägyptischen Geschichte."[26]

Zur weiteren Untermauerung dieser Feststellung und zum besseren Aufweis der Vergleichbarkeit von „Lehre" und „Testament" soll im Folgenden noch eine Sonderentwicklung der Gattung, die „Königslehre", näher untersucht werden.

4. Die Lehre für König Merikare

Text und Übersetzung:

A. Volten, Zwei altägyptische politische Schriften. Die Lehre für König Merikare (Pap. Carlsberg VI) und die Lehre des Königs Amenemhet, Kopenhagen, 1945.

W. Helck, Die Lehre für König Merikare, Wiesbaden, 1977 (Klät)
(Zitiert wird nach der Übersetzung Helcks, wenn nicht anders angegeben.)

Die Lehre für König Merikare ist auf drei Papyri erhalten, doch leider nicht ganz vollständig. Während zwei Handschriften lediglich Fragmente aufbewahrt haben, bietet die dritte zwar die Lehre in ganzer Länge, doch ist der Anfang arg verstümmelt. Immerhin ist er nicht ganz verlorengegangen — eine Reihe von Worten ist zu entziffern —, so daß er sich mit einiger Sicherheit rekonstruieren läßt. Mit diesem Grad an Wahrscheinlichkeit muß sich die formkritische Prüfung zufriedengeben.

Die Handschriften stammen alle drei aus der Zeit des Neuen Reiches; die Lehre selbst wird allgemein nach dem angegebenen Königsnamen in die erste Zwischenzeit datiert, genauer etwa in die Zeit um 2100 v. Chr.

---

26 H. Gese, Lehre und Wirklichkeit in der alten Weisheit, Tübingen, 1958, S. 7.

Neu gegenüber den beiden bisher vorgestellten Lehren ist, daß hier ein König belehrt wird, belehrt werden muß, um es pointierter auszudrücken. Das wäre bei Ptahhotep und den anderen Lehren des Alten Reiches undenkbar gewesen. Dort galt der König noch als uneingeschränkter Garant und Repräsentant der Ordnung des Reiches — ihn darüber zu belehren, wäre nicht nur überflüssig sondern paradox gewesen. Die großen Erschütterungen, die das Ende des Alten Reiches mit sich brachte, scheinen auch diese Vorstellung nicht unangetastet gelassen zu haben. Man war sich anscheinend auch des Königs und seiner tragenden Rolle für das Reich nicht mehr sicher. Daher erschien es nötig, auch ihm Regeln an die Hand zu geben, die ihm helfen sollten, seine große Aufgabe zur allgemeinen Zufriedenheit zu bewältigen. Die vorliegende Lehre ist deshalb besonders interessant, weil sie dieser Umbruchssituation entstammt und einen Versuch widerspiegelt, mit den tiefgreifenden Problemen dieser Zeit fertig zu werden.[27]

Die Lehre für König Merikare hat offenbar einen kurzen Anfangsrahmen besessen, von dem zwar nur noch wenige Worte erhalten sind, über dessen Rekonstruktion aber anscheinend Einigkeit besteht.[28] Er lautet nach Helcks Übersetzung:

„„(Anfang der Lehre, die der König Achtho)es[29]
(gemacht hat) für seinen Sohn Merikare:"

(Kolumne I, Zeile 1)

Der Anfangsrahmen enthält also den *Titel* der Schrift (śb3jt) und den *Namen* dessen, der die Lehre vorträgt; dazu auch ihren *Adressaten*, Merikare, den Sohn des Redenden; denn um eine Rede handelt es sich bei der ganzen folgenden Schrift. Über die Situation, in der die Rede ergeht, teilt der Anfang nichts mit bzw. es ist nichts davon erhalten.

Die Lehre beginnt mit einer Reihe von *Mahnworten*, die alle die Regierung des Reiches betreffen, das richtige und zweckmäßige Verhalten des Königs gegenüber seinen Untergebenen: den Großen, den Beamten, dem Volk und vor allem den Aufrührern (Zeit des Umbruchs). Immer wieder steht dabei die Aufforderung zu Gerechtigkeit im Vordergrund, daneben der Rat, ein „Meister im Reden", ein „Weiser" zu sein, Selbst-

27 Siehe hierzu H. Gese, Lehre, S. 21—23.
28 Die Rekonstruktionsversuche von A. Volten, Schriften, S. 5, J.A. Wilson, in: ANET, S. 414 f. und W. Helck, Lehre, S. 3, sind bis auf den Königsnamen des Vaters identisch. H. Brunner, Die „Weisen", S. 33f., vermutet, ohne eine ausführliche Wiederherstellung zu unternehmen, die Gattungsbezeichnung śb3jt im zerstörten Anfang; ebenso, daß ein Vater zu seinem Sohn spräche.
29 Über die Lesung dieses Königsnamens besteht Uneinigkeit.

beherrschung zu üben und stets auf das Wohlergehen des Volkes bedacht zu sein; denn auch der König müsse sich wie jedermann dereinst vor den Totenrichtern verantworten (Kol. I Z. 2 — Kol. XX).

Diese Mahnworte unterscheiden sich inhaltlich prinzipiell nicht von denen der bisher untersuchten Lehren — es geht um eine sinnerfüllte, vor Gott und den Mitmenschen schuldfreie Lebensführung —, doch sind sie auf eine spezielle Person hin zugespitzt, den König. Nicht die Lehre an sich ist eine besondere oder ihre Intention sondern allein die Person, der sie gilt. Das wird in den folgenden Anweisungen noch deutlicher, die hauptsächlich Richtlinien für die Außenpolitik des jungen Königs enthalten (Kol. XXI — XLII): Zunächst wird er angehalten, ein starkes, verjüngtes Heer aufzustellen, mit dem er die Grenzen schützen könne. Mit häufigem Gottesdienst und freigebigen Opfern könne er auch die Götter als Helfer gewinnen. Doch solle er sich ja hüten, in Bürgerkriegen, die unweigerlich ausbrechen würden, die Gräber der Feinde zu zerstören! Mit dem Südland solle er sich gut stellen; im Norden solle er die von seinem Vater eroberten Teile Unterägyptens gut verwalten. Auf jeden Fall müsse der Kampf gegen den „elenden Asiaten" weitergeführt werden. Im Inneren solle er sich hüten, die Gräber seiner Vorgänger auf dem Thron zu zerstören, vielmehr:

„Ein Mann tut etwas für seinen Vorgänger."
(Übersetzung nach A. Volten, Schriften, Z. 117b — 118/Kol. XLI)

Wenn er die Gräber früherer Könige pflege, so würden seine Nachfolger auch das seine schützen. Grabzerstörungen rächen sich!

Die wiederholte Warnung vor Grabschändung läßt auf ein tiefes Erschrecken schließen, daß so etwas — vermutlich erstmals in den Wirren nach Ende des Alten Reiches — überhaupt geschehen könne. Von diesem Thema abgesehen gilt der ganze außenpolitische Teil nur einer einzigen Person in einer ganz bestimmten Situation — Allgemeingültigkeit kann er nicht beanspruchen, wenngleich sich der alte König bemüht, aus dem Besonderen stets auch allgemeine Regeln zu gewinnen:

„Nicht fügt man einer wohlgegründeten Stadt Schaden zu."

(Kol. XXXVIII)

Wichtig ist die Art der Argumentation: Der Vater, der Vorgänger auf dem Thron, weist auf eigene Erfolge oder auf Fehler hin, zu denen er sich während seiner Regierungszeit hinreißen ließ (Rückblick auf die

Vergangenheit), gründet darauf bestimmte Richtlinien für seinen Sohn
(Verhaltensanweisungen) und zieht die positiven Folgen eines solchen
Verhaltens für die Zukunft aus (Zukunftsansage). Ein Beispiel:

> „Stelle dich also gut mit dem Südland!
> Dann kommen die Lastträger zu dir mit Gaben.
> Ich tat ebenso wie die Vorfahren:
> Hatte es kein Korn, mußte es es trotzdem geben.
> Du aber sollst liebenswürdig gegen sie sein,
> weil sie schwach gegen dich sind.
> Sättige dich von deinem eigenen Brot
> und von deinem eigenen Bier,
> dann kommt der Granit zu dir ohne Hinderung!"

(Übersetzung nach A. Volten, Schriften, Z. 75b — 78a/Kol. XXVIII —
XXIX)

Trotz des speziellen, nicht allgemeingültigen Inhalts argumentiert der
alte König hier doch wie ein Weiser, wie die Autoritäten der Test.-Form:
in Rückblick auf die Vergangenheit, Verhaltensanweisung und Zukunftsansage.[30] Darüberhinaus nimmt er noch zweimal ausdrücklich Bezug
auf Vorhersagen der Vorfahren, die noch ausstehen (Kol. XXV: Bürger-
krieg; Kol. XXVI: Stellung zum Südland).

Die Lehre für Merikare erschöpft sich aber durchaus nicht im Politischen. Der Vater weiß, daß alles politische Handeln letztlich einer bestimmten, geprägten Grundeinstellung des Lebens entspringt. Dazu will
er seinen Sohn anleiten mit der Mahnung, Gott zu ehren durch einen ge-
rechten Lebenswandel und durch reichliche Opfer. Das sei ihm nützlich
vor Gott (Kol. XLIII—XLV). Begründet werden diese Worte durch eine
lange, in diesem Zusammenhang beinahe überraschende Lehrrede über
Sinn und Ziel der Schöpfung (Kol. XLVI—XLVII): Gott habe die ganze
Welt allein um des Menschen willen erschaffen, ihn zu ernähren, am Leben zu erhalten, zu trösten und zu schützen. Welch eine Nähe zur Intention biblischer Schöpfungsberichte!

Damit ist der Vater am Höhepunkt und zugleich am Ende seiner Rede
angelangt. Er faßt noch einmal alle seine Worte in einer Art Schlußmahnung zusammen, die zugleich auch die Intention seiner Rede offenlegt:

---

30   Vgl. hierzu die ausführlicheren, ausgezeichneten Bemerkungen von H. Brunner, Die
„Weisen", S. 34.

„Du sollst keine schlechten Gefühle gegen mich hegen,
der ich allerlei Gesetze für einen König vorgetragen habe
und der ich dich instruiert habe,
daß du dich als Mann erhebest.
Mögest du (einst) zu mir kommen,
ohne daß es einen Ankläger gegen dich gibt."

(Kol. XLVIII)

Die Mahnworte verfolgen also ein doppeltes Ziel: den künftigen Herrscher regierungstüchtig zu machen und ihn zu einem Leben ohne Schuld anzuhalten.

Nach wenigen weiteren Anweisungen (Kol. IL), die grundlegenden Charakter haben (z.B. allseits beliebt zu sein), kommt der Vater endgültig zum Schluß seiner Rede mit den formelhaften, zugleich noch einmal ermahnenden Worten (Redeabschlußformel):

„Siehe, ich habe dir das Nützliche meines Leibes gesagt.
Du sollst nun handeln als ein wohl Vorbereiteter."

(Kol. L)

Trotz der besonderen Person, der diese Rede gilt, und der dadurch bedingten speziellen Thematik läßt sich die Verwandtschaft mit den bisher untersuchten Lehren ohne weiteres erkennen. Auch die Ähnlichkeit mit der israelitischen Test.-Form in den wichtigsten Formelementen, in Intention und Argumentationsweise fällt ins Auge.

Unbeantwortet blieb bisher allerdings noch die Frage, ob denn hier auch ein Sterbender spricht. Volten[31] behauptet aufgrund mehrerer Stellen seiner Übersetzung, der Vater Merikares sei bereits tot; er spreche aus dem Jenseits. Da die Übersetzung dieser Passagen aber anscheinend nicht eindeutig gesichert ist, sollen im Folgenden die Übersetzungen Voltens und Helcks einander gegenübergestellt werden:

---

31 A. Volten, Schriften, S. 84 f.

Volten   *Helck*

I. (Im Vorhergehenden war von Grabschändung die Rede.)

Z. 70 — 71a: *Kol. XXV:*

,,Ich tat solches,   Ich tat so,
und Ähnliches geschah mir;   und so geschah es,
denn wie ich getan hatte,   wie es bei Gott einem getan
wurde ähnlich Böses mir   wird,
seitens des Gottes getan.''   der in dieser Weise frevelt.''
(d.h. sein Grab wurde auch
geschändet; er ist also
wohl schon tot.)

II. Z. 94 —95:   *Kol. XXXV:*
,,Aber da ich lebte   ,,Solange ich aber lebte
und noch war ...''   und solange ich da war ...''

III. Z. 139b: *Kol. XLVIII:*
,,... und damit du mich erreichen   ,,Mögest du (einst) zu mir
mögest, ohne daß du einen An-   kommen, ohne daß es einen
kläger hast.''   Ankläger gegen dich gibt.''

IV. Z. 143:   *Kol. IL:*
,,... im Gegensatz zu ihm,   ,,... im Gegensatz zu dem,
der heute anlangen wird.''   der heute zu Ende kommt.''
(Der Vater wird heute im
Totenreich ankommen.)

Ein weiterer Vergleich mit den Übersetzungen Wilsons,[32] Simpsons,[33] und Lichtheims[34] zeigt, daß die Übersetzung bis auf III. sehr stark differieren. Der Nicht-Ägyptologe kann hier keine Entscheidung fällen. Daher bleiben diese Stellen unberücksichtigt. III. aber erinnert sehr an eine Stelle am Ende der Lehre des Ptahhotep. Dort heißt es:

> ,,Mögest du mich treffen mit gesundem Leib
> und so, daß der König zufrieden ist
> mit allem, was geschehen ist!''

(Z. 637f.)

32 J. A. Wilson, in: ANET, S. 414 — 418.
33 W. K. Simpson (Hrsg.), The literature of Ancient Egypt, New Haven/London, 1973, S. 180 — 192.
34 M. Lichtheim, Ancient Egyptian literature. Vol. I, Berkeley/Los Angeles/London, 1973, S. 97 — 109.

Ptahhotep lebte durchaus noch, als er diese Worte sprach. Konnte er sein hohes Greisenalter schon mit dem Tod gleichsetzen oder meinte er das Ende seines aktiven Lebens im Beruf? Das letztere scheint wahrscheinlicher zu sein. Dann könnte auch der Vater Merikares das Ende seiner Regierungsperiode meinen, seine Abdankung, die er wie Ptahhotep als das Ende seines (sinnerfüllten) Lebens versteht. Doch ob er als Sterbender spricht, wie man wohl wird vermuten dürfen, oder als Toter: Keinesfalls ist diese Lehre mit den Lehren auf Grabstelen im Rahmen von Biographien gleichzusetzen. Dort ging es allein um den Verstorbenen, sein Andenken bei den Menschen und sein Bestehen vor dem Totengericht. Hier steht ausschließlich der Nachfolger auf dem Thron im Blickfeld und sein zukünftiges Ergehen. Auf der Person des Redenden liegt nicht das geringste Interesse.

Volten[35] sieht in der Lehre für Merikare ausschließlich eine politische Tendenzschrift — dem toten Vater in den Mund gelegt mit dem alleinigen Zweck, die Nachfolge des Sohnes auf dem Thron als rechtmäßig zu erweisen, zu legitimieren, ganz ähnlich der Intention des Testamentes Davids in 1. Kön. 2. Wenn auch diese Funktion der Lehre sicherlich nicht zu übersehen ist, so greift andererseits doch ihr Inhalt auch weit über das Politische hinaus.[36] Es geht auch dieser Schrift letztlich um die Aufrechterhaltung der Ordnung und um ihre Geltung, ganz besonders in der Situation des Umbruchs.[37]

Damit reiht sie sich ein unter die anderen altägyptischen Lehren, und wohl auch nur deswegen ist sie bis in die Spätzeit hinein überliefert worden. Auch der Ägypter dieser Zeit noch hat den Appell der Lehre aufgreifen und auf sich anwenden können. Anweisungen zum politischen Handeln in einer längst entschwundenen Zeit hätten ein solches Interesse wohl kaum hervorzurufen vermocht.

35   A. Volten, Schriften, S. 85. E. Otto, Art. ,,Weltanschauliche und politische Tendenzschriften", in: HdO I,1,2, S. 111 — 119, hier S. 114, und O. Loretz, Qohelet und der Alte Orient, Freiburg, 1964, S. 60, stimmen ihm hier zu.

36   Im Gegensatz zu 1. Kön 2! Dort wird das Allgemeingültige erst durch die deuteronomistische Redaktion eingetragen.

37   Vgl. H. Gese, Lehre, S. 27, bes. auch S. Herrmann, Untersuchungen zur Überlieferungsgestalt mittelägyptischer Literaturwerke, Berlin, 1957, S. 61 f.

5. Die Lehre des Königs Amenemhet I.[38]

Text und Überlieferung:

W. Helck, Der Text der „Lehre Amenemhets I. für seinen Sohn'', Wiesbaden, 1969 (Klät)
(Zitiert wird nach der Übersetzung Helcks.)

A. Volten, Zwei altägyptische politische Schriften, Kopenhagen, 1945

Im Gegensatz zu den bisher untersuchten Lehren ist die Lehre des Königs Amenemhet I. für seinen Sohn Sesostris I. in bemerkenswert vielen Abschriften erhalten, auf Papyrus, Leder, Holz und Ostraka. Helck hat alle diese Textzeugen für die Herstellung eines kritischen Textes herangezogen, ihn auch übersetzt und mit Anmerkungen versehen, so daß damit eine ausgezeichnete Basis für die formkritische Untersuchung zur Verfügung steht.

Die Lehre Amenemhets I. stammt etwa aus derselben Zeit wie die Lehre für Merikare (Beginn der 12. Dynastie, ca. 2000 v. Chr.), mit der sie überhaupt in enger Verwandtschaft zu stehen scheint. Auch auf sie treffen die schon beschriebenen Besonderheiten einer Königslehre zu.[39] Es ist sicher kein Zufall, daß beide Lehren in einer ähnlichen politischen Situation entstanden sind.

Die Lehre besitzt einen ausgeprägten Anfangsrahmen:

„Der Anfang der Lehre, die die Majestät
des Königs von Ober- und Unterägypten
Shtp-ib-R^c, Sohn des Re Imn-m-h3.t,
der Gerechtfertigte, verfaßt hat,
indem er (sie) sagte als etwas,

was die Weltordnung offenbart,
zu seinem Sohn, dem Allherrn.
Er sagte:
Erscheine als Gott
und höre auf das, was ich dir sage,
damit du die Welt als König beherrschst
und die Länder regierst,
und du ein Übermaß an Glück durchführst.''

(Abschn. I)

---

38   Einteilung in Abschnitte nach W. Helck, Text.

39   Siehe S. 128.

Der Anfang läßt sich wieder gut mit dem Formelement „*Titel und Name*" der Test.-Form vergleichen. Sodann wird der *Adressat* der folgenden Rede genannt, der Sohn Amenemhets, dessen Name erst im Mittelteil erwähnt wird (Sesostris). Amenemhet fordert seinen Sohn auf, als sein Nachfolger den Thron zu besteigen (als Gott zu erscheinen) und auf die Worte des Vaters zu hören[40] — eine *Redeeinleitungsformel*, die die folgende Lehre eröffnet. Bevor aber Amenemhet mit den eigentlichen Belehrungen beginnt, teilt er seinem Sohn noch mit, welchem Zweck seine Worte dienen: Sesostris soll aus ihnen lernen, sein Land als König ordnungsgemäß zu regieren und für Glück und Wohlergehen des Volkes zu sorgen. Es handelt sich also um Regierungsanweisungen wie bei Merikare, doch wie dort wollen sie auch hier in einem größeren, umfassenderen Rahmen gesehen und verstanden werden:

> „... indem er (sie) sagte als etwas,
>   was die Weltordnung offenbart ...“

Die Regierungsanweisungen beziehen sich auf die Weltordnung; sie sind in ihr gegründet. Der König wird auf sie verpflichtet als ihr Garant und ihr Repräsentant.

Eigenartigerweise verlautet nichts über die direkte Situation, in der diese Lehre ergeht. Zwar ist der Regierungswechsel angesprochen, doch genauere Angaben und Hinweise fehlen, etwa, daß der Vater den Sohn zu sich gerufen habe o.ä. Das hat seinen Grund darin, daß der Vater ein „Gerechtfertigter" ist, vor dem Totengericht nämlich, d.h. der Vater ist (vermutlich) bereits tot.[41] Eine Situationsangabe ähnlich der der Test.-Form ist gar nicht mehr zu erwarten. Ob und welche Auswirkungen das auf die gesamte Lehre hat, wird sich nach einem Überblick über ihren Mittelteil und ihren Schluß zeigen müssen.

Amenemhet *warnt* zunächst seinen Sohn vor allzuviel Vertrauen seinen Untergebenen gegenüber. Er soll sich vor jedem inachtnehmen, sich auf niemanden verlassen,

> „denn es gibt für niemand Anhänger
>   am Tage des Unheils".   (Abschn. II — IIIa)

---

40 Beide Themen, Thronnachfolge und Regierungsanweisungen, erscheinen auch im Schlußrahmen wieder nebeneinander als Zusammenfassung der Lehre. Hier ist demnach ihre Intention zu suchen und nicht etwa in der Reinwaschung vom Verdacht des Königsmordes, wie A. Volten, Schriften, mit Nachdruck herausstellt (S. 126 — 128).

41 Als einziger unter den Ägyptologen, soweit ich sehe, vertritt R. Anthes, Zur Echtheit der Lehre des Amenemhet, in: J. Assmann u.a. (Hrsg.), Fragen an die altägyptische Literatur, Wiesbaden, 1977, S. 41 — 54, die These, daß Amenemhet das in der Lehre angesprochene Attentat überlebt und also seinen Sohn noch als Lebender belehrt habe.

Der Verstorbene *blickt auf sein Leben zurück* und bekennt voll Bitternis, daß er zwar allezeit jedermann wohlgetan, aber dafür nur Undank und Verrat geerntet habe (Abschn. IIIb — IV). Er bittet nun — wenigstens, könnte man ergänzen — um eine Totenklage, die das gewöhnliche Maß übersteige; denn außergewöhnlich sei auch der Kampf gewesen, den es gegeben habe (Abschn. V). In der Folge schildert er nun den Hergang des Attentats, dem er zum Opfer gefallen war (Abschn. VI — VII). In diesem Zusammenhang gibt er auch das Motiv zu erkennen, warum er sich noch als Toter an seinen Sohn wendet: Der Mord geschah, bevor Sesostris offiziell zum Thronfolger eingesetzt war. Der Vater konnte seinen Sohn nicht mehr auf die Thronfolge vorbereiten. Das möchte er nun nachholen (Abschn. VIIIa). Der Anschlag habe ihn völlig überrascht; denn wer wolle schon mit etwas Derartigem rechnen? Er beklagt nun eindringlich sein übles Schicksal, das ihn gänzlich unverdient getroffen habe; denn er habe allezeit als tapferer, umsichtiger König zur Zufriedenheit des Volkes regiert — ein zweiter *Rückblick auf sein Leben* (Abschn. VIIIb — XIII). Doch jetzt gebe es ,,viel Haß auf der Straße'', Thronstreitigkeiten anscheinend, die der Verstorbene dadurch beenden möchte, daß er — noch nach seinem Tod, da er es vorher nicht mehr habe tun können, — seinen Sohn Sesostris, den er hier zum ersten Mal beim Namen nennt, offiziell als Thronfolger benennt (Abschn. XIV). Damit ist die Rede auf ihrem Höhepunkt, wohl auch bei ihrer eigentlichen Intention, angelangt.

Der tote König faßt nun seine Worte noch einmal in wenigen Sätzen zusammen, die er mit einer *Redeabschlußformel* einleitet:

> ,,Siehe, ich schuf dir das Vordertau
> und knüpfte dir das Hintertau.
> Ich habe dir das, was in meinem
> Herzen ist, übergeben...''

Vordertau und Hintertau meinen Vergangenheit und Zukunft.[42] Der Sinn dieses Satzes ist nicht recht klar. Könnte ,,Vergangenheit'' stehen für die Bestimmung und Einsetzung als Thronfolger, ,,Zukunft'' für die Regierungsanweisungen? Das würde gut die beiden Themen, die beiden Kernaussagen dieser Lehre treffen, mit denen sie begonnen hatte (Anfangsrahmen) und mit denen sie auch wieder schließt: Amenemhet legitimiert seinen Sohn Sesostris als seinen Nachfolger auf dem Thron und gibt ihm zugleich Ratschläge und *Anweisungen*, wie er in Zukunft seine Regierungsgewalt ausüben solle (Abschn. XV).

---

42   So W. Helck, Text, S. 98, unter Berufung auf H. Brunner.

Vergleicht man die Lehre des Königs Amenemhet mit der Test.-Form, so läßt sich zunächst die Verwandtschaft beider anhand einer Reihe von formalen Entsprechungen nachweisen: Ein Alter, als König unzweifelhaft eine Autorität, spricht zu seinem Sohn in Form einer Lehre. Er zieht aus Rückblicken auf sein eigenes Leben Schlußfolgerungen und befiehlt sie seinem Sohn an, um ihm zu einer glücklichen Lebens-, d.h. hier Regierungszeit, zu verhelfen.

Doch fallen sogleich auch bestimmte Besonderheiten ins Auge:

1) Das Formelement Zukunftsansage fehlt völlig. Die Erklärung dafür liegt aber auf der Hand: Alle Verhaltensmaßregeln, die der König seinem Sohn und Nachfolger ans Herz legt, haben einen so massiven Anhalt in Ereignissen, die den König während seines Lebens betroffen haben, daß es nicht mehr nötig ist, die Richtigkeit dieser Mahnungen durch Ausziehen ihrer Konsequenzen in die Zukunft zu belegen.

2) Es spricht kein Sterbender, sondern höchstwahrscheinlich ein bereits Gestorbener. Kann diese Schrift deswegen überhaupt noch mit dem israelitischen Testament in Beziehung gesetzt werden? Sie kann, wenn man wieder auf ihre Intention achtet: Die Lehre des Amenemhet zielt allein auf das Wohlergehen des Sohnes ab. Der Vater möchte seinen Sohn und Nachfolger auf dem Thron vor den gleichen mißlichen Erfahrungen bewahren, die er selbst am Ende seiner Regierungszeit erleiden mußte. Der Vater erwartet sich für seine Person aus seiner Lehre nicht den geringsten Vorteil (in Gegensatz etwa zu den Lehren auf Grabstelen). Er hat das auch gar nicht nötig; denn er ist bereits ein ,,Gerechtfertigter''. Andererseits hat der Verstorbene aufgrund dessen, daß er sich bereits im Totenreich aufhält, auch keine bessere Einsicht in die irdischen Dinge bekommen. Seinen Worten eignet *von daher* weder eine besondere Qualität noch Autorität. Er spricht und argumentiert nicht anders als ein Lebender bzw. Sterbender. Amenemhet hätte viel lieber am Ende seines Lebens, seiner Regierungszeit, seinen Sohn belehrt; da das aber wegen des Mordes nicht möglich war, muß er aus dem Totenreich zu ihm sprechen (Abschn. VIII) — so die Fiktion der Schrift. Daß diese Totenrede nur als eine etwas variierte Sterberede bzw. Rede am Ende des Lebens anzusehen ist, zeigt sich auch darin, daß das Problem, wie denn ein Toter zu den Lebenden sprechen könne, überhaupt nicht durchdacht ist, nicht einmal in Ansätzen.[43] Dabei hätte es ja durchaus entsprechende Möglichkeiten gegeben (Traum, Vision, Audition). Wenn Grapow eingangs übersetzt:

---

43 Das könnte auch für die Theorie von R. Anthes sprechen, daß Amenemhet seine Lehre noch als Lebender abgefaßt habe.

,,Lehre, welche gemacht hat...
Amenemhet, der Selige.
Er sprach in einer Offenbahrung
zu seinem Sohn...'',[44]

dann zeigt das genau dieses Problem auf, nur daß Grapow es mittels Übersetzungsvariante aus dem Weg zu räumen versucht.

Wir haben es also in dieser Lehre mit einer Ausnahmesituation zu tun, die sich auch als solche zu erkennen gibt. Daher fällt sie nicht aus dem Rahmen der Lehre und bleibt so auch weiterhin mit der Test.-Form vergleichbar.

3) Die Regierungsanweisungen sind hier mit der Einsetzung zum Nachfolger auf dem Thron, mit einer Legitimation also, verbunden. Sind damit nicht Motivation und Intention einer Lehre wie auch der Test.-Form weit überschritten bzw. verlassen? Die Legitimation von Herrschaft hat mit beiden primär sicher nichts zu tun, wenngleich sie nebenher mit einfließen kann (Lehre für Merikare — 1. Kön 2). Die Regierungsanweisungen aber müssen in einem weiteren Horizont als die aktuelle Tagespolitik verstanden werden. Sie beziehen sich und leiten sich ab von der großen Ordnung der Welt; das zeigte schon der Anfangsrahmen.[45] Doch gehören sie damit schon in den Bereich der Lebenserfahrung? Hier hilft ein Blick auf die Stellung der beiden Lebensrückblicke in ihrem Kontext: Der erste Rückblick (Abschn. IIIb) schilderte das wohltätige Verhalten des Königs gegenüber den Minderbemittelten und Unterprivilegierten. Doch als Dank dafür, so muß Amenemhet berichten, habe er nur Mißachtung und Verrat geerntet (Abschn. IV). Die Vergeltung entsprach nicht der Tat; actio und reactio standen sich diametral gegenüber; die Ordnung (maat) war gestört. Der König muß das Verhalten der von ihm Beschenkten und Bevorrechteten in einem Maße als ordnungs-, als maatfeindlich erfahren haben, das nur noch mit der Ungeheuerlichkeit der Grabschändung in der Lehre für Merikare verglichen werden kann.

Im zweiten Rückblick beurteilt der König die ganze Zeit seiner Regierung als eine für sich und das Volk überaus glückliche und zufriedenstellende (Abschn. IXb—XIII). Doch welches Lebensende habe er erleiden müssen? — heimtückischen, hinterhältigen Mord. Der König kann nur wiederum voll Bitterkeit konstatieren, daß er so etwas nicht ver-

---

44   H. Grapow, Die Einleitung der Lehre des Königs Amenhet, in: ZÄS 79, 1954, S. 97
— 99, hier S. 97.
45   Siehe S. 135.

dient, daß sein Ende nicht seiner Lebensführung entsprochen habe. Wieder hat sich die Ordnung als angreifbar, ja als gestört erwiesen.

Aus beiden Erfahrungen wächst dem König eine Erkenntnis zu, die er nun an seinen Sohn weitergibt, als Warnung und als Mahnung. Die Warnung: Verlaß dich nicht auf die Unangreifbarkeit der Weltordnung und auf das maatgemäße Handeln der Menschen (Abschn. II—IIIa; IXa)! Die Mahnung: Stehe selbst für die Ordnung ein; schaffe und erhalte sie (Abschn. Ib; XVb)! Zu dieser „Schaffung" der Ordnung gehört nun aber auch die ordentliche Regierungsübernahme, die Inthronisation als neuer König:

> „...du aber setzest nun die Weiße Krone
> des Göttersprößlings auf,
> und das Siegel ist an seinem Platz
> als eins, das ich dir zugewiesen habe,
> indem Jubel im Schiff des Re war.
> So entstand das Königtum (wieder)
> im uranfänglichen Zustand."

(Abschn. XVa)

Durch die Inthronisation entsteht das Königtum wieder als Zeichen und Garant der Weltordnung. Am neuen König liegt es nun, die Mahnungen seines Vaters anzunehmen und so für eine sichere Ordnung im Reich Sorge zu tragen.

Aus alledem ergibt sich also, daß in dieser Schrift die Legitimation als Herrscher mit den Regierungsanweisungen eng und sinnvoll verbunden ist. Diese Anweisungen aber stehen weit über kleinlicher Tagespolitik; sie fordern vielmehr vom neuen König den „Kampf für die Ordnung"[46] und gründen sich dabei auf die Lebenserfahrungen des Vaters. Damit erweist sich auch die Lehre des Königs Amenemhet I. bei all ihrer spezifischen Eigenheit doch als eine echte Lehre, die sich mit den israelitischen Testamenten sinnvoll vergleichen läßt.[47]

---

46 So H. Gese, Lehre, S. 22.

47 J. Leclant verkennt den Charakter dieser Lehre, wenn er urteilt (S. 8): „Ainsi l'Enseignement d'Amenemhat Ier est-il bien plus un récit autobiographique qu'un livre sapiential; le genre didactique y a été adapté pour exalter l'oeuvre du fondateur de la dynastie".
(J. Leclant, Documents nouveaux et points de vue récents sur les sagesses de l'Egypte ancienne, in: SPOA, 1963, S. 5 — 26)

Zusammenfassung

Die Untersuchung hat ergeben, daß man mit vollem Recht von einer Gattung ,,Lehre'' in der ägyptischen Literatur sprechen kann und daß diese Gattung sich auch durch die ganze Zeit der ägyptischen Geschichte durchgehalten hat: vom Alten Reich bis in die Spätzeit. Bei aller Variabilität im Äußeren, Formalen bleiben dabei die wesentlichen Kennzeichen und Merkmale der Form unverändert: Ein Älterer, Erfahrener, in den untersuchten Lehren stets der Vater, merkt, daß er an dem Punkt angelangt ist, an dem es ihm nicht mehr möglich ist, über seine bereits gesammelte Lebenserfahrung hinaus weitere Erkenntnisse zu gewinnen. Dabei spielt es keine Rolle, ob der Vater ein hohes Greisenalter erreicht hat (Ptahhotep), in lebenslange Haft genommen wurde (Anchscheschonki) oder seinen Tod herannahen fühlt (Merikare). Er kann einmal — als deutliche Ausnahme — sogar schon verstorben sein und als Toter sprechen (Amenemhet). In jedem Fall hält er den Zeitpunkt nun für gekommen, einem Jüngeren, weniger Erfahrenen, hier seinem Sohn, die Erfahrung seines Lebens weiterzugeben, da er sie nicht der Vergangenheit anheimfallen lassen sondern seinem Sohn als Hilfe zur Bewältigung seines Lebens und seines Berufes zur Verfügung stellen will. In dem Wunsch, die Erfahrungen der Vergangenheit zu bewahren, zeigt sich die *Motivation* der Gattung, im Aufruf zu einem bestimmten Verhalten die *Intention*. Inhaltlich zielen die Verhaltensanweisungen insgesamt auf Einhaltung bzw. Schaffung und Erhaltung der Weltordnung.

Dabei kann ihre stilistische Darbietung variieren: vom kurzen, einzeiligen Spruch bis hin zur ausgebauten Rede — konstant bleibt immer der Appell an den Sohn, d.h. den Leser, den Hörer. Der Redende kann auch auf keine andere Autorität verweisen als auf die Erfahrung seines eigenen Lebens (auch als Toter) und auf die Richtigkeit, die ,,Weisheit'', die seinen Worten innewohnt und die sich überall im Leben immer und immer wieder unter Beweis stellen läßt, und dies auch muß. Der Ältere, der Vater, der ,,Weise'' will den Jüngeren, den Sohn, ja nicht überrumpeln, ihm seine Lehren nicht aufoktroyieren, sondern er will ihn überzeugen. Deswegen argumentiert er auch, statt zu befehlen. Er spricht aufgrund der Erfahrungen seines eigenen Lebens und kann deshalb auch abschätzen, welche Konsequenzen dieses oder jenes Verhalten in der Zukunft zeitigen wird. In einem Grab in Theben findet sich folgende treffende Charakterisierung eines Weisen:

„Ich durchforschte die Zeit
und sagte voraus, was kommen würde.
Ich war verständig im Blick auf die Zukunft;
denn ich hatte das Gestern durchschaut
und dachte an das Morgen
und verstand umzugehen mit dem,
was kommen würde."[48]

Die Aussagen über das Morgen (Zukunftsansage) gründen in der Durchforschung des Gestern (Rückblick auf die Vergangenheit). Beide drängen den Weisen zum Appell an das Heute (Verhaltensanweisung). Dies ist die typische Art der Darbietung der Mahn- und Lehrsprüche bzw. -reden, die für alle Lehren charakteristisch ist (*Argumentationsweise* der Gattung).

Aus Motivation, Intention und Argumentationsweise dieser Gattung ergibt sich ihr Sitz im Leben: Es ist die weisheitliche Belehrung, und zwar in Literaturform. Sie spiegelt die Theorie der „Weisen" wider.[49] Die Lehre als Gattung wird nie eine mündliche Stufe gehabt haben, was aber nicht zugleich auch heißt, daß ihr Inhalt (einzelne Sprüche, Ausdrücke, Redewendungen) nicht zuvor mündlich umgelaufen sein kann.

Die beiden Gattungen „Lehre" und „Testament" sind damit durchaus miteinander vergleichbar. Sie haben sich als verwandt erwiesen nach Motivation, Intention und Argumentationsweise und von daher auch hinsichtlich ihres Sitzes im Leben. Bezeichnenderweise sind beide Gattungen vom Äußeren, Formalen her nicht starr, einmal für alle Zeiten festgelegt sondern in den Grenzen, die ihnen die soeben beschriebenen Wesensmerkmale setzen, variabel, so wie die Weisheit selbst ja beständig neue Ausdrucksformen, Bilder, Vergleiche sucht und findet.

Das Urteil McCarthy's besteht auch im Blick auf „Lehre" und „Testament" zu Recht: „Attention to function rather than to forms of expression is of considerable importance." „As long as the function remains the same, the genre will not change."[50]

Die ägyptische Lehre hat sich also mit dem israelitischen Testament als gattungsverwandt erwiesen. Kann sie auch direkt auf dieses einge-

---

48 Zitiert nach H. Brunner, Die „Weisen", S. 33.
49 Siehe J. P. J. Olivier, Schools and Wisdom literature, in: Journal of Northwest Semitic Languages 4, 1975, S. 49 — 60. Er trägt alle Belege für die Existenz von Schreiberschulen und die Verwendung von Weisheitslehren in ihnen für die Bereiche Mesopotamien, Ägypten, Syrien und Israel zusammen.
50 D. McCarthy, An installation genre? in: JBL 90, 1971, S. 31 — 41.

wirkt, d.h. den entscheidenen Anstoß gegeben haben, daß sich in Israel aus der allgemeineren Form der weisheitlichen Lehr- und Mahnrede die speziellere des Testamentes hat entwickeln können? Aufgrund der verhältnismäßig engen kulturellen Beziehungen Israels zu Ägypten, die sich ja nicht nur für das literarische Gebiet[51] nachweisen lassen (z.B. Amenemope — Prv), sondern auch durch den archäologischen Befund Stützung erfahren,[52] ist dies ohne weiteres vorstellbar, doch ist dabei stets zu berücksichtigen, daß der Test.-Form in Israel selbst ein echter Sitz im Leben zukommt. Diese Gattung ist im Leben Israels voll integriert; sie benötigt für ihre *Fortexistenz* nicht die Stützung durch die Gattung eines anderen, in sich geschlossenen Kulturkreises. Der *Anstoß* zu ihrer Ausbildung aber mag durchaus von außen, d.h. in diesem Fall von Ägypten, gekommen sein; denn gerade im Bereich der Weisheit war Israel in einem Maße der Schüler seiner Umwelt wie kaum auf einem anderen Gebiet. Allerdings hat auch hier der Schüler zu seiner eigenen Linie gefunden.[53]

51 Sehr aufschlußreiche Zusammenstellungen bei R. J. Williams, ,,A people come out of Egypt''. An Egyptologist looks at the Old Testament, in: SVT 28, Leiden, 1975, S. 231 — 252 und J. Zandee, Egyptological commentary on the Old Testament, in: Travels in the world of the Old Testament (FS M. A. Beek), Assen, 1974, S. 269 — 281.

52 Vgl. die Ausgrabungen im Königspalast von Samaria — K. M. Kenyon, Archäologie im Heiligen Land, Neukirchen, 1967, S. 255; A. Parrot, Samaria, in: Bibel und Archäologie, Bd. III, Zürich, 1957, S. 51 ff.

53 In dem von E. Hornung und O. Keel herausgegebenen Sammelband ,,Studien zu altägyptischen Lebenslehren'' hat J. Bergman in seinem Beitrag: Gedanken zum Thema ,,Lehre — Testament — Grab — Name'', S. 73 — 104, die israelitische Literaturgattung ,,Testament'' mit der altägyptischen ,,Lehre'' in eine positive Beziehung gebracht. Viele seiner Beobachtungen treffen sich mit den meinigen. Weil er aber das ,,geistige'' Testament nicht klar vom juristischen Bereich getrennt hat, kommt er zu einigen Fehleinschätzungen, die ihn z.B. die Funktion der Altersbeschreibung im Prolog des Ptahhotep für die folgende Lehre nicht erkennen lassen.

ERGEBNIS UND AUSBLICK

Die vorliegende Untersuchung (Band I und II) ging von der Frage aus, ob die Form der Testamente der zwölf Patriarchen dem Rahmen des Jakobssegens Gen 49 direkt nachgebildet oder ob diese Schrift nicht vielmehr als ein Vertreter und Repräsentant einer eigenen literarischen Gattung, des „Testamentes‟, anzusehen sei.

In einem ersten Schritt führte der Vergleich mit anderen Schriften mit Testamentscharakter aus der pseudepigraphen Literatur der hellenistisch-römischen Zeit zu dem Ergebnis, daß die TestXIIPatr. im Blick auf ihre Form tatsächlich nicht allein auf weiter Flur stehen sondern in einer Reihe mit mehreren Schriften vergleichbarer Form. Zwar zeigen diese Texte durchaus eine jeweils eigenständige Ausprägung (auch die TestXIIPatr.), doch sind die Grundgemeinsamkeiten der Form so gewichtig, daß es berechtigt erscheint, von einer eigenen Literaturform „Testament‟ zu sprechen.

Diese Gemeinsamkeiten lassen sich äußerlich, stilistisch beschreiben (Anfangsrahmen: Redender und Situation, Adressat, Hinweis auf den bevorstehenden Tod in berichtender Form, Altersangabe, Hinweis auf den bevorstehenden Tod in persönlicher Form, Redeeinleitungsformel / Mittelteil: Rückblick auf die Vergangenheit, Verhaltensanweisung, Zukunftsansage, eventuell Schlußmahnung / Schlußrahmen: Redeabschlußformel, Bestattungsanweisungen, Tod, Bestattung, Trauer). Nicht immer aber sind alle diese Formelemente vertreten, so daß sich die Frage stellt, welche dieser Einzelmerkmale eventuell entbehrlich, welche anderen aber unverzichtbar sind. Diese Frage kann nicht allein aufgrund formal-stilistischer Kriterien beantwortet werden. Inhaltliche Charakteristika müssen hinzutreten: die Beschreibung der *Motivation* — Lebenserfahrung darf nicht in Vergessenheit geraten, sondern muß über Generationen hinweg weiterüberliefert werden —, der *Intention* — diese Erfahrung dient dem, der sich an sie hält, als Hilfe bei der Bewältigung seines Lebens — und der *Argumentationsweise* — der Sterbende spricht rational argumentierend; er will einsichtig machen und überzeugen; er belegt seine Anweisungen durch eigene Erfahrung oder Beobachtung und untermauert sie durch Aufzeigen der Konsequenzen in der Zukunft. Erst durch die Anwendung der äußeren *und* der inneren Kriterien wird die Testamentsform in der Tat beschreibbar und definierbar, eine echte Literaturgattung.

In einem zweiten und dritten Schritt wurden Vertreter der Form „Testament‟ aus den apokryphen und kanonischen Texten des Alten Testaments untersucht. Es zeigte sich, daß sich diese Texte durchaus der Literaturform des Testamentes einordnen lassen, diese Form also auch in der älteren Literatur Israels bekannt war. Bemerkenswert ist, daß unter allen herangezogenen Texten gerade Gen 49/50, von einigen Forschern als das Urbild des Testamentes apostrophiert, am wenigsten Merkmale dieser Form aufweist. Nur im Rahmen, und da fast ausschließlich im Schlußrahmen, tauchen äußere Merkmale der Testamentsform auf. Wendet man die erarbeiteten inneren Kriterien auf den Mittelteil von Gen 49/50 an, dann zeigt sich überhaupt keine Übereinstimmung mit der Form des Testamentes. Von daher ist es schlechterdings unmöglich, daß der Jakobssegen am Anfang der Entwicklungsgeschichte der Testamentsform als einer Literaturgattung gestanden haben kann. Der Schlußrahmen sollte allenfalls nachträglich dem vorhergehenden Text den Charakter eines Testamentes aufprägen. Von *Aufbau* und *Struktur* her kann natürlich Gen 49/50 für die TestXIIPatr. Pate gestanden haben, das Vorbild ihrer *Form* war der Jakobssegen aber nicht, geschweige denn daß er eine ganze Literaturgattung ins Leben gerufen hätte.

Die inneren Kriterien wiesen auch darauf, daß die Testamentsform nicht im juristischen Bereich zuhause ist. Sie hat mit Gesetzgebung oder Rechtssetzung auch im weitesten Sinn nichts zu tun. Die untersuchten Testamente gründen sich auf bestimmten Normen, aber sie geben sie erklärend, argumentierend, ermahnend, rational begründend weiter, sie wollen zu einem entsprechenden Verhalten einladen, es aber nicht etwa durch Sanktionen erzwingen. Daher führte auch eine Rückverfolgung des Begriffs diathäkä, der höchstwahrscheinlich aus dem Rechtsbereich stammt, nicht weiter. Das zeigte sich schon auch daran, daß viele Schriften auf diesen Ausdruck verzichten können, ohne daß ihnen dadurch von ihrem Testamentscharakter das geringste abgeht.

Nach Abschluß der Einzeluntersuchung aller pseudepigrapher, apokrypher und kanonischer Texte mit Testamentscharakter wurde die Form des Testamentes noch einmal eingehend geprüft, und zwar in ihren einzelnen Elementen, in ihrem Gesamtaufbau (Gliederungsprinzip) und in Motivation, Intention und Argumentationsweise. Dies geschah im Gegenüber zum Bundesformular, weil beide Gattungen in ihrem äußeren Erscheinungsbild gewisse Ähnlichkeiten zeigen und aufgrund dessen eine Abhängigkeit der Testamentsform vom Bundesformular behauptet wurde. Im Ergebnis erwiesen sich beide Gattungen als von Grund auf unabhängig voneinander, und zwar im wesentlichen durch eine Gegenüberstellung ihrer inneren Formmerkmale. Die äußeren, stilistischen Kriterien waren für eine tiefergehende Prüfung weniger aussagekräftig.

Die Testamentsform ist in der Weisheit angesiedelt; ihr Sitz im Leben ist die weisheitliche Belehrung. Das Testament kann als eine Sonderform der weisheitlichen Lehr- und Mahnrede angesehen werden. Ihr gegenüber kennzeichnet das Testament vor allem die Verbindung mit dem Tod des Redenden, ohne daß doch der bevorstehende Tod *an sich* seinen Worten eine besondere Autorität verleiht. Daß der Tod unmittelbar droht, nötigt den Alten nur, die Summe seines Lebens zu ziehen und seine Erfahrungen seinem Sohn/Schüler/Amtsnachfolger o.ä. weiterzugeben. Der Tod weist auf die Motivation der Rede hin: Die Erkenntnisse eines langen und berühmten Lebens sollen nicht mit ins Grab genommen werden, sondern den Nachfahren als Richtlinie und Orientierungshilfe in ihrem Leben dienen.

Das Testament kann teils als Unterform in einer größeren Schrift von anderem Formcharakter erscheinen (z.B. slavHenoch 55—67, LibAntBibl 33, Dt 31—34). Beim Deuteronomium hat möglicherweise das am Ende stehende Testament dem ganzen Buch einen Testamentscharakter aufgeprägt. Teilweise kann das Testament aber auch andere Teilgattungen aufnehmen (z.B. Träume, Visionen wie in den TestXIIPatr.) oder sich mit fremden Gattungen verbinden (z.B. mit dem Roman siehe TestIsaak und TestJakob). Dabei besteht allerdings die Gefahr, daß das Testament durch die fremden Formelemente überlagert wird und dann seine Konturen verliert. Auch kann die Testamentsform Texten mit anderem Charakter nur oberflächlich übergestülpt werden, so daß die ursprüngliche Form noch deutlich erkennbar ist (TestAbrahams, TestSalomos, Gen 49/50).

Ein letzter Schritt schließlich diente der Frage, ob es unter den uns erhaltenen Schriften des Alten Vorderen Orients Texte gibt, die anhand der herausgearbeiteten Kriterien als dem israelitischen Testament gattungsmäßig verwandt angesehen werden können.

Für den mesopotamischen Kulturkreis mußte diese Frage weitgehend unbeantwortet gelassen werden, da sich einmal die Basis der in Frage kommenden Texte doch als recht schmal erwies, sich zum anderen nirgendwo ein Hinweis auf den bevorstehenden Tod des Redenden fand. Die ägyptische Literaturgattung „Lehre" (śb3jt) hingegen zeigte überraschende Ähnlichkeiten mit dem israelitischen „Testament". Einer gewissen Variabilität im Äußeren, Formalen stand eine erstaunliche Konstanz in Motivation, Intention und Art und Weise der Argumentation gegenüber. Sie vermag der Vermutung, das Testament habe sich in Israel aufgrund des Anstoßes durch die ägyptischen Lehren aus der Lehr- und Mahnrede herausentwickelt, eine gewisse Wahrscheinlichkeit zu verleihen.

Alle Testamente und wohl auch die ägyptischen Lehren waren pseudonym und von Anfang an schriftlich abgefaßt. Sie sollten ja gar nicht nur dem angeredeten Sohn/Schüler etc. als Lebensrichtlinie dienen sondern übergreifend allen Lesern. Die Autorität des Redenden war nur „geliehen", um dem Inhalt der Schrift mehr Nachdruck zu verleihen und die Verbindung zur Vergangenheit herzustellen. Die Anweisungen und Ratschläge waren in der Regel nicht auf eine besondere, einmalige Situation bezogen oder an die Person des Redenden gebunden, sondern betrafen immer wiederkehrende Problemfälle des Lebens oder der Amtsführung. Das gilt selbst für den Sonderfall des Testamentes Davids in 1.Kön 2, das nachträglich dadurch „verallgemeinert" wurde, daß es die Nachfolger Davids auf dem Thron auf die Basis des Gesetzes stellte, das allen Israeliten anvertraut war. Der Pseudonymität entspricht die Schriftlichkeit. Diese Testamente und Lehren waren Literatur.[1] Das heißt keineswegs, daß nicht viele Einzelinhalte lange Zeit mündlich überliefert worden sein konnten, doch ihre Zusammenfassung und Stilisierung als Testament bzw. Lehre, d.h. ihre Gesamtkonzeption ist nur schriftlich denkbar als bewußter Entwurf eines Verfassers.

Die Untersuchung der Testamentsform auf das Neue Testament und darüber hinaus auszudehnen, wäre natürlich möglich gewesen, hätte aber den Umfang der Arbeit noch mehr erweitert und die Kraft des Verfassers überfordert. Einige Hinweise mögen stattdessen genügen: Den Kriterien eines Testamentes entspricht vollständig die Rede des Paulus in Apg 20,17—38 (vgl. Band I, S. 238f.). Es wäre auch sicher ertragreich, den Komplex der Abschiedsrede Jesu Joh 13—17 auf Merkmale der Testamentsform hin zu untersuchen.[2] Aus späterer Zeit ist bekannt und ediert das „Testamentum Domini Nostri Jesu Christi"[3], die Einbettung einer altchristlichen Kirchenordnung in ein Testament Jesu. Die Entstehungszeit des Testamentes, das wahrscheinlich älter ist als die später eingefügte Kirchenordnung, die aus dem 5. Jhdt. stammt, läßt sich nicht mehr sicher feststellen.

1 Für die Lehre für König Merikare schon nachgewiesen durch S. Herrmann, Untersuchungen zur Überlieferungsgestalt mittelägyptischer Literaturwerke, Berlin, 1957.
2 Hier sind vor allem die Arbeiten von H.-J. Michel, Die Abschiedsrede des Paulus an die Kirche. Motivgeschichte und theologische Bedeutung, München, 1973, und von E. Cortès, Los discursos de adiós de Gn 49 a Jn 13 — 17. Pistas para la historia de un género literario en la antigua literatura judia, Barcelona, 1976, zu nennen.
3 I. E. Rahmani, Testamentum domini nostri Jesu Christi. Nunc primum edidit, latine reddidit et illustravit, Mainz, 1899 (syrischer Text, lat. Übersetzung); L. Guerrier — S. Grébaut, Le Testament en Galilée de Nôtre-Seigneur Jésus-Christ, in: Patrologia Orientalis 9,3, Paris, 1913, S. 143 — 236 (äthiopischer Text, franz. Übersetzung).

Vermutlich noch im 4. Jhdt. wurde ein Testament verfaßt, das Ephraim, dem Syrer, zugeschrieben wurde.[4] Zwar berichtet Ephraim seinen eigenen Tod, doch von der Form her ist die Schrift ein echter Vertreter der Gattung „Testament".

Ebenfalls aus dem 4. Jhdt. stammt eine Schrift mit dem Titel „Liber Patris nostri Orsiesii, quem moriens pro testamento fratribus tradidit."[5] Das Werk ist uns nur aus einer Übersetzung des Hieronymus bekannt. Es enthält letzte Anweisungen des sterbenden Orsiese an seine Mönchsgenossen.

Aus dem Übergang vom 4. zum 5. Jhdt. ist uns ein Testament des Theodor erhalten, allerdings schon nicht mehr als eine selbständige Schrift sondern als Teil einer „Vita", einer Heiligenlegende. Der Text entstammt einem bohairischen Codex, in dem die Vita des Pachomius und die Vita des Theodor miteinander verbunden sind.[6]

Weite Verbreitung erfuhr die „Vita Antonii" des Athanasius,[7] die am Schluß eine ausführliche Sterberede des Antonius enthält mit allen Merkmalen der Testamentsform. Die Verhaltensanweisung steht hier eindeutig im Mittelpunkt der letzten Ansprache des Antonius an die um ihn versammelten Mönche. Die Vita des Antonius wurde später zu einem beliebten Vorbild der Hagiographie, im Inhaltlichen sowohl wie im stilistischen Aufbau. Damit fand die literarische Fiktion, daß berühmte Personen vor ihrem Tod die Erkenntnisse ihres Lebens an ihre Nachkommen bzw. Nachfolger weitergeben, endgültig Eingang in die abendländische Literatur.

Die Literaturgattung „Testament" wurde aber auch im arabischen Kulturraum weiter gepflegt. Eine christliche Schrift, die nur noch in einem Fragment erhalten ist, enthält letzte Anweisungen des sterbenden David an seinen Sohn Salomo. Der Inhalt ist von 1. Kön 2 ganz unabhängig und konzentriert sich auf die Psalmen und die Weissagung der Geburt Jesu.[8]

---

4 M. R. Duval, Le Testament de Saint Ephrem, in: Journal Asiatique 9. Serie, Band 18, Paris, 1901, S. 234 — 319 (syrischer Text, französische Übersetzung).

5 Pachomiana Latina. Règle et Épitres de S. Pachome, Épitre de S. Théodore et „Liber" de S. Orsiesius. Texte latin de S. Jérôme, édité par Dom. Amand Boon, Louvain, 1932 (Bibliothèque de la Revue d'Histoire ecclésiastique, Heft 7).

6 L. Th. Lefort, Les Vies Coptes de Saint Pachôme et de ses premiers successeurs, Louvain, 1966, Nachdruck von 1943 (Bibliothèque du Muséon Band 16).

7 J.-P. Migne, Patrologia Graeca Bd. 26, Paris, 1857, Sp. 837 — 976, Testament Sp. 969 — 973.

8 L. Leroy, Instruction de David à Salomon. Fragment traduit de l'arabe, in: Revue de l'orient chrétien 20, Paris, 1915 — 1917, S. 329 — 331.

Auch die Ausbreitung des Islam hat das Testament als Literaturform nicht in Vergessenheit geraten lassen, wie die wasiyah-Literatur belegt.[9] Allerdings wird jetzt die Form als Sterberede nicht mehr strikt eingehalten, sondern aufgelöst im Sinne eines geistigen Vermächtnisses. Die Herleitung der Form dieser Texte von den Testamenten der hellenistisch-römischen Zeit ist aber noch deutlich erkennbar.

Trotzdem blieb auch die strenge Testamentsform erhalten, wie ein persisches Testament aus dem 11. Jhdt. belegt.[10] Der Verfasser, ein Sufi, gibt seinem Sohn vor seinem eigenen Tod die Erfahrungen seines Lebens wieder in Form eines ganzen Buches. Es enthält Erziehungsregeln ebenso wie Ratschläge zur Führung eines politischen Amtes und allgemeine ethische Anweisungen.

Auch in der Literatur des Abendlandes ging das Testament als Literaturgattung nicht unter. Bis heute mißt man den letzten Worten Sterbender besonderes Gewicht zu, und zwar nicht deswegen, weil sie schon mit einem Bein im Jenseits stünden. Als Beispiel sei an den letzten Satz Martin Luthers erinnert: ,,Wir sind Bettler, das ist wahr!'' Dieser Ausspruch ist sicherlich als Fazit seines Lebens zu verstehen, jedenfalls wird er in der Regel gerade in diesem Sinne zitiert, auch wenn Luther das gar nicht beabsichtigt haben sollte. Ein anderes, rein literarisches Beispiel findet sich bei Fr. Schiller im Wilhelm Tell in der Rede des sterbenden Attinghausen an die um ihn versammelten Eidgenossen. So zeigt sich, daß die Literaturgattung ,,Testament'' als geistiges Vermächtnis eines erfahrenen Alten an seine Nachkommen bis heute lebendig geblieben ist, und das über eine Zeitspanne von viertausend Jahren.

9 E. H. Palmer, The eastern origin of the christian pseudepigraphic writings, in: JPh III, 1870, S. 223 — 231, dazu vgl. im einzelnen ,,Die Lehre der Alten'', Bd. I, S. 7 — 9.
10 Kai Ka'us Ibn Iskandar, The Qabus Nama (A mirror for princes). Translated from the Persian by Reuben Levy, London, 1951.

Die Einzelelemente der Testamentsform in den apokryphen und kanonischen Texten des Alten Testaments:

	1.Makk 2	Tob 4	Tob 14	1.Kön 2	Gen 49-50	Dt. 31-34	Jos 23-24
Anfangsrahmen							
Hinweis auf den bevorstehenden Tod (berichtend)	X	—	X	X	—	—	X
Situation	X	X	X	X	X	X	X
Adressat	X	X	X	X	X	X	X
Altersangabe	X (Sch)	—	X (Sch)	(ev.im Sch)	—	X	X (Sch)
Hinweis auf den bevorstehenden Tod (persönlich)	—	X	X (M,Sch)	X (M)	X (Sch)	X	X
Redeeinleitungs formel	—	—	—	—	X	—	—
Mittelteil							
Rückblick auf die Vergangenheit	X	—	X	—	—	—	X
Verhaltensanweisung	X	X	X	X	—	X	X
Zukunftsansage	—	—	X	—	—	—	X
Schlußrahmen							
Redeabschlußformel	—	—	X	—	X	—	X
Bestattungsanweisungen	—	X (M)	X (M)	—	X	—	—
Tod	X	—	X	X	X	X	X
Bestattung	X	—	X	X	X	X	X
Trauer	X	—	—	—	—	X	—

M = im Mittelteil   Sch = im Schlußrahmen

LITERATURVERZEICHNIS

Schriften die mehreren Paragraphen zugeordnet sind, werden nur einmal aufgeführt. Schriften, die alle Paragraphen betreffen, stehen am Anfang unter „Allgemein". Transskription nach ZAW.

Allgemein

Baltzer, K., Das Bundesformular, Neukirchen, 1964 (WMANT 4).

Becker, J., Untersuchungen zur Entstehungsgeschichte der Testamente der zwölf Patriarchen, Leiden, 1970 (AGJU 8).

Brox, N., Falsche Verfasserangaben. Zur Erklärung der frühchristlichen Pseudepigraphie, Stuttgart, 1975 (SBS 79).

Cortès, E., Los discursos de adiós de Gn a Jn 13—17. Pistas para la historia de un género literario en la antigua literatura judia, Barcelona, 1976, (Colectánea San Paciano 23).

Gaster, Th.H., Myth, legend and custom in the Old Testament. A comparative study with chapters from Sir James G. Frazer's folklore in the Old Testament, New York, 1969.

de Jonge, M., The Testaments of the Twelve Patriarchs. A study of their text, composition and origin, Diss. Assen, 1953.

Lang, B., Die weisheitliche Lehrrede. Eine Untersuchung von Sprüche 1—7, Stuttgart, 1972 (SBS 54).

Mendenhall, G.E., Recht und Bund in Israel und dem Alten Vorderen Orient, Zürich, 1960 (ThSt 64).

Meyer, A., Religiöse Pseudepigraphik als ethisch-religiöses Problem, in: ZNW 35, 1936, S. 262—279.

Michel, H.-J., Die Abschiedsrede des Paulus an die Kirche Apg 20, 17—38. Motivgeschichte und theologische Bedeutung, München, 1973 (StANT 35).

Munck, J., Discours d'adieu dans le Nouveau Testament et dans la littérature biblique, in: Aux sources de la tradition chrétienne. Mélanges offerts à M.M. Goguel, Paris, 1950, S. 155—170.

Olivier, J.P.J., Schools and wisdom literature, in: Journal of Northwest Semitic Languages 4, 1975, S. 49—60.

v. Rad, G., Weisheit in Israel, Neukirchen, 1970.

Schmid, H.H., Wesen und Geschichte der Weisheit. Eine Untersuchung zur altorientalischen und israelitischen Weisheitsliteratur, Berlin, 1966 (BZAW 101).

Sint, J.A., Pseudonymität im Altertum. Ihre Formen und ihre Gründe, Innsbruck, 1960 (Commentationes Aenipontanae 15).

Zimmerli, W., Zur Struktur der alttestamentlichen Weisheit, in: ZAW 51, 1933, S. 177—204.

Testament des Mattathias

Aschermann, H., Die paränetischen Formen der ,,Testamente der zwölf Patriarchen'' und ihr Nachwirken in der frühchristlichen Mahnung. Eine formgeschichtliche Untersuchung, Diss. Berlin, 1955.

Eißfeldt, O., Einleitung in das Alte Testament unter Einschluß der Apokryphen und Pseudepigraphen sowie der apokryphen und pseudepigraphischen Qumran-Schriften, Tübingen, 1964³.

Fritzsche, O.F., Libri apocryphi Veteris Testamenti Graece. Recensuit et cum commentario critico edidit, Leipzig, 1871.

Goldstein, J.A., 1 Maccabees. A new translation, with introduction and commentary, New York, 1976 (The Anchor Bible 41).

Kappler, W., Maccabaeorum liber I, Göttingen, 1967², (Septuaginta. Vetus Testamentum Graecum auct. Soc. Litt. editum, Vol. IX: Macc. libri I-IV, Fasc. I: Macc. liber I).

Kautzsch, E., Die Apokryphen und Pseudepigraphen des Alten Testaments, Band I: Die Apokryphen, Tübingen, 1900, (Darmstadt, 1962).

McEleney, N.J., The first book of Maccabees, with a commentary, New York, 1973 (Pamphlet Bible Series OT 22).

Neuhaus, O.G., Quellen im 1. Makkabäerbuch? Eine Entgegnung auf die Analyse von K.-D. Schunck, in: Journal of the study of Judaism in the Persian, Hellenistic and Roman period V/2, 1974, S. 162—175.

— , Studien zu den poetischen Stücken im 1. Makkabäerbuch, Diss. Tübingen, 1972.

Schunck, K.-D., 1. Makkabäerbuch, Gütersloh, 1980 (JSHRZ I/4).

Tobit

Charles, R.H., The Apocrypha and Pseudepigrapha of the Old Testament in English with introduction and critical and explanatory notes to the several books, Band I: Apocrypha, Oxford, 1913 (Nachdruck Oxford 1968).

DiLella, A.A., The deuteronomic background of the farewell discourse in Tob 14: 3—11, in: CBQ 41/3, 1979, S. 380-389.

Glasson, T.F., The main source of Tobit, in: ZAW 71, 1959, S. 275—277.

Hanhart, R., Tobit, Göttingen, 1983 (Septuaginta. Vetus Testamentum Graecum auct. Soc. Litt. editum, Vol. VIII, 5).

Koehlhoeffer, C.L., Le livre de Tobit. Introduction, traduction et notes. Thèse de Strasbourg, 1975/76.

Lebram, J.C.H., Die Weltreiche in der jüdischen Apokalyptik. Bemerkungen zu Tobit 14,4—7, in: ZAW 76, 1964, S. 328—331.

— , Tobit, Leiden, 1972 (Vetus Testamentum Syriace, ed. Institutum Peshittonianum Leidense Vol. IV, 6).

— , Tobit edited, in: The Old Testament in Syriac according to the Peshitta version. Edited on behalf of the International Organization for the Study of the Old Testament by the Peshitta Institute of the University of Leiden. Sample edition: Song of Songs — Tobit — 4 Ezra, Leiden, 1966.

Meyer, R., Art. ,,Tobitbuch'', in: RGG³ 6, Sp. 907.

Müller, H.-P.,, Die weisheitliche Lehrerzählung im Alten Testament und seiner Umwelt, in: WdO 9, 1977, S. 77—98.

Müller, J., Beiträge zur Erklärung und Kritik des Buches Tobit. R. Smend, Alter und Herkunft des Achikar-Romans und sein Verhältnis zu Aesop, Gießen, 1908 (BZAW XIII).

Plath, M., Zum Buch Tobit, in: ThStKr 74,3, 1901, S. 377—414.

Rahlfs, A., Septuaginta. Id est Vetus Testamentum Graece iuxta LXX interpretes, Vol. I: Leges et historiae, Stuttgart, 1965⁸.

Ruppert, L., Das Buch Tobias — Ein Modellfall nachgestalteter Erzählung, in: FS J. Ziegler, Würzburg, 1972, S. 109—119.

Schulte, A., Beiträge zur Erklärung und Textkritik des Buches Tobias, Freiburg, 1914 (BSt 19,2).

Swete, H.B., The Old Testament in Greek according to the Septuagint, Band II: Chronicles — Tobit, Cambridge, 1891.

Thomas, J.D., The greek text of Tobit, in: JBL 91, 1972, S. 463—471.

1. Kön 2

Alt, A., Die Staatenbildung der Israeliten in Palästina, in: KlSchr II, 1964³, S. 1—65.

Berger, K., Zur Geschichte der Einleitungsformel ,,Amen, ich sage euch'', in: ZNW 63, 1972, S. 45—75.

Blenkinsopp, J., Theme and motif in the succession history (2 Sam XI 2 ff.) and the Yahwist corpus, in: SVT 15, 1966, S. 44—57.

Brueggemann, W., David and his theologian, in: CBQ 30, 1968, S. 158—181.

— , On trust and freedom. A study of faith in the succession narrative, in: Interpretation 26, 1972, S. 3—19.

Dietrich, W., David in Überlieferung und Geschichte, in: VuF 22, 1977, S, 44—64.

— , Prophetie und Geschichte. Eine redaktionsgeschichtliche Untersuchung zum deuteronomistischen Geschichtswerk, Göttingen, 1972 (FRLANT 108).

Flanagan, J.W., Court history or succession document? A study of 2 Sam 9—20 and 1 Kings 1—2, in: JBL 91, 1972, S. 172—181.

Gooding, D.W., Relics of ancient exegesis: A study of the miscellanies in 3 Reigns 2 (LXX), London/New York, 1976 (SocOTSt Monogr. Ser. 4).

Gray, J., I and II Kings, London, 1970² (The Old Testament Library).

Gunn, D.M., David and the gift of kingdom (2 Sam 2—4. 9—20, 1 Kings 1—2), in: Semeia 3, 1975, S. 14—45.

— , Narrative patterns and oral tradition in Judges and Samuel, in: VT 24, 1974, S. 286—317.

— , Traditional composition in the ,,Succession Narrative'', in: VT 26, 1976, S. 214—239.

Jepsen, A., Die Quellen des Königsbuches, Halle, 1956².

Langlament, F., Pour ou contre Salomon? La rédaction prosalomonienne de I Rois, I—II, in: RB 83, 1976, S. 321—379. 481—528.

McCarthy, D.J., An installation genre?, in: JBL 90, 1971, S. 31—41.

Meadows, J.N., A traditio-historical study of 2 Sam 9—20, 1 Ki 1—2, (Diss. Southern Baptist 1975) DissAbstr. 36, Mich./London, 1975.

Montgomery, J.A. — Gehmann, H.S., A critical and exegetical commentary on the books of Kings, Edinburgh, 1951 (ICC).

154   LITERATURVERZEICHNIS

Mowinckel, S., Israelite historiography, in: ASThI 2, 1963, S. 4—26.
Noth, M., Könige, I. Teilband, Neukirchen, 1968 (BK IX/1).
— , Überlieferungsgeschichtliche Studien, 1. Teil: die sammelnden und bearbeitenden Geschichtswerke im Alten Testament, Darmstadt, 1963.
v. Rad, G., Der Anfang der Geschichtsschreibung im alten Israel, in: GesSt, München, 1961², S. 148—188.
Rehm, M., Das erste Buch der Könige. Ein Kommentar, Würzburg, 1979.
Robinson, J., The first book of Kings, Cambridge, 1972 (CNEB).
Snaith, N.H. — Sockman, R.W. — Calkins, R., The first and second books of Kings, New York, 1954 (IB).
Trebolle, J., Testamento y muerte de David. Estudio de historia de la recensión y redacción de I Rey., II, in: RB 87, 1980, S. 87—103.
de Vaux, R., Les livres des Rois, Paris, 1949, nouvelle édition Paris, 1977 (Jerusalem-B).
Veijola, T., Die ewige Dynastie. David und die Entstehung seiner Dynastie nach der deuteronomistischen Darstellung, Helsinki, 1975 (Annales Academiae Scientiarum Fennicae, Ser B. Tom. 193).
Whybray, R.N., The succession narrative. A study of II Samuel 9—20; 1 Kings 1 and 2, London, 1968 (Studies in Biblical Theology II/9).
Würthwein, E., Das Erste Buch der Könige. Kapitel 1—16 übersetzt und erklärt, Göttingen, 1977 (ATD 11,1).
— , Die Erzählung von der Thronfolge Davids — theologische oder politische Geschichtsschreibung?, Zürich, 1974 (ThSt 115).

Gen 49—50

Allegro, J.M., A possible mesopotamian background to the Joseph Blessing of Genesis XLIX, in: ZAW 64, 1952, S. 249—251.
Alt, A., Neues über Palästina aus dem Archiv Amenophis' IV., in: KlSchr III, 1968², S. 158—175.
Amerding, W., The last words of Jacob Gen 49, in: BiblSacr 112, 1955, S. 320—329.
Blenkinsopp, J., The oracle of Judah and the messianic entry, in: JBL 80, 1961, S. 55—64.
Caquot, A., La parole sur Juda dans le testament lyrique de Jacob (Genèse 49,8—12), in: Semitica 26, 1976, S. 5—32.
Carmichael, C.M., Some sayings in Genesis 49, in: JBL 88, 1969, S. 435—444.
Cazelles, H., Les débuts de la sagesse en Israel, in: SPOA, 1963, S. 27—40.
— , Shilo, the customary laws and the return of the ancient kings, in: Proclamation and presence. Old Testament Essays in honour of G.H. Davies, J.I. Durham/J.R. Porter (ed.), Richmond/Virg., London, 1970, S. 238—351.
Coats, G.W., From Canaan to Egypt. Structural and theological context for the Joseph story, Washington, 1976 (CBQ Monograph series 4).
— , Redactional unity in Genesis 37—50, in: JBL 93, 1974, S. 15—21.
Cohen, M., mᵉkerotehem (Genèse XLIX 5), in: VT 31, 1981, S. 472—482.
Coppens, J., La bénédiction de Jacob. Son cadre historique à la lumière des parallèles ougaritiques, in: SVT 4, 1957, S. 97—115 (Volume du Congrès Strasbourg, 1956).

Cross, F.M., jr. — Freedmann, D.N., Studies in ancient yahwistic poetry, Missoula/Mont.,1975 (SBL-Diss.ser.21)

Dahood, M., A new translation of Gen 49,6a, in: Bibl 36, 1955, S. 229.

Delcor, M., Études bibliques et orientales de religions compareés, Leiden,1979.

Demsky, A., ,,Dark Wine" from Judah, in: Israel Exploration Journal 22, 1972, S. 233 f.

Dürr, L., Die Stellung des Propheten Ezechiel in der israelitisch-jüdischen Apokalyptik, Münster, 1923 (ATA 9,1).

— , Ursprung und Ausbau der israelitisch-jüdischen Heilandserwartung, Berlin 1925.

Eißfeldt, O., Hexateuch-Synopse. Die Erzählung der fünf Bücher Mose und des Buches Josua mit dem Anfange des Richterbuches in ihre vier Quellen zerlegt und in deutscher Übersetzung dargeboten samt einer in Einleitung und Anmerkungen gegebenen Begründung, Leipzig, 1922.

Fichtner, J., Die altorientalische Weisheit in ihrer israelitisch-jüdischen Ausprägung. Eine Studie zur Nationalisierung der Weisheit in Israel, Gießen, 1933 (BZAW 62).

Fohrer, G., Studien zur alttestamentlichen Theologie und Geschichte, Berlin, 1969 (BZAW 115).

Gevirtz, S., Adumbrations of Dan in Jacob's blessing on Judah, in: ZAW 93, 1981, S. 21—37.

— , The Issachar oracle in the testament of Jacob, in: B. Mazar (ed.), Nelson Glueck Memorial Volume, Jerusalem, 1975, S. 104 + —112 + (Eretz Israel 12).

Greßmann, H., Die Anfänge Israels (von2. Mose bis Richter und Ruth) übersetzt, erklärt und mit Einleitung versehen, Göttingen, 1922[2] (SAT I,2).

Good, E.M., The ,,Blessing" on Judah, Gen 49,8—12, in: JBL 82, 1963, S. 427—432.

Gunkel, H., Genesis übersetzt und erklärt, Göttingen, 1910[3] (GHK I,1).

— , Die Komposition der Joseph-Geschichten, in: ZDMG 76, 1922, S. 55—71.

Gunneweg, A.H.J., Über den Sitz im Leben der sog. Stammessprüche (Gen 49 Dtn 33 Jdc 5), in: ZAW 76, 1964, 245—255, wiederabgedruckt in: ders., Sola Scriptura. Beiträge zu Exegese und Hermeneutik des Alten Testaments, zum 60. Geburtstag hrsg. von P. Höffken, Göttingen, 1983, S. 25—35.

Habel, N.C., ,,Yahweh, maker of heaven and earth". A study in tradition criticism, in: JBL 91, 1972, S. 321—337.

Herbert, A.S., Genesis 12—50, London, 1962 (Torch-B).

Illmann, K.J., Old Testament formulas about death, Abo, 1979.

Kaiser, O., Stammesgeschichtliche Hintergründe der Josephsgeschichte. Erwägungen zur Vor- und Frühgeschichte Israels, in: VT 10, 1960, S. 1—15.

Kittel, H.-J., Die Stammessprüche Israels. Genesis 49 und Deuteronomium 33 traditionsgeschichtlich untersucht, Diss. Berlin, 1959.

Kosmala, H., ,,At the end of the days", in: ASThI 2, 1963, S. 27—37; wiederabgedruckt in: ders., Studies, essays and reviews, Vol. I Old Testament, Leiden, 1978, S. 73—83.

Krecher, J. — Müller, H.-P., Vergangenheitsinteresse in Mesopotamien und Israel, in: Saec 26, 1975, S. 13—44.

Lagrange, J.-M., Genèse XLIX, 1—28. La prophétie de Jacob, in: RB 7, 1898, S. 525—540.

Lindblom, J., The political background of the Shiloh oracle, in: SVT 1, 1953, S. 78—87.

Lipiński, E., באחרית הימים dans les textes préexiliques, in: VT 20, 1970, S. 445—450.

Margulis, B., Gen XLIX 10/Deut. XXXIII 2—3. A new look at old problems, in: VT 19, 1969, S. 202—210.

Martin-Achard, R., A propos de la bénédiction de Juda en Genèse 49, 8—12 (10), in: RB 89, 1982, S. 121—134.

— , Problèmes soulevés par l'étude de l'histoire biblique de Joseph (Genèse 37—50), in: RThPh 3,22, 1972, S. 94—102.

Moran, W.L., Gen 49,10 and its use in Ez 21,32, in: Bibl 39, 1958, S. 405—425.

Mowinckel, S., He That Cometh, translated by G.W. Anderson, Oxford, 1959.

Müller, H.P., Zur Frage nach dem Ursprung der biblischen Eschatologie, in: VT 14, 1964, S. 276—293.

Niemann, H.M., Untersuchungen zur Herkunft und Geschichte des Stammes Dan, Diss. Rostock, 1979.

Noth, M., Das System der zwölf Stämme Israels, Stuttgart, 1930, Nachdruck Darmstadt, 1966 (BWANT 4,1).

— , Das vierte Buch Mose. Numeri, übersetzt und erklärt, Göttingen, 1960 (ATD 7).

— , Überlieferungsgeschichte des Pentateuch, Stuttgart, 1948 (Nachdruck Darmstadt, 1966).

von der Osten-Sacken, P., Die Apokalyptik in ihrem Verhältnis zu Prophetie und Weisheit, München, 1969.

Preuß, H.D., Jahweglaube und Zukunftserwartung, Stuttgart, 1968 (BWANT 5,7).

Procksch, O., Die Genesis, Leipzig/Erlangen, 1924[2.3] (KAT 1).

von Rad, G., Das erste Buch Mose. Genesis, übersetzt und erklärt, Göttingen, 1961[6] (ATD 2—4).

— , Das fünfte Buch Mose. Deuteronomium, übersetzt und erklärt, Göttingen, 1964 (ATD 8).

Redford, D.B., A study of the biblical story of Joseph (Gen 37—50), Leiden, 1970 (SVT 20).

Rendsburg, G., Janus parallelism in Gen 49,26, in: JBL 99, 1980, S. 291—293.

Römer, W.H.Ph., Sumerische 'Königshymnen' der Isin-Zeit, Leiden, 1965 (DMOA 13).

Rowley, H.H., Apokalyptik. Ihre Form und Bedeutung zur biblischen Zeit, Einsiedeln, 1965[3].

Ruppert, L., Die Josephserzählung der Genesis. Ein Beitrag zur Theologie der Pentateuchquellen, München, 1965 (StANT 11).

Sabottka, L., Noch einmal Gen 49,10, in: Biblica 51, 1970, S. 225—229.

Salo, V., ,,Joseph, Sohn der Färse", in: BZ 12, 1968, S. 94—95.

Scharbert, J., ,,Fluchen" und ,,Segnen" im Alten Testament, in: Bibl 39, 1958, S. 1—26.

Schmidt, W., De ultimis morientium verbis, Diss. Marburg, 1914.

Schmitt, H.Chr., Die nichtpriesterliche Josephsgeschichte. Ein Beitrag zur neuesten Pentateuchkritik, Berlin/New York, 1980 (BZAW 154).

Schreiner, J., Das Ende der Tage. Die Botschaft von der Endzeit in den alttestamentlichen Schriften, in: BuL, 1964, S. 180—194.

Sellin, E., Zu dem Judaspruch im Jacobsegen Gen 49,8—12 und im Mosesegen Deut 33,7, in: ZAW 60, 1944, S. 57—67.

Skinner, J., A critical and exegetical commentary on Genesis, Edinburgh, 1930² (ICC).

Smyth, K., The prophecy concerning Juda, in: CBQ 7, 1945, S. 290—305.

Speiser, E.A., Genesis, Garden City/New York, 1964 (AncB 1).

Staerk, W., Der Gebrauch der Wendung באחרית הימים im alttestamentlichen Kanon, in: ZAW 11, 1891, S. 247—253.

Stoebe, H.J., Art. ,,Jakobsegen", in: RGG³ 3, Sp. 524f.

Täubler, E., Biblische Studien. Die Epoche der Richter, hrsg. von H.-J. Zobel, Tübingen, 1958.

Treves, M., Shilo (Gen 49,10), in: JBL 85, 1966, S. 353—356.

de Vaux, R., La Genèse, Paris 1962² (Jerusalem-B).

Vosté, J.M., La bénédiction de Jacob d'après Mar Išoᶜdad de Merw (c. 850), in: Bibl 29, 1948, S. 1—30.

Vriezen, Th.C., Geloof, openbaring en geschiedenis in de Oudtestamentische Theologie I, in: Kerk en Theol. 16, 1966, S. 97—113.

Wächter, L., Der Tod im AT, Stuttgart, 1967 (AzTh II,8).

Wehmeier, G., Der Segen im Alten Testament. Eine semasiologische Untersuchung der Wurzel brk, Basel, 1970 (Theol. Dissertationen 6).

Weiser, A., Einleitung in das Alte Testament, Göttingen, 1963⁵.

Wellhausen, J., Composition des Hexateuch und der historischen Bücher des Alten Testaments, Berlin, 1899, (Nachdruck 1963⁴).

Westermann, C., Genesis. 3. Teilband Genesis 37—50, Neukirchen, 1982 (BK I/3) (weitere Lit.).

— , Genesis 12—50, Darmstadt, 1975 (EdF 48).

Whybray, R.N., The Joseph Story and Pentateuchal criticism, in: VT 18, 1968, S. 522—528.

Wolff, H.W., Dodekapropheton I: Hosea, Neukirchen, 1965, (BK XIV/1).

Young, D.W., A ghost word in the Testament of Jacob (Gen 49,5)?, in: JBL 100, 1981, S. 335—342.

Zobel, H.-J., Das Selbstverständnis Israels nach dem Alten Testament, in: ZAW 85, 1973, S. 281—294.

— , Stammesspruch und Geschichte. Die Angaben der Stammessprüche von Gen 49, Dtn 33 und Jdc 5 über die politischen und kultischen Zustände im damaligen ,,Israel", Berlin, 1965 (BZAW 95).

Zorell, F., Der Jakobsegen Gen 49,1—27, in: BZ 13, 1915, S. 114—116.

Dt 31—34

Albright, W.F., Some remarks on the Song of Moses in Dt XXXII, in: VT 9, 1959, S. 339—346.

Alday, S.C., El cántico de Moisés (Dt 32), Madrid, 1970.

Baltzer, K., Die Biographie der Propheten, Neukirchen, 1975.

Baumann, E., Das Lied Mose's (Dtn. 32,1—43) auf seine gedankliche Geschlossenheit untersucht, in: VT 6, 1956, S. 414—424.

Blenkinsopp, J., The structure of P, in: CBQ 38, 1976, S. 275—292.

Braulik, G., Das Testament des Mose. Das Buch Deuteronomium, Stuttgart, 1976 (Stuttgarter Kleiner Kommentar. Altes Testament 4).

Brekelmans, C., Wisdom influence in Deuteronomy, in: La Sagesse de l'Ancien Testament (ed. M. Gilbert), Gembloux-Leuwen, 1979, S. 28—38.

Budde, K., Das Lied Mose's Deut. 32, Tübingen, 1920.

Buis, P., Le Deutéronome, Paris, 1969 (VSal.AT 4).

Coats, G.W., Legendary motifs in the Moses death reports, in: CBQ 39, 1977, S. 34—44.

Craigie, P.C., Deuteronomy, Grand Rapids, 1976, (NICOT).

Cross, F.M. - Freedmann, D.N., Studies in ancient Jahwistic poetry, Missoula,1975 (SBL Diss.Ser. 21).

Diepold, P., Israels Land, Stuttgart, 1972 (BWANT 95).

Dietrich, W., Prophetie und Geschichte. Eine redaktionsgeschichtliche Untersuchung zum deuteronomistischen Geschichtswerk, Göttingen, 1972 (FRLANT 108).

Driver, S.R., A critical and exegetical commentary on Deuteronomy, Edinburgh, 1965³ (ICC).

Eißfeldt, O., Die Umrahmung des Mose-Liedes Dtn 32,1—43 und des Mose-Gesetzes Dtn 1—30 in Dtn 31,9—32,47, in: WZ(H). GS IV, 1954/55, S. 411—417 (wiederabgedruckt in: KlSchr 3, Tübingen, 1966, S. 322—334).

— , Das Lied Moses Dt 32,1—43 und das Lehrgedicht Asaphs Ps 78 samt einer Analyse der Umgebung des Moseliedes, Berlin, 1958 (BAL 104,5).

Frank, M.Z.R., The song of Moses, in: Tarbiz 18, 1946/47, S. 129—138.

Gese, H., Art. ,,Weisheitsdichtung", in: RGG³ 6, Sp. 1577—1581.

Hidal, St., Some reflections on Deuteronomy 32, in: ASThI 11, 1977/78, S. 15—21.

Houtman, C., De dood van Mozes, de knecht des Heren. Notities over en naar aanleiding van Deuteronomium 34, 1—8, in: De knecht. Studies rondom Deutero-Jesaja (FS J.L. Koole), Kampen, 1978, S. 72—82.

Kline, M.G., Treaty of the great king. The covenant structure of Deuteronomy. Studies and commentary, Grand Rapids, 1963.

Labuschagne, C. J., Redactie en theologie van het boek Deuteronomium, in: Vox theologica 43, 1973, S. 171—184.

— , The Song of Moses: Its framework and structure, in: FS A. van Selm, hrsg. von H. Eybers u.a., Leiden 1971, S. 85—98 (weitere Lit.).

Liptzin, S., The death of Moses, in: Dor leDor VI, 1978, S. 180—190.

Lohfink, N., Das Hauptgebot. Eine Untersuchung literarischer Einleitungsfragen zu Dt 5—11, Rom, 1963 (AnBibl 20).

—, Der Bundesschluß im Lande Moab. Redaktionsgeschichtliches zu Dt 28,69—32,47, in: BZ N.F. 6, 1962, S. 32—56.

—, Die deuteronomistische Darstellung des Übergangs der Führung Israels von Mose auf Josue. Ein Beitrag zur alttestamentlichen Theologie des Amtes, in: Scholastik 37, 1962, S. 32—44.

Mayes, A.D.H., Deuteronomy, London, 1979 (NCeB).

Meyer, A., Das Rätsel des Jacobusbriefes, Gießen, 1930 (BZNW 10).

Meyer, R., Die Bedeutung von Deuteronomium 32,8f.43(4Q) für die Auslegung des Moseliedes, in: Verbannung und Heimkehr. FS W. Rudolph, hrsg. von A. Kuschke, Tübingen, 1961, S. 197—209.

Mittmann, S., Deuteronomium 1,1—6,3 literarkritisch und traditionsgeschichtlich untersucht, Berlin, 1975 (BZAW 139).

Möhlenbrink, K., Josua im Pentateuch (Die Josuaüberlieferungen außerhalb des Josuabuches), in: ZAW 59, 1942/43, S. 14—58.

Moran, W.L., Some remarks on the song of Moses, in: Bibl 43, 1962, S. 317—327.

Nicholson, E.W., Deuteronomy and tradition, Oxford, 1967.

Noth, M., Das Geschichtsverständnis der alttestamentlichen Apokalyptik, in: GesSt, München,1966³, S. 248—273.

—, Überlieferungsgeschichtliche Studien I, Halle/Saale, 1943 (Neudruck Tübingen, 1957).

Phillips, A., Deuteronomy, Cambridge, 1973 (CNEB).

Plöger, O., Reden und Gebete im deuteronomistischen und chronistischen Geschichtswerk, in: FS G. Dehn zum 75. Geburtstag, hrsg. von W. Schneemelcher, Neukirchen, 1957, S. 35—49.

Polzin, R., Moses and the Deuteronomist. A literary study of the deuteronomic history, Part. I: Deuteronomy, Joshua, Judges, New York, 1980.

Porter,J.R., The succession of Joshua, in: Proclamation and Presence. OT essays in honour of G.H. Davies, hrsg. von J.I. Durham und J.R. Porter, London/Richmond/Virg., 1970, S. 102—132.

Preuß, H.D., Deuteronomium, Darmstadt, 1982 (EdF 164), (weitere Lit.).

von Rad, G., Das fünfte Buch Mose. Deuteronomium, übersetzt und erklärt, Göttingen, 1964 (ATD 8).

— , Der Heilige Krieg im alten Israel, Göttingen, 1965⁴.

Rennes, J., Le Deutéronome, Genf, 1967.

Schulz, W., Stilkritische Untersuchungen zur deuteronomischen Literatur, in: ThLZ 102/11, 1977, Sp. 853—855.

Schwertner, S., Erwägungen zu Moses Tod und Grab, in: ZAW 84, 1972, S. 25—46.

Seitz, G., Redaktionsgeschichtliche Studien zum Deuteronomium, Stuttgart, 1971 (BWANT 93).

Skehan, P.W., The structure of the song of Moses in Deuteronomy, in: CBQ 13, 1951, S. 153—163.

Skweres, D.W., Die Rückverweise im Buch Deuteronomium, Rom, 1979 (AnBibl 79).

Thompson, J.A., Deuteronomy, London, 1974 (TOTC).

Weinfeld, M., Deuteronomy and the deuteronomic school, Oxford, 1971.

Welch, A.C., Deuteronomy. The framework to the code, London, 1932.

Jos 23—24

Abel, F.M. - du Buit, M., Le livre de Josué, Paris, 1958² (Jerusalem-B).

Auld, A.G., Studies in Joshua: Text and literary relations, Diss. Edinburgh, 1976.

Brueggemann, W., The kerygma of the deuteronomistic historian, in: Interpretation 22, 1968, S. 387—402.

Eißfeldt, O., Deuteronomium und Hexateuch, in: KlSchr 4, Tübingen, 1968, S. 238—258.

Hertzberg, H.W., Die Bücher Josua, Richter, Ruth, Göttingen, 1965³ (ATD 9).

L'Hour, J., L'alliance de Sichem, in: RB 69, 1962, S. 5—36. 161—184. 350—368.

Koch, K., Gibt es ein Vergeltungsdogma im Alten Testament?, in: ZThK 52, 1955, S. 1—42.

McCarthy, D. J., Der Gottesbund im Alten Testament, Stuttgart, 1966 (SBS 13).

— , II Sam 7 and the structure of the deuteronomic history, in: JBL 84, 1965, S. 131—138.

—, Treaty and covenant, Rom, 1982² (AnBibl 21a).

Miller, J.M., - Tucker, G.M., The book of Joshua, London, 1974, (CNEB).

Mowinckel, S., Tetrateuch - Pentateuch - Hexateuch. Die Berichte über die Landnahme in den drei altisraelitischen Geschichtswerken, Berlin, 1964 (BZAW 90).

Noth, M., Das Buch Josua, Tübingen, 1953² (HAT 1,7).

Perlitt, L., Bundestheologie im Alten Testament, Neukirchen,1969 (WMANT 36).

von Rad, G., Es ist noch eine Ruhe vorhanden dem Volke Gottes, in: GesSt, München, 1961², S. 101—108.

—, Verheißenes Land und Jahwes Land im Hexateuch, in: GeSt, München, 1961², S. 87—100.

Richter, W., Die Bearbeitungen des ,,Retterbuches'' in der deuteronomischen Epoche, Bonn, 1964 (BBB 21).

Rösel, H.N., Die Überleitungen vom Josua- ins Richterbuch, in: VT 30, 1980, S. 342—350.

Rudolph, W., Der ,,Elohist'' von Exodus bis Josua, Berlin, 1938 (BZAW 68).

Schulz, A., Das Buch Josua, Bonn, 1924 (HS II,3).

Steck, O.H., Israel und das gewaltsame Geschick der Propheten, Neukirchen, 1967 (WMANT 23).

Steuernagel, C., Das Buch Josua, Göttingen, 1923² (GHK 1,3.2).

Gattungsverwandte Schriften im mesopotamischen Kulturkreis

Alster, B., The instructions of Suruppak. A sumerian proverb collection, Kopenhagen, 1974 (Mesopotamia 2).

Altheim, F., Weltgeschichte Asiens im griechischen Zeitalter, Halle, Band I, 1947; Band II, 1948.

van Dijk, J.J.A., La sagesse suméro-accadienne. Recherches sur les genres littéraires des textes sapientaux avec choix des textes, Leiden, 1953.

Dörner, Chr.H., Xenophons Cyropädie aufs neue übersetzt und durch Anmerkungen erläutert, Berlin, o.J. (LB 60).

Gordon, E.I., A new look at the wisdom of Sumer and Akkad, in: BO 17,3/4, 1960, S. 122—152.

Greßmann, H., Altorientalische Texte zum Alten Testament. In Verbindung mit E. Ebeling, H. Ranke und R. Rhodokanakis herausgegeben, Berlin und Leipzig, 1926².

Gruenberg, S., Die weisen Sprüche des Achikar, phil. Diss. Gießen, 1917.

Kramer, S.N., Literary texts from Ur VI, Part II, in: Iraq 25, 1963, S. 171—176.
—, Sumerische Ethik und Weisheitssprüche, in: WAn 5,10, 1956, S. 767—774.
Lambert, W.G., Babylonian wisdom literature, Oxford, 1960.
Laroche, E., Sagesse bilingue, in: Ugaritica V (Mission de Ras Shamra XVI), Paris, 1968, S. 779—784.
Lesky, A., Geschichte der griechischen Literatur, Bern-München, 1963².
Mann, U., (Hrsg.), Theologie und Religionswissenschaft. Der gegenwärtige Stand ihrer Forschungsergebnisse und Aufgaben im Hinblick auf ihr gegenseitiges Verhältnis, Darmstadt, 1973.
Miller, W., Xenophon Cyropaedia with an English translation. 2 Bände, London, 1961 (LCL 51/52).
Nougayrol, J., Les sagesses babyloniennes: Études des récentes et textes inédits, in: SPOA, 1963, S. 41—51.
— , Sagesse (R.S.22.439), in: Ugaritica V (Mission de Ras Shamra XVI), Paris, 1968, S. 273—290.436—437.
Rolfe, J.C., Sallust. With an English translation, London, 1960 (LCL 116).
Rost, L., Bermerkungen zu Ahiqar, in: MIOF 15, Berlin, 1969, S. 308—311.
Schöne, W., Sallust. Werke und Schriften lateinisch-deutsch, München, 1960² (TB).

Gattungsverwandte Schriften in Alt-Ägypten

Anthes, R., Lebensregeln und Lebensweisheit der Alten Ägypter, Leipzig, 1933 (AO 32,2).
—, Zur Echtheit der Lehre des Amenemhet, in: J. Assmann u.a. (Hrsg.), Fragen an die altägyptische Literatur, Wiesbaden, 1977, S. 41—54.
Bergmann, J., Gedanken zum Thema ,,Lehre-Testament-Grab-Name'', in: Hornung, E. - Keel, O., Studien zu altägyptischen Lebenslehren, Göttingen/Freiburg (Schweiz), 1979, S. 73—104.
Frh. von Bissing, F.W., Altägyptische Lebensweisheit, Zürich,1955 (BAW I,3).
Brunner, H., Altägyptische Erziehung, Wiesbaden, 1957.
—, Die ,,Weisen'', ihre ,,Lehren'' und ,,Prophezeiungen'' in altägyptischer Sicht, in: ZÄS 93, 1966, S.29—35.
—, Art. ,,Die Weisheitsliteratur'' (Nr. 27/28), in: HdO I, 1,2, Leiden, 1952, S. 90—110.
—, Menschenbild und Erziehung im Alten Ägypten, in: Antike Welt 7, 1976, Heft 1, S. 56—60, Heft 2, S. 57—58.
*Burkhard, G.,*Textkritische Untersuchungen zur ägyptischen Weisheitslehre des Alten und Mittleren Reiches, Wiesbaden, 1977 (Ägyptol. Abhandlungen 34).
Erman, A., Die Literatur der Ägypter. Gedichte, Erzählungen und Lehrbücher aus dem 3. und 2. Jahrtausend v. Chr., Leipzig, 1923.
Gemser, G., The Instructions of ꜥOnchsheshonqy and biblical wisdom literature, in: SVT 7 (Congress Volume Oxford 1959), Leiden, 1960, S. 102—128.
*Glanville, S.R.K.,*Catalogue of demotic papyri in the British Museum. Vol.II: The instructions of Onchsheshonqy. Part I: Introduction, transliteration, translation, notes, and plates, London, 1955 (ComOr 1).
Gese, H., Lehre und Wirklichkeit in der alten Weisheit. Studien zu den Sprüchen Salomos und zu dem Buche Hiob, Tübingen, 1958.

Grapow, H., Die Einleitung der Lehre des Königs Amenemhet, in: ZÄS 79, 1954, S. 97—99.

Grumach, I., Untersuchungen zur Lebenslehre des Amenemope, München, 1972 (Münchner Ägyptol. Studien 7).

Helck, W., Der Text der ,,Lehre Amenemhets I. für seinen Sohn'', Wiesbaden, 1969 (KläT).

—, Die Lehre für König Merikare, Wiesbaden, 1977 (KläT).

Herrmann, S., Prophetie in Israel und Ägypten. Recht und Grenze eines Vergleichs, in: SVT 9, Leiden, 1963 (Congress Volume Bonn 1962), S. 47—65.

—, Untersuchungen zur Überlieferungsgestalt mittelägyptischer Literaturwerke, Berlin, 1957 (Deutsche Akademie der Wissenschaften zu Berlin. Institut für Orientforschung 33).

Hornung, E. - Keel, O., (Hrsg.), Studien zu altägyptischen Lebenslehren, Göttingen/Freiburg (Schweiz), 1979 (OBO 28).

Kenyon, K.M., Archäologie im Heiligen Land, Neukirchen, 1967.

Leclant, J., Documents nouveaux et points de récente sur les sagesses de L'Egypte ancienne, in: SPOA, 1963, S. 5—26.

Lichtheim, M., Ancient Egyptian literature. A book of readings. Vol.I—III, Berkeley/Los Angeles/London, 1973—1980.

Loretz, O., Qohelet und der Alte Orient. Untersuchungen zu Stil und theologischer Thematik des Buches Qohelet, Freiburg/Br., 1964.

McQuitty, W., The wisdom of the ancient Egyptians, London, 1978.

Morenz, S., Ägyptologische Beiträge zur Erforschung der Weisheitsliteratur Israels, in: SPOA, 1963, S. 63—71.

—, Art. ,,Die ägyptische Literatur und die Umwelt'' (Nr. 38), in: HdO I,1,2 Leiden, 1952, S. 194—206.

Olivier, J.P.J., Schools and wisdom literature, in: Journal of Northwest Semitic Languages 4, 1975, S. 49—60.

Otto, E., Art. ''Biographien'' (Nr. 33), in: HdO I,1,2, Leiden, 1952, S. 148—157.

—, Die biographischen Inschriften der ägyptischen Spätzeit. Ihre geistesgeschichtliche und literarische Bedeutung, Leiden, 1954 (PrÄ 2).

— Art. ''Weltanschauliche und politische Tendenzschriften'' (Nr. 29), in: HdO I,1,2, Leiden, 1952, S. 111—119.

Parrot, A., Samaria, in: Bibel und Archäologie, Bd. III, Zürich, 1957, S. 51ff.

Posener, G., Littérature et politique dans L'Egypte de la XIIe dynastie, Paris, 1956 (BEHE 307).

Sainte Fare Garnot, J., L'appel aux vivants dans les textes funéraires égyptiens des origines à la fin de l'ancien empire, Le Caire, 1938 (Recherches d'Archéologie, de Philologie et d'Histoire, Tome IX).

Simpson, W.K., (Hrsg.) The Literature of ancient Egypt. An anthology of stories, instructions and poetry, new edition, New Haven/London, 1973.

Théodoridès, A., Le testament dans l'Egypte ancienne (essentiellement d'après le Papyrus Kahoun VII, 1, la stèle de Sénimosé et le Papyrus Turin 2021), in: Revue Internationale des Droits de l'Antiquité 17, 1970, S. 117—216.

Volten, A., Zwei altägyptische politische Schriften. Die Lehre für König Merikarê (Pap. Carlsberg VI) und die Lehre des Königs Amenemhet, Kopenhagen, 1945 (AnAeg 4).

Williams, R.J., "A people come out of Egypt". An Egyptologist looks at the Old Testament, in: SVT 28, Leiden, 1975, S. 231—252.

—, Literature as a medium of political propaganda in ancient Egypt, in: W.S. McCullough (ed.), The seed of wisdom. Essays in honour of T.J. Meek, Toronto, 1964, S. 14—30.

Wilson, J.A., The Instruction for King Meri-ka-re, in: ANET, S. 414—418.

Würthwein, E., Die Weisheit Ägyptens und das Alte Testament, Marburg, 1959.

Žába, Z., Les maximes de Ptahhotep, Prague, 1956 (Académie Tchécoslovaque des sciences. Section de la linguistique et de la littérature).

Zandee, J., Egyptological commentary on the Old Testament, in: Travels in the world of the Old Testament (FS M.A. Beek), Assen, 1974, S. 269—281.

Ergebnis und Ausblick

Duval, M.R., Le Testament de Saint Éphrem, in: Journal Asiatique 9. Serie, Band 18, Paris, 1901, S. 234—319.

Guerrier, L. - Grébaut, S., Le Testament en Galilée de Nôtre-Seigneur Jésus-Christ, in: Patrologia Orientalis 9,3, Paris, 1913, S. 143—236.

Kai Ka'us Ibn Iskandar, The Qabus Nama (A mirror for princes). Translated from the Persian by Reuben Levy, London, 1951.

Lefort, L.Th., Les Vies Coptes de Saint Pachôme et de ses premiers successeurs, Louvain, 1966, Nachdruck von 1943 (Bibliothèque du Muséon Band 16).

Leroy, L., Instruction de David à Salomon. Fragment traduit de l'arabe, in: Revue de l'orient chrétien 20, Paris, 1915—1917, S. 329—331.

Migne, J.-P., Patrologia Graeca Bd. 26, Paris, 1857, Sp. 837—976.

Pachomiana Latina. Règle et Épitres de S. Pachome, Épitre de S. Théodore et "Liber" de S. Orsiesius. Texte latin de S. Jèrôme, édité par Dom. Amand Boon, Louvain, 1932 (Bibliothèque de la Revue d'Histoire ecclésiastique, Heft 7).

Palmer, E.H., The eastern origin of the christian pseudepigraphic writings, in: JPh III, 1870, S. 223—231.

Rahmani, I.E., Testamentum domini nostri Jesu Christi. Nunc primum edidit, latine reddidit et illustravit, Mainz, 1899.

ABKÜRZUNGSVERZEICHNIS

(Aufgeführt sind nur solche Abkürzungen, die nicht bei O. Eißfeldt, Einleitung in das Alte Testament, Tübingen, 1964, 3. Aufl., verzeichnet sind bzw. von den dort genannten abweichen.)

AGJU	Arbeiten zur Geschichte des antiken Judentums und des Urchristentums, Leiden
AnAeg	Analecta Aegyptiaca, Kopenhagen
AncB	Anchor Bible, Garden City/New York
ASThI	Annual of the Swedish Theological Institute, Leiden
AzTh	Arbeiten zur Theologie, Stuttgart
BAW	Die Bibliothek der Alten Welt, Zürich
BEHE	Bibliothèque de l'École des Hautes Études. Section des Sciences Historiques et Philologiques, Paris
BiblSacr	Bibliotheca Sacra, Dallas (Texas)
BO	Bibliotheca Orientalis, Leiden
BSt	Biblische Studien, Freiburg
BuL	Bibel und Leben, Düsseldorf
CNEB	Cambridge Bible Commentary on the New English Bible, Cambridge
ComOr	Commentationes Orientales, Leiden
DMOA	Documenta et Monumenta Orientis Antiqui, Leiden
EdF	Erträge der Forschung, Darmstadt
GeSt	Gesammelte Studien zum Alten Testament, München
GHK	Göttinger Handkommentar zum Alten Testament, Göttingen
Iraq	Iraq, London
JPh	The Journal of Philology, London
JSHRZ	Jüdische Schriften aus hellenistisch-römischer Zeit, Gütersloh
KläT	Kleine ägyptische Texte, Wiesbaden
KlSchr	A. Alt, Kleine Schriften zur Geschichte des Volkes Israel, O. Eißfeldt, Kleine Schriften
LB	Langenscheidtsche Bibliothek sämtlicher griechischer und römischer Klassiker in neueren deutschen Musterübersetzungen, Berlin
LCL	The Loeb Classical Library, London
NCeB	New Century Bible, London
NICOT	New International Commentary on the Old Testament, Grand Rapids
OBO	Orbis Biblicus et Orientalis, Göttingen/Freiburg (Schweiz)
PrÄ	Probleme der Ägyptologie, Leiden
Saec	Saeculum. Jahrbuch für Universalgeschichte, München
SBL	The Society of Biblical Literature, Missoula/Montana
SBS	Stuttgarter Bibelstudien, Stuttgart
Scholastik	Scholastik. Vierteljahresschrift für Theologie und Philosophie, Freiburg/Br.
SocOTSt	Society for Old Testament Study, London/New York
SPOA	Les Sagesses du Proche-Orient Ancien, Paris
TB	Tusculum-Bücherei, München
ThSt	Theologische Studien, Zürich
TOTC	The Tyndale Old Testament Commentaries, London
VSal.AT	Verbum Salutis N.S. Ancien Testament, Paris
VuF	Verkündigung und Forschung, München
WAn	Wissenschaftliche Annalen, Berlin
WZ(H).GS	Wissenschaftliche Zeitschrift der Martin-Luther-Universität Halle-Wittenberg, gesellschafts- und sprachwissenschaftliche Reihe